职业教育“十三五”规划教材
高职高专经济管理类专业基础课规划教材

经济学基础

主编　王言炉　汪焰
副主编　林宗卿　杨鹏　金晓燕

電子工業出版社
Publishing House of Electronics Industry
北京 · BEIJING

内容简介

这本《经济学基础》，是编写人员吸收各版流行经济学教材和经济学界最新理论研究成果后撰写出来的。本书注重适用性，以“基本知识和基本理论够用，掌握思维方式”为原则，详略得当，做到体系简洁，结构合理；注重理论联系实际，力求满足高职应用型人才培养的需要；注重学习效果。全书共有12 个项目，每个项目均有学习目标、课堂讨论和项目小结。项目分别是：项目一、像经济学家一样思考；项目二、学会供求分析；项目三、分析消费者和生产者的行为；项目四、分析市场类型；项目五、分析收入分配；项目六、分析市场失灵；项目七、经济系统的绩效衡量；项目八、分析失业和物价；项目九、分析财政政策和货币政策；项目十、分析国际贸易；项目十一、国富论简读（选编）；项目十二、通论简读（选编）。

图书在版编目（CIP）数据

经济学基础/王言炉，汪焰主编. —北京：电子工业出版社，2018.2
ISBN 978-7-121-33281-4

Ⅰ. ①经…　Ⅱ. ①王…　②汪…　Ⅲ. ①经济学—高等学校—教材　Ⅳ. ①F0

中国版本图书馆 CIP 数据核字（2017）第 308717 号

策划编辑：贺志洪
责任编辑：贺志洪　　特约编辑：杨丽　徐堃
印　　刷：北京盛通商印快线网络科技有限公司
装　　订：北京盛通商印快线网络科技有限公司
出版发行：电子工业出版社
　　　　　北京市海淀区万寿路 173 信箱　邮编 100036
开　　本：787×1092　1/16　　印张：12　　字数：307.2 千字
版　　次：2018 年 2 月第 1 版
印　　次：2022 年 1 月第 5 次印刷
定　　价：31.00 元

凡所购买电子工业出版社图书有缺损问题，请向购买书店调换。若书店售缺，请与本社发行部联系，联系及邮购电话：（010）88258888，88254888。

质量投诉请发邮件至 zlts@phei.com.cn，盗版侵权举报请发邮件至 dbqq@phei.com.cn。

本书咨询联系方式：（010）88254609 或 hzh@phei.com.cn。

前言

学习经济学，重点在于学习它的思维方式。那么，什么是经济学的思维方式呢？这里可以用一句话来概括，那就是，世界上没有免费的午餐。做任何事情都是有成本的，我们只能在不同的选择中权衡。个人选择需要权衡，政府决策也需要权衡。为什么没有免费的午餐？因为人的行为基本上是理性的。公共政策必须建立在理性人假设的基础上，否则，就会事与愿违，导致整个社会的损失。任何经济制度，一旦它与个人理性不相容，那它一定失败。

现实中，人们总是喜欢免费午餐，这并不是由于他们不理性，而是因为理性的人总是希望让别人为自己支付午餐费，除非制度规则使得他们没有办法这样做。比如说，当一些人希望政府控制市场准入的时候，他们的真实意图是保护自己的垄断地位，而非维护市场秩序。一些人攻击社会不公，他们的真实意图也许是能得到额外的福利保护，而非维护社会公平。如果我们没有经济学的思维，让社会可以允许每个人有机会吃免费午餐，最后的结果是每个人都不得不支付比本来高得多的费用。

本书由浙江工贸职业技术学院的王言炉老师和汪焰老师担任主编，林宗卿老师、杨鹏老师和金晓燕老师担任副主编，在此向大家表示感谢。

本书主要是以亚当·斯密的《国富论》和凯恩斯的《通论》为分析工具的，以方便大家有针对性地讨论批判。由于编者学识水平和能力有限，加上时间紧促，书中难免有一些不足之处，请广大读者批评指正，谢谢大家。

编　者

2017 年 8 月

目　录

项目一　像经济学家一样思考

学习目标

［知识要求］经济学的概念、机会成本的概念、经济资源的分配方式。

［技能要求］能够建立经济分析的逻辑思路。

［关键术语］微观经济学；宏观经济学；机会成本；经济制度。

一、为什么要学些经济学

一些人认为学好经济学就可以赚更多的钱；另一些人对经济问题有着强烈的兴趣，如互联网如何改变我们的社会？为什么一些国家发展快，另一些国家发展慢？还有一些人则出于某种担心：如果不懂一点经济知识，那可能是现代的文盲。

实际上，在人的一生中，你永远都无法回避无情的经济规律。选择终身职业，也许是你一生中要做的最重大的决策。你的前途不仅取决于你的能力，而且还要取决于你所不能控制的经济力量的影响。作为一个公民，如果你不懂一点经济学，你就很难充分地理解和领悟当今财经新闻揭示的实质，不明白通货膨胀和失业之间的替代关系，你的意见和建议就很有可能不得要领和令人费解。

从微观层面看，包括企业和个人，必须把思维方式转到市场经济的轨道上，从市场经济的基本法则、基本要求出发去思考问题和处理问题。简单地说，这些市场经济的基本要求和基本法则可以概括为：①只有在社会承认你的产品和服务的时候，生产者才能实现价值和盈利；②你必须发挥你的比较优势，在社会、组织、市场中才能寻找到你的最佳位置，并不断地提升自己；③你必须有核心竞争力。如果没有市场需求，没有核心技术，仅靠资本是支撑不了一个产业和一个企业的；④你必须遵循投入和产出的定律，如果不能盈利，而是一直亏损，那将难以为继；⑤你必须认识大势，顺应大势，把握大势。经济学是理解人生的艺术，借助经济学的学习，可以使我们从必然王国到自由王国。

从宏观的层面看，人类经济发展的历史表明，什么时候人们遵循了经济规律和自然规律，经济就健康发展，人与自然就和谐相处。人的总福利，即经济福利、社会福利和自然界赋予的福利就会最大。而任何对规律的违背，都会毫无例外、或迟或早地遭到规律的惩罚。

1972 年，罗马俱乐部的报告——《增长的极限》震惊世界。人们日益深刻地认识到：产业革命以来的经济增长模式所倡导的“人类征服自然”，其后果是使人与自然处于尖锐的矛盾之中，并不断地受到自然的报复，这条传统工业化的道路，已经导致全球性的人口激增、资源短缺、环境污染和生态破坏，使人类社会面临严重困境，实际上引导人类走上了一条不能持续发展的道路。

1992 年，英国学者理查德·杜思韦特在其《增长的困惑》中再一次详细论述了快速的增长对自然界，从而对人类自身福祉的冲击。该书反思了 GNP，认为作为一个交易额的 GNP 没有反映自给自足的部分，掩盖了无奈的购买，掩盖了对环境的破坏以及分配不公，一些不好的东西，例如车祸也能增加 GNP。在此基础上，该书提出了新的衡量发展的标准。新标准强调人与自然的和谐、强调清新的空气、卫生的饮用水、公平的享有权、社区的和谐、优质的食品、休闲的时间以及动植物的多样性。

二、稀缺性

经济学（economics）研究的是一个社会如何利用稀缺的资源生产有价值的商品，并将它们在不同的人中间进行分配。

这个定义的背后隐含着经济学的两大核心思想：物品和资源是稀缺的；社会必须有效地加以利用。事实上，正是由于存在着稀缺性和人们追求效益的愿望，才使得经济学成了一门重要的学科。

不妨考虑一个不存在稀缺的社会。如果能无限量地生产出各种物品，人类的欲望能够完全得到满足，那么会产生什么样的后果呢？既然人们拥有了自己想要拥有的一切东西，当然也就不必再担心花光其有限的收入。而企业也不必为劳动成本犯愁；政府则不用再为税收、支出和环境污染等问题而大伤脑筋，因为谁都不再会在乎这些问题。此外，既然我们所有的人都能够随心所欲地得到自己所想要的东西，那么，也就没有任何人会去关心不同的人或不同阶层之间的收入分配（是否公平的）问题。

在这个丰裕而理想的伊甸园里，所有的物品都实行免费，其价格是“零”，市场也因此而变得可有可无。如果是，则经济学当然也就不再是一门有用的学科。

然而，这样的社会不存在，现实社会是一个到处都充满着经济品（economic goods）的稀缺的世界。

稀缺（scarcity）是指这样一种状态：由于人的需求具有无限增长和扩大的趋势，为了满足这种需求就需要更多的物品和劳务（即资源），而在一定时间与空间范围内，资源总是有限的，相对不足的资源与绝对增长的人类需求相比造成了资源的稀缺性。

资源的稀缺性可以进一步划分为绝对稀缺和相对稀缺。绝对稀缺是指资源的总需求超过总供给。相对稀缺是指资源的总供给能够满足总需求，但分布不均衡会造成局部的稀缺，通常所说的稀缺性指的是相对稀缺。

由于资源稀缺性的存在，使得人们必须考虑如何使用有限的相对稀缺的生产资源来满足无限多样化的需要。这就是所谓的“经济问题”。资源的稀缺性是经济学第一原则，一切经济学理论皆基于该原则。因为资源的稀缺性，所以一切活动需要面临选择问题，围绕这一问题经济学理论提出观点和论证。经济学家则研究人们如何做出决策。

课堂讨论

如何限制人类无限的需要？

三、选择和机会成本

由于资源是稀缺的，因此，我们必须不断地决定如何利用我们有限的资源。

这里考虑一个学生决定如何配置她的时间资源。她可以把所有的时间用于学习经济学或者用于学习心理学。也可以把时间在这两个学科之间进行分配。她用于学习经济学的每一个小时，她都要放弃本来可以用于学习心理学的一个小时。或者是要放弃本来可用于睡眠、骑车、上网或做兼职的一个小时。

我们还可以考虑一个家庭的父母决定如何使用自己的家庭收入，他们可以购买食物、衣物，或全家度假；他们也可以为自己退休或孩子的大学教育储存一部分收入。当他们选择把额外的 100 元用于上述用途中的一种时，他们在某种其他用途上就要少花 100 元。

当人们组成社会时，他们同样面临各种不同的权衡取舍。要求企业减少污染的法律增加了生产物品与劳务的成本。由于成本高，结果这些企业赚得的利润少了，支付的工资低了，收取的价格高了，或者是这三种结果的某种结合。因此，尽管污染管制所带来的好处是更清洁的环境，以及由此带来的人类健康水平的提高，但其代价是企业所有者、工人和消费者的收入减少了。

经典的权衡取舍是在“枪支与面包”之间。当一个社会的支出更多地用在保卫其边境免受外国入侵的国防（枪支）上时，其用于提高国内公民生活水平的消费品（面包）就少了。

表 1-1 给出了枪支和面包的一系列的可能性组合。组合 F 是一个极端，表示只生产面包而不生产枪支，组合 A 是另一个极端，即全部资源都用于生产枪支。在它们之间的组合 B、C、D、E 则表明为了生产更多的枪支，该经济体必须相应放弃更多的面包。

表 1-1　稀缺资源的选择组合

组合	面包	枪支
A	0	15
B	1	14
C	2	12
D	3	9
E	4	5
F	5	0

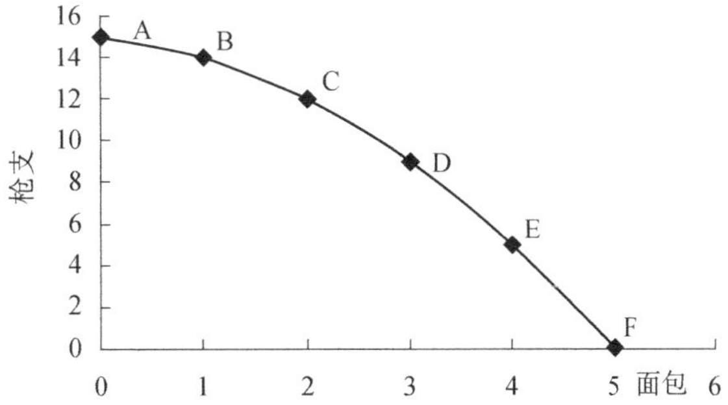

图 1-1　生产可能性曲线示意图

我们可以用图 1-1 形象地描述该经济体的生产可能性。图中横坐标表示面包，纵坐标表示枪支。根据表 1-1 中的数据，在图 1-1 的横轴上向右量取 5 个单位的面包，在纵轴上向上量取 0 个单位的枪支，便可得到 F 点；同理，向右量取 4 单位面包，向上量取 5 单位枪支，就可以得到 E 点；最后，向右量取 0 单位面包，向上量取 15 单位枪支，可得 A 点。

生产可能性边界（production-possibility frontier，PPF）表示在技术知识和可投入品数量既定的条件下，一个经济体所能得到的最大产量。PPF 代表可供社会利用的物品和劳务的不同组合。

认识到人们面临权衡取舍并没有告诉我们，人们将会或应该做出什么决策。一个学生不应该因为要增加用于学习经济学的时间而放弃心理学的学习。社会不应该仅仅因为环境管制条例降低了我们的物质生活水平而不再保护环境。然而，人们只有了解他们面临的选择，才有可能做出良好的决策，因此，我们对经济学的学习要从认识生活中的权衡取舍开始。

总之，在存在稀缺的社会，当作出任何一项决策时，决策者应该认识到每一种可能的行为所带来的机会成本。一种东西的机会成本（opportunity cost）是为了得到这种东西所放弃的东西。“天下没有免费的午餐”这句格言包含着相当多的真理。

课堂讨论

你上大学的机会成本是多少？砍伐一棵大树呢？

四、资源配置制度

面对稀缺资源，现实社会必须面对和解决三个最基本的经济问题：生产什么、如何生产和为谁生产。

生产什么和生产多少？一个社会必须决定，在诸多可能的物品和劳务之中，每一种应该生产多少以及何时生产。今天，我们应当生产面包还是服装？生产少量的优质服装还是大量的普通服装？我们应当利用有限的资源生产更多的消费品如面包，还是应当生产较少的消费品和较多的投资品（生产面包的机器），从而让明天有更多的产出和消费？

如何生产？一个社会必须决定谁来生产，使用何种资源，以及采用何种生产技术。谁来种田，谁来教书？用石油发电，还是用煤炭发电，或是用太阳能发电？设备是由人还是由机器人来操作？

为谁生产？谁来享用经济活动的成果呢？收入和财富的分配是公平合理的吗？社会产品如何在不同的居民之间进行分配呢？我们的社会是否会成为一个富人很少而穷人很多的社会？技术员、运动员、工人、互联网企业家，谁应当得到高的收入？社会应该给穷人提供最低消费，还是严酷地遵循不劳动者不得食的原则？

解决生产什么、如何生产以及为谁生产的问题，有哪些不同的方式呢？不同的社会选取和借助各种不同的经济体制进行组织，而经济学则研究这些可供社会采用的配置稀缺资源的制度和机制。

通常我们区分两种本质不同的经济组织方式。一个极端是，政府制定大部分经济政策，处于统治集团最高层的那些人逐层向下发布经济指令，即指令经济（command economy）；另一个极端是，决策由市场来做出，个人或企业通过货币支付自愿地交换物品和劳务，即市场经济（market economy）。

目前看来，市场经济确实如亚当·斯密所言，可以富其国而裕其民。三次伟大的工业革命都发生在市场经济国家。凡发达国家都实行市场经济体制，我国经济发达地区无一例外的都是市场经济发达的地区。

让市场在资源配置中发挥决定作用，是市场经济的一般规律。之所以要让市场在资源配置中起决定性作用，是因为实践证明，让市场在资源配置中起决定作用效用最大，原因在于：其一，各种资源的所有者都会在给定的条件下把资源配置到最有效率的地方去，从而使总体资源配置的效率最大。其二，资源配置是通过交易和竞争的方式完成的，可以最大限度地激发各种资源的潜能。其三，市场配置资源的信息是横向传递的，内容真实，传递速度快，社会组织成本小。在行政力量主导的情况下信息是纵向传递的，不仅失真，而且有时滞。其四，市场经济下配置资源的主体是企业家，企业家精神使他们最清楚应当如何配置资源。

实际上，上面两种极端经济组织并不多，存在的更多经济组织是混合经济（mixed economy），它要求政府和私人部门按照一定的原则制定决策。这一制度的特征是：分散决策和集中决策相结合；决策单位的动力既可以是自身的经济利益，也可以是社会目标。信息传递既有价格自发的波动，又有计划指令的反馈。

在混合经济中，通过市场机制的自发作用，经济社会解决生产什么和生产多少、如何生产和为谁生产的基本问题，在市场机制出现错误时，则通过政府干预以促进资源使用的效率、增进社会平等和维持经济稳定和增长。

课堂讨论

查阅资料，分析朝鲜和韩国的经济制度的不同。

五、微观经济学和宏观经济学

亚当·斯密通常被认为是微观经济学（Micro-economics）的创始人，今天，经济学的这一分支主要是研究作为单个实体的市场、企业、家庭的行为。亚当·斯密曾在《国富论》（1776 年）中考查了物品价格的形成，以及土地、劳动和资本的价格如何确定等问题，并揭示了市场机制的长处和弊端。更为重要的一点是，斯密指明了市场的效率特征，并看到了社会经济效益事实上是出自于个人的自利行为。所有这一切，在今天无疑仍然具有重要的意义。尽管自亚当·斯密时代以来，微观经济学已经有了长足的进展，但斯密的观点仍然被今天的政治家和经济学家们频繁地加以援引。

经济学的另一个重要分支是宏观经济学（macro-economic）。它研究经济的总体运行。在约翰·梅纳德·凯恩斯 1935 年发表革命性巨著《就业、利息与货币通论》之前，现代意义上的宏观经济学还根本不存在。当时，英美经济尚未走出 20 世纪 30 年代的大萧条，超过 1/4 的美国劳动人口处于失业状态。凯恩斯的新理论展现了一个探讨高通胀和高失业交替攀升的商业周期的根源的分析范式。

如今，宏观经济学已经拓展到很多领域，如投资与消费的决定、中央银行对货币和利率的管理、为什么会出现金融危机、为什么一些国家经济繁荣而另一些国家却停滞不前等问题。尽管宏观经济学已经进步并远超凯恩斯当初的创见，但凯恩斯所提出的一系列命题仍然不失为现代宏观经济学的基本范畴。

微观经济学与宏观经济学两大分支共同构成现代经济学的核心。

六、经济学家的思考方式

（一）作为科学家的经济学家

经济生活是由一系列活动所组成的复杂的集合，包括购买、销售、讨价还价、投资、劝说和威胁等。经济学家采用科学的方法来理解这些复杂的活动，包括观察经济事件、利用统计分析和历史记录。他们创建了一门被称为经济计量学（econometrics）的专业分析技术，即将统计学工具应用到经济问题的分析之中。借助经济计量学，经济学家可以从堆积如山的经验数据中抽象出简单明了的事物之间的联系机制。

一般而言，经济学家是通过如下几步来分析经济现象的。

第一步：建立联系。

一位经济学家若生活在价格正在迅速上升的国家，就可能会受到这种观察的刺激而提出一种通货膨胀理论。这种理论可能会断言，当政府发行了过多货币时，高通货膨胀率就会发生。为了检验这种理论，这位经济学家可以收集并分析许多不同国家价格和货币量的数据。如果货币量增长完全与价格上升的速度无关，这位经济学家就会开始怀疑通货膨胀理论的正确性。如果数据的检验结果表明货币量增长与通货膨胀密切相关（事实的确如此）。这位经济学家就会更加相信自己的理论。

由于在经济学研究中，进行实验往往是很困难的，而且有时是不可能的。例如研究通货膨胀的经济学家绝不会被允许仅仅为了获得有用的数据而操控一国的货币供给。为了寻找实验室实验的替代品，经济学家需要十分关注历史事件。

第二步：做出假设。

如果你问一位物理学家，一块大理石从 10 层楼的楼顶落下来需要多长时间，她可能会通过假设这块大理石在真空中落下来回答这个问题。当然，这个假设是不现实的。事实上，楼房周围是空气，空气对下落的大理石产生摩擦并使其下落速度变慢。但物理学家将指出，这种对大理石的摩擦力如此之小，以至于其影响可以忽略不计。因此假设大理石在真空中下落能使问题简化，而对答案又没有实质性影响。经济学家出于同样的原因而做出假设：假设可以使复杂的世界简单化，而且使解释这个世界变得更为容易。例如，为了研究国际贸易的影响，我们可以假设，世界只由两个国家组成，而且每个国家只生产两种产品。

科学思考的艺术就是决定做出什么假设。例如，假设我们从楼顶扔下来的是气球而不是大理石，我们的物理学家就会意识到，没有摩擦的假设在这种情况下是欠准确的：摩擦对气球的影响力要比对大理石大得多。类似地，经济学家用不同的假设来回答不同的问题。假设现在要研究政府改变流通中的货币量会对经济产生怎样的影响。为了研究这种政策的短期效应，我们可以假设价格变动并不大或假设所有价格都是完全固定的，为了研究这种政策的长期效应，我们可以假设所有价格都是完全可变的。

第三步：建立经济模型。

生物教师用塑料人体模型来讲授基础解剖学。模型使教师可以用一种简单的方式向学生说明：人体的这些重要器官是如何组合在一起的。经济学家也用模型来了解世界。这些模型忽略了许多细节，以便使我们了解真正重要的东西。正如生物教师的模型并不包括人体所有的肌肉和毛细血管一样。

图 1-2 是一个直观经济模型，叫循环流量图。

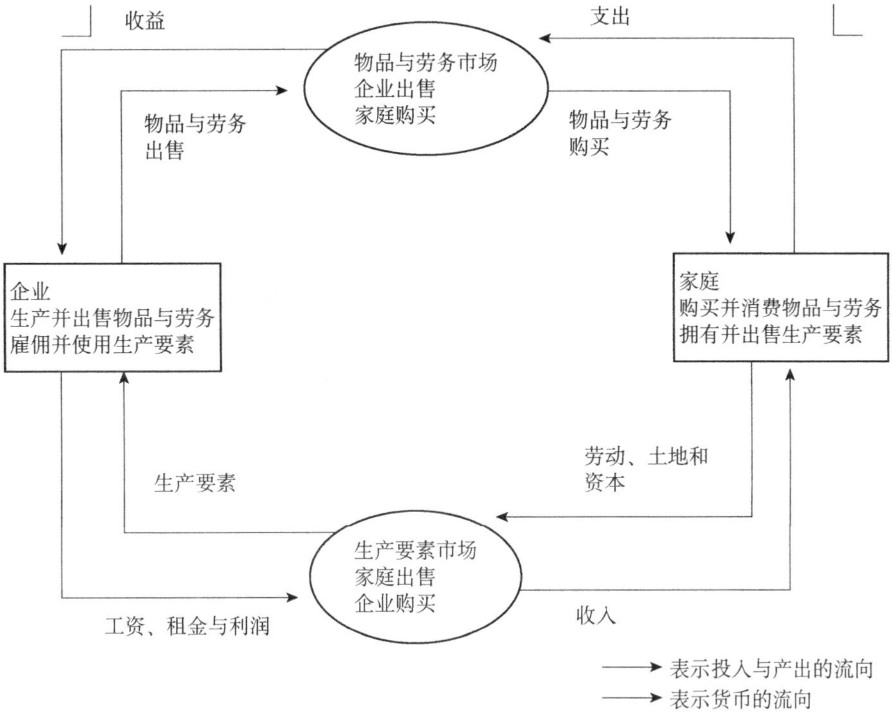

图 1-2　循环流量图

在这个模型中，经济由家庭和企业所组成，企业用劳动、土地和资本（建筑物和机器）这些投入品来生产物品和劳务。这些投入品被称为生产要素。由家庭拥有，家庭消费企业生产的所有物品与劳务。二者在两类市场上相互交易。

现在我们通过跟踪在经济中流通的 100 元钞票来看看循环流向。设想开始时，你通过劳动获得 100 元钞票。你拿这 100 元到当地的商店去买了一件商品，当这 100 元进入商店的钱柜时，它就成为企业的收益。但是，这 100 元不会在商店停留很久，因为企业会用它在生产要素市场上购买投入品。例如向房东支付租金或为工人支付工资。无论在哪一种情况下，这 100 元又成了某个家庭的收入，回到了某个人的钱包中。此时，经济循环流量图中的故事又一次开始了。

第四步，验证和修改经济模型。

建立经济模型后，经济学家会将其运用在经济现实中，验证其解释和预测模型对象的水平，并不断做出修正。

（二）作为政策顾问的经济学家

人们经常要求经济学家解释一些经济事件的原因。当经济学家试图去解释世界时，他们是科学家；当经济学家试图去帮助改善世界时，他们是政策顾问。

假设有两个人正在讨论最低工资法。下面是你可以听到的两种表述：

（1）最低工资法引起了失业。

（2）政府应该提高最低工资。

现在不管你是否同意这两种表述。应该注意的是（1）的说法像一个科学家，这是一种关于世界如何运行的表述。我们可以称之为实证表述；（2）的说法像一个政策顾问，这是一种想如何改变世界的表述。我们可以称之为规范表述。

实证经济学（Positive Economics）回答如下的问题：为什么专业人士比普通工人赚的钱要多？自由贸易是提高了还是降低了我们的工资？计算机对生产力的影响是什么？尽管这些问题很难回答，但只要利用分析和经验例证就可以找到答案。因此将这类问题归于实证经济学的范畴。

规范经济学（Normative Economics）涉及伦理信条和价值判断。穷人必须工作才能得到政府帮助吗？应该提高失业率以确保通货膨胀不会迅速上升吗？美国应否因为微软违反了反托拉斯法而将其拆分？由于这类问题涉及伦理、价值而非事实本身，因此其答案也就无所谓正确或错误。它们只能靠政治辩论和决策来解决，而不能仅仅依靠经济分析。

（三）经济学家意见分歧的原因

“如果把所有经济学家首尾相接地排成一队，他们也得不出一个结论。”肖伯纳（George Bernard Shaw）的嘲讽溢于言表。人们经常批评经济学家作为一个群体向决策者提出了相互矛盾的建议。为什么经济学家往往给决策者提出了看来相互矛盾的建议呢？这里有两个基本原因：一是经济学家对经济如何运行的实证看法不一致；二是经济学家有不同的价值观。

1. 科学判断的不同

经济学家有时意见不一致，是因为他们对不同理论的正确性或重要参数的大小有不同的预感。例如，经济学家对于政府是应该根据家庭收入还是消费（支出）来征税的看法就不一致。支持把现行所得税改为消费税的人认为，这种变化会鼓励家庭更多地储蓄，因为用于储蓄的收入并不征税。高储蓄又会引起生产率和生活水平更快地增长。支持现行所得税的人认为，家庭储蓄并不会对税法的改变做出多大反应。这两派经济学家对税制具有不同的规范观点，是因为他们关于储蓄对税收激励反应程度的实证观点不同。

2. 价值观的不同

假设彼得和保罗从镇上的水井中取得等量的水。为了支付维修水井的费用，镇里向其居民征税：彼得收入为 5 万美元，征税 5 000 美元，即他收入的 10%。保罗收入为 1 万美元，征税 2 000 美元，即他收入的 20%。

这种政策公平吗？保罗的低收入是由于在医学上说他是残疾人，还是由于他决定从事稳定工作，这两个理由哪个重要？彼得的高收入是由于他有大量遗产，还是由于他愿意高风险的工作，这两个理由哪个重要？如果镇里雇了两个专家来研究该镇为维修水井应该向居民征收多少税的问题，这两个专家提出了不一致的建议，我们不会感到奇怪。

此外，出于私利，一些自称为“经济学家”的人，声称发现了一些可以轻而易举地解决经济难题的方法。这往往会吸引一些政治家，并提高自己的声誉。

课堂讨论

如何看待高房价对经济的影响？

七、经济分析中的错误方法

由于经济关系通常十分复杂，涉及许多不同的变量，因此很容易混淆：事件背后的准确原因和政府政策对经济的影响。以下是经济推理中一些常见的谬误：

（1）不能保持其他条件不变。该错误是在考虑某一问题时没能保持其他相关条件不变。例如，我们或许想知道提高税率，究竟会增加还是会减少税收收入。一些人提出了这样一种诱人的观点，即降低税率会在增加政府的收入的同时减少预算赤字。他们指出，1964 年肯尼迪·约翰逊的“减税”大大降低了税率之后，1965 年政府收入马上就有所上升。据此，他们认为降低税率便可以提高政府的收入。

这一推理有什么错呢？错误就在于它忽视了 1964—1965 年间的经济增长。由于人们的收入在这一时期有所上升，因此，尽管税率降低了，政府收入依然有所增加。研究表明，如果 1964 年没有降低税率，则 1965 年的政府的收入会达到更高的水平。

（2）后此谬误。该错误出自于因果推理。如果我们仅仅因为一件事发生在另一件事之前，就想当然地认为前者是后者的原因，那么，我们就犯下了这里所说的后此谬误。一个实例发生在 20 世纪 30 年代大萧条时期的美国。一些人观察到，在商业周期扩张之前或扩张期之中，会出现物价上涨的现象。由此，他们便得出结论说，治疗大萧条的良方是提高工资和价格。这种对策建议会导致以增加工资和提高价格为目的的非效率的立法和规定。然而这些举措真的能够推动经济复苏吗？几乎可以肯定地说：“不能。”尽管它们可能会有利于复苏早日起步，但事实情况却是，只有在政府为准备第二次世界大战而扩大军事开支从而导致总支出迅速回升的时候，经济才得到了真正的复苏。

课堂讨论

有人统计出受过 4 年大学教育的美国妇女的子女要比受过 5 年大学教育的美国妇女的子女平均多一倍。假设这个数据是对的，你能得出什么结论？你会不会推断出上一年大学会使女性生育能力下降一半？

（3）合成谬误。有时我们会假定，对局部来说是正确的东西，对总体来说也一定正确。然而，在经济学中，我们经常发现总体并不等于局部之和。如果你认为对局部来说成立的东西，对总体也必然成立，那你就犯了“合成谬误”。

课堂讨论

如果某一农场主获得丰收，他的收入会增加；但如果所有农场主的收成都丰收的话，则他（以及所有）的农场收入也会上升吗?

项目小结

1. 经济学是研究社会如何进行选择，以利用具有多种用途的、稀缺的生产资源来生产各种商品和服务，并将它们在不同的人群中间进行分配的学科。

2. 由于人们需要的数量远远高于社会所能提供的数量，因此物品总是稀缺的。经济品是稀缺品，而不是免费品，社会必须在运用其可利用资源所生产出来的有限的物品之间做出选择。

3. 微观经济学研究市场、企业和居民户等单个实体的行为。宏观经济学研究作为一个整体的经济的运行。学习经济学一定要警惕合成谬误和后此谬误，并切记保持其他条件不变。

4. 每个社会都必须解决三个基本问题，即生产什么、如何生产和为谁生产。

不同的社会以不同方式解决这些问题。今天，所有的社会都是指令经济与市场经济的不同比例组合，因此也可以说所有的社会都是混合经济。

5. 在资源和技术既定的条件下，两种物品之间的生产选择可以用生产可能性边界（PPF）来概括。生产可能性边界表明，在一个稀缺的世界里，选择一样东西意味着须要放弃其他的东西。其机会成本就是所放弃的物品或劳务的价值。社会有时处于其生产可能性边界之内。此时。该经济就是低效率的，是在其生产可能性边界之内运行。

6. 经济学家们往往通过实证分析或者规范分析来解释经济现象，提出经济对策建议。

项目二　学会供求分析

学习目标

［知识要求］需求法则和供给法则的基本内容。

［技能要求］会分析商品均衡价格的形成和变动。会计算均衡价格。

［关键术语］需求法则；供给法则；均衡价格。

一、理解需求法则

人们在现实社会中有各种需要，但在一个充满稀缺性的世界里，人们须要权衡利弊：少选择一点甲，是为了多选择一点乙，正因为如此，经济学家才发展出了“需求”的概念。

一种商品的需求是指消费者在一定时期内在各种可能的价格水平愿意而且能够购买的该商品的数量。根据定义，需求是指消费者既有购买欲望又有购买能力的有效需求。如果消费者对某种商品只有购买的欲望而没有购买的能力，就不能算做需求。

例如，假设在一个小镇上，人们的计划用水量因价格不同而不同，如表 2-1 所列。这张表显示了一种关系，当水价变动时，人们的计划用水量也随之变动。如果水价是每升 0.5 元，人们每天要消费 7 500 万升。如果水价降到每升 0.05 元，人们每天要消费 120 000 万升。消费一词并不一定意味着他们每天要喝掉那么多水，只不过是说他们要获取并使用这么多水，用于各种各样的用途。

表 2-1　需求表

每升水的价格（元）	每日用水量（百万升）
0.5	75
0.3	150
0.15	300
0.1	600
0.05	1 200

当我们把这表 2-1 里的信息画成图 2-1，事情就变得更有意思了。纵轴表示可能的水价，单位是元 / 升。横轴表示人们在不同的价格下每日计划购买的水量。单位是用百万升，把表中的数字标在图 2-1 中，并连接起来，我们就得到了一条向下倾斜的曲线。经济学家称其为需求曲线。需求曲线表示了消费者在任意给定的价格下计划购买的数量。我们“阅读”需求曲线的方法是：选取一个特定的价格，并在横轴上找到相应的点。那个数量就代表了人们计划购买的数量，我们称之为需求量。

比如我们这张图中的需求曲线显示，如果水价是每升 0.05 元，每天人们就会使劲用水，好像水不要钱似的。此时，人们不但会将水用于饮用、洗澡、做饭、洗衣服，还会用于数不胜数的其他用途，例如注满游泳池、浇草地、洗车，等等。但是，把这一价格加倍，即每升 0.1 元时，这时各家各户的行为就会大不相同。人们会改变他们的计划需求，需求量会改变，他们会放弃那些不重要的用途。

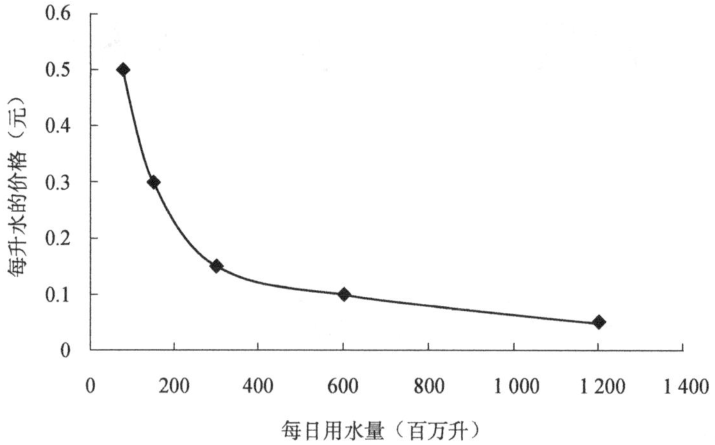

图 2-1　水的需求曲线

注意：即使水价涨到每升 0.5 元，人们也不会完全不用水，每天还是会消费掉 7 500 万升。不过，作为节约者，人们会把水保存起来，会找出水的替代品。当水变得越来越贵时，他们会努力“减少浪费”。他们会决定，再也不值得把水用做某种用途了；他们会找出更有经济效率的方式来实现他们的目标。那些原先用水冲马路上的草屑的人，现在可能会用扫帚扫；他们可能也会装上高压水枪，为了可以少浇几次草地。从长远考虑，他们可能会种几棵树给草地遮荫。游泳池可能会被后院的蹦床代替。在这些情况下，我们可以说，扫帚、水枪、树都被用做水的替代品。

图 2-1 的曲线向下倾斜的性质被成为需求法则：当其他条件不变时，一种商品的价格上升时，购买者便会趋向于购买更少的数量。价格下降时，购买者便会趋向于购买更多的数量。

价格上升时，需求量为什么会趋于下降呢？有两个原因，第一个是替代效应（Substitution effect）。当一种物品的价格上升时，我会用其他类似的物品来替代它（当牛肉价格上升时，我们可以多吃鸡肉）。第二个是收入效应（income effect）。因为，当价格上升时，我们会发现自己比以前穷了一些。汽油价格上涨 1 倍之后，我们的实际收入只会明显降低，削减汽油和其他物品的消费开支是很自然的。

课堂讨论

你能想出需求法则的例外吗？为什么有些人对他们要付出的代价感到无所谓？有些人反而认为代价越高越好？

二、辨析需求和需求量

在图 2-1 中，如果价格被定在每升 0.1 元，然后降低到 0.05 元，则需求量会从每天

60 000 万升增加到 120 000 万升。尽管如此，需求并没有变，因为需求就是整条曲线。它只是发生了点沿着曲线移动，曲线本身并没有移动。也许明确这一区别的最佳方式就是牢记曲线或需求表总是能跟在需求一词后面。如果你说“需求”，而不说“需求曲线”，你就犯了一个常识性错误。你要说的可能不是需求，而是需求量。

继续考虑这个实例。我们一直假设唯一的重要变化是水价的变化，至于其他影响人们买水意愿的因素，我们都认为是保持不变的。假设天气一直干旱，人们可能会选择消费比原先更多的水，需求（曲线）会向上向右移动。又假设小镇社区在水源中发现有某种污染物，此时，无论水价是多少，人们的总体需求就会下降。曲线自身就会向下向左移动。

再来看另外一个需求曲线发生移动的例子。众所周知，在 20 世纪 90 年代经济繁荣时期，美国人的平均收入急剧增长。对汽车需求而言这是一个巨大的收入效应，于是在任何价格下汽车的需求数量都将提高。例如，如果平均收入增长 10%，在价格为 9 000 美元时汽车需求数量会从 800 万辆增加到 1 400 万辆。这就会移动需求曲线。在图 2-2 中，汽车的需求增加表现成需求曲线向右移动。必须注意：需求曲线的移动意味着在每一价格水平人们都会购买更多的汽车。

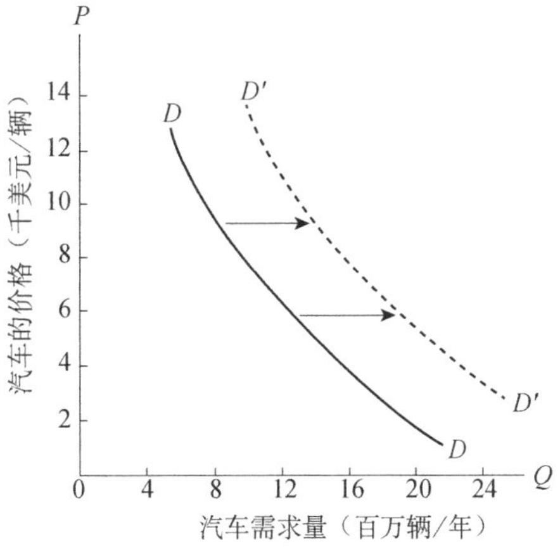

图 2-2 汽车需求的增加

导致商品需求增加的因素很多，如消费者的收入水平、相关商品的价格、消费者的偏好和消费者对该商品的价格预期等。它们对商品的需求数量的影响如下：

（1）关于消费者的收入水平。对于大多数商品来说，当消费者的收入水平提高时，就会增加对商品的需求量。相反，当消费者的收入水平下降时，就会减少对商品的需求量。当收入减少时，如果一种物品的需求量减少，这种物品就被称为正常物品；当收入减少时，如果一种物品的需求量增加，这种物品就被称为低档物品。

（2）关于相关商品的价格。当一种商品本身的价格保持不变，而与它相关的其他商品的价格发生变化时，这种商品本身的需求量也会发生变化。例如，在其他条件不变的前提下，牛肉的价格不变而猪肉的价格上升时，人们往往就会增加对猪肉的购买，从而使得猪肉的需求量上升。当一种物品价格下降引起对另一种物品的需求量减少时，这两种物品被称为替代品，例如热狗与汉堡包；当一种物品价格下降引起另一种物品的需求量增加时，这两种物品被称为互补品，例如汽油和汽车。

（3）关于消费者的偏好。当消费者对某种商品的偏好程度增强时，该商品的需求量就会增加。相反，偏好程度减弱，需求量就会减少。

（4）关于消费者对商品的价格预期。当消费者预期某种商品的价格在下一期会上升时，就会增加对该商品的现期需求量；当消费者预期某商品的价格在下一期会下降时，就会减少对该商品的现期需求量。

课堂讨论

一件衣服本来卖 20 元时无人问津，后来加价到 200 元反而生意火爆。这推翻了需求定律吗？名校的学费逐年提高，但报读名校的人却越来越多了，这推翻了需求定律吗？

三、理解供给法则

一种商品的供给是指生产者在一定时期内在各种可能的价格下愿意而且能够提供出售的该种商品的数量。根据定义，供给是指生产者既有供给愿望又有供给能力的有效供给。如果生产者对某种商品只有提供出售的愿望，而没有提供出售的能力，就不能算做供给。

表 2-2　产量表

大豆产量（单位）	玉米产量（单位）
14.5	0
13.5	1
12.4	2
11.2	3
9.9	4
8.5	5
7	6
5.4	8
3.7	8
1.9	9
0	10

仍然假设在一个小镇上，有一个农民，今年正准备种玉米和大豆，土地面积、农业机械化程度、土壤肥力等条件都已经给定。大豆和玉米的单位价格都是 1 美元并保持不变，如果他在所有的地里都种上大豆，他能收获 14.5 单位大豆。如果他全种玉米，他能收获 10 单位玉米。如果他想扩大玉米的种植面积，他就必须放弃种植和收获大豆的机会。这里，我们把农民每增加一个单位的玉米产量，所要放弃种植大豆的产量，称为玉米种植的边际成本。在经济学中，边际成本指的是每一单位新增生产的产品（或者购买的产品）带来的总成本的增量，如表 2-2 所列。

供给曲线（见图 2-3）表示了某种商品在不同价格下的不同供给量。在上面的例子里，它代表农民在不同的玉米价格下的计划产出量。因为他的生产面临越来越高的边际机会成本，所以只有当农民期望生产玉米能有更高的玉米价格来补偿的时候，他才会多种玉米。如果他预计每单位玉米能卖 1.9 美元，他就会生产 10 单位玉米，如表 2-3 所列。

图 2-4 的曲线向上倾斜的性质被称为供给法则：当其他条件不变时，一种商品的价格上升时，生产者便会趋向于供应更多的数量。价格下降时，生产者便会趋向于供应更少数量。

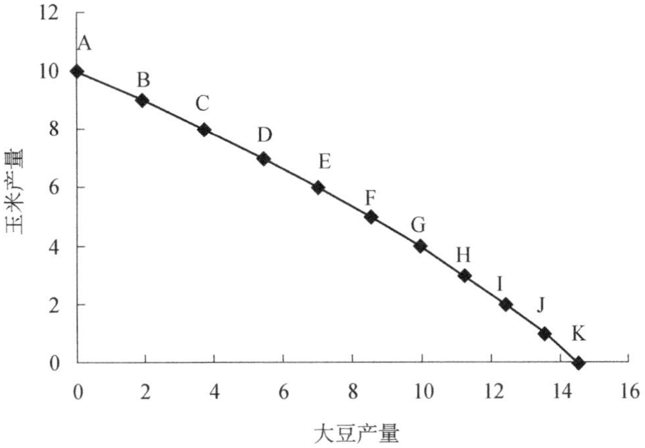

图 2-3　生产可能性边界

表 2-3　成本表

玉米产量（单位）	边际成本（美元）
1	1
2	1.1
3	1.2
4	1.5
5	1.4
6	1.5
7	1.6
8	1.7
9	1.8
10	1.9

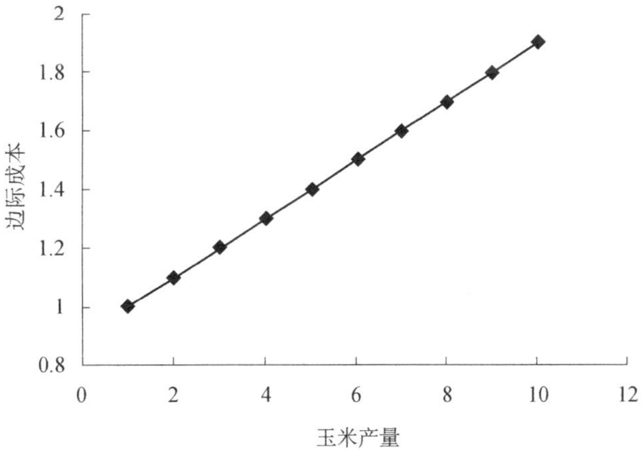

图 2-4　玉米的供给曲线

课堂讨论

如果大豆的价格涨到 2 美元，新的供应曲线会怎么样？如果是玉米的价格涨到 2 美元呢？

四、辨析供应和供应量

但是供给曲线自身也会变。一旦生产的边际成本发生变化，则总的供给曲线也倾向于变化（或移动）。比如，现在假设大豆的价格从（前面例子中的）每单位 1 美元降到 0.5 美元。大豆的市场价格降低了，所以农民种植玉米的边际机会成本也降低了。生产每单位玉米的边际机会成本降低了一半。这会使玉米的供给曲线向下向右移动，即总供给增加了。和以前相比，种植玉米的农民现在愿意按较低的价格卖玉米。我们也可以换一种方式来看这个问题：在任一价格水平上，农民都愿意供给更大数量的玉米。

再来看另外一个供给曲线发生移动的例子。仍然以汽车市场为例来说明，如果引进节约成本生产方法或削减汽车工人工资或政府放松了对汽车行业的管制规定，那么，汽车的供给就会增加，表现为汽车的供给曲线向右移动，如图 2-5 所示。

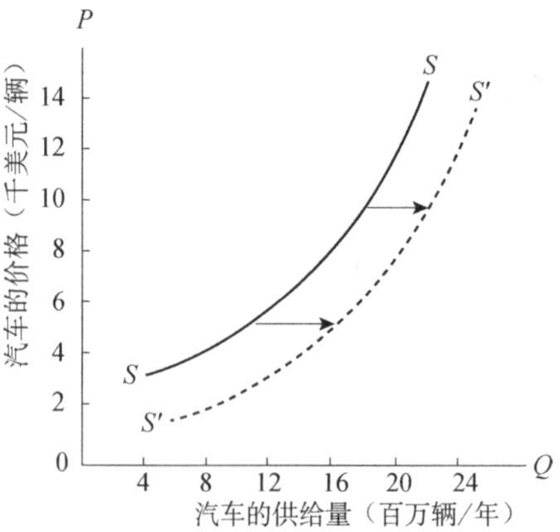

图 2-5　汽车供给的增加

导致商品的供给变化的因素的很多，主要有：生产的成本、生产的技术水平、相关商品的价格和生产者对未来的预期。它们各自对商品的供给量的影响如下：

（1）关于生产的成本。在商品自身价格不变的条件下，生产成本上升会减少利润，从而使得商品的供给量减少。相反，生产成本下降会增加利润，从而使得商品的供给量增加。

（2）关于生产的技术水平。在一般的情况下，生产技术水平的提高可以降低生产成本，增加生产者的利润，生产者会提供更多的产量。

（3）关于相关商品的价格。在一种商品的价格不变，而其他相关商品的价格发生变化时，该商品的供给量会发生变化。例如，对某个生产小麦和玉米的农户来说，在玉米价格不变和小麦价格上升时，该农户就可能增大小麦的耕种面积而减小玉米的耕种面积。

（4）关于生产者对未来的预期。如果生产者对未来的预期看好，如预期商品的价格会上涨，生产者往往会扩大生产，增加商品供给。如果生产者对未来的预期是悲观的，如预期商品的价格会下降，生产者往往会缩减生产，减少商品供给。

课堂讨论

粮食价格提高对猪肉的供给曲线有何影响？猪肉价格提高对猪肉销售量和猪肉供给曲线是否会发生影响？

五、学会供求分析

在经济学中，所谓均衡，描述的是一种状态，即市场价格达到使供给量与需求量相等时的状态。此时的价格叫做均衡价格，此时的供求数量被称为均衡数量。在均衡价格下，消费者正好可以得到他们在这一价格下愿意购买的这种商品的数量，生产者也正好可以出售他们在这一价格下愿意出售的数量，市场出清了。为强调这一条件，经济学家将均衡价格称为市场出清价格。在均衡状态，生产者和消费者都没有改变这种状态的激励。

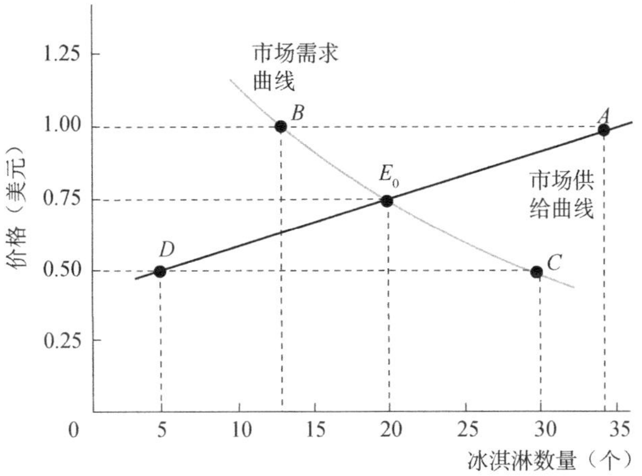

图 2-6 供给与需求的均衡

我们考察图 2-6 中价格为 1 美元时的情况。在这一价格下，不存在均衡数量。我们首先在纵轴上找到 1 美元，然后找到供给曲线上的点 *A*，并向下读横轴。点 *A* 表明，当价格为 1 美元时，厂商要出售的冰淇淋为 34 个。现在考察需求曲线上的点 *B*。点 *B* 表明，当价格为 1 美元时，消费者只愿意购买 13 个冰淇淋。这说明：在 1 美元的价格下，存在超额供给。当生产者发现在这一价格下不能出售他们愿意出售的数量时，某些厂商会把价格降低一点，希望从其他生产者那里争取一些顾客。当一个生产者降价时，他的竞争对手就会做出相应调整，因为他们担心产品卖不出去。随着价格的下降，消费者也会买得更多，如此继续下去，直到市场达到均衡的价格和数量为止。

同样，假设每根冰淇淋的价格低于 0.75 美元。例如为 0.50 美元。在这一较低的价格下，存在超额需求：个人愿意购买 30 个（点 *C*），而生产商只愿意生产 5 个（点 *D*）。那些不能满足他们所要购买的全部数量的消费者会把价格出得高一些；其他消费者由于担心买不到，也会出相同的价格或把价格抬高一些。随着价格开始上升，供给者也有增加生产的激励。于是，市场倾向于达到均衡点。

在竞争的市场经济中，实际价格倾向于均衡价格，即供给等于需求的价格，这被称为供求法则。注意：这一法则并不意味着在每时每刻，价格都恰好处于需求曲线与供给曲线的交点。当市场处于调整过程时，它会在均衡附近小幅波动。供求法则所强调的是，当市场偏离均衡时，存在改变这种状态的可预测的力量。

（一）分析均衡价格的变动

要分析某个事件如何影响一个市场上的均衡时，我们按三个步骤进行：

第一，我们确定该事件是使供给曲线移动、使需求曲线移动还是使两种曲线都移动。

第二，我们确定曲线是向右移动，还是向左移动。

第三，我们用供求图来比较原来的均衡与新均衡，以说明这种移动如何影响均衡价格和均衡数量。

假设某一年夏季，天气特别炎热。这种情况将如何影响冰淇淋市场呢？为了回答这个问题，我们可以按照上面三个步骤进行。

（1）天气炎热通过改变人们对冰淇淋的嗜好，改变了人们在任何一种既定价格水平下想购买的冰淇淋数量，进而影响到了需求曲线、供给曲线不变。因为天气并不直接影响销售冰淇淋的企业。

（2）由于天气炎热使人们想吃更多的冰淇淋。所以，需求曲线向右移动。图 2-7 表示随着需求曲线从 D_1 移动到 D_2，需求增加了。这种移动表明，在每种价格水平下，冰淇淋的需求量都增加了。

（3）正如图 2-7 所示，需求增加使均衡价格由 2 美元上升到 2.5 美元，均衡数量由 7 个增加到 10 个。换句话说，天气炎热提高了冰淇淋的价格，增加了冰淇淋的销售量。

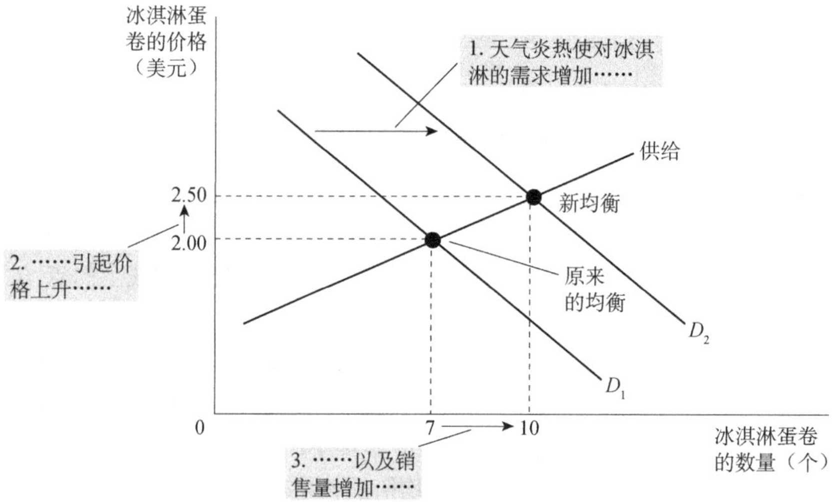

图 2-7　需求增加影响均衡

假设在另一个夏季，台风摧毁了部分甘蔗田，并使糖的价格上升。这一事件将如何影响冰淇淋市场呢？为了回答这个问题，我们还是遵循三个步骤进行。

（1）糖的价格上升增加了生产成本，减少了企业在任何一种既定价格水平下生产并销售的冰淇淋数量，进而影响了冰淇淋供给曲线。但并未直接改变家庭希望购买的冰淇淋数量，所以需求曲线没变。

（2）因为在任何一种价格水平以下，企业愿意并能够出售的总量减少了，所以供给曲线向左移动，图 2-8 表明，随着供给曲线从 S_1 移到 S_2，供给减少了。

（3）如图 2-8 所示，供给曲线移动使均衡价格从 2 美元上升到 2.5 美元，使均衡数量从 7 个减少为 4 个。由于糖价上升，冰淇淋的价格上升了，而销售量减少了。

课堂讨论

现在假设天气炎热和台风发生在同一个夏季，请分析两个事件的共同影响。

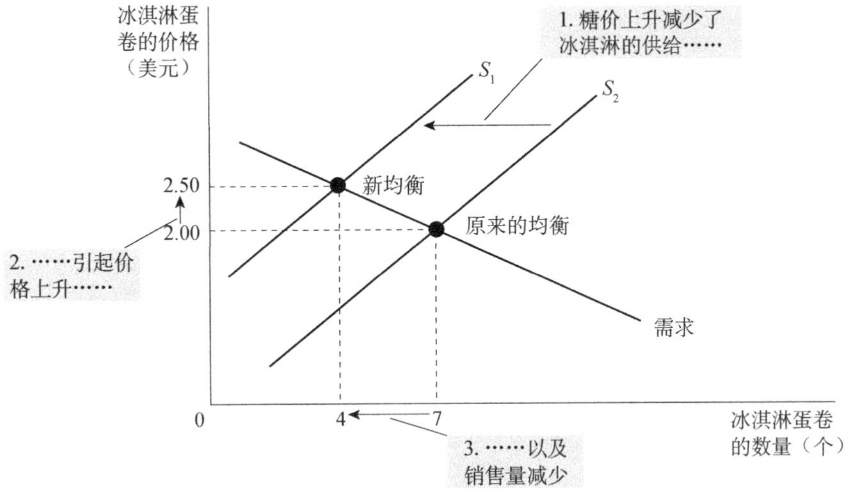

图 2-8 供给减少如何影响均衡

（二）分析价格管制

现在，让我们思考一下市场机制的成就。通过决定所有投入和产出的均衡价格和均衡数量，市场将社会的稀缺品配置或配给到各种可能的用途中。谁进行配给？各级政府及其官员吗？都不是，答案是市场。它通过供求的相互作用进行了这种配给。这就是所谓的用钱包来进行配给。

生产什么物品？这一问题将由市场价格信号做出回答。较高的石油价格刺激了石油生产，而较低的食品价格则将资源逐出农业。那些拥有最多货币选票的人，对于生产什么物品往往最具有影响力。

为谁生产物品？钱包的力量决定了收入和消费的分配。那些拥有高收入的人会得到更大的房子、更多的衣服以及更长的假期。有钱作后盾时，那些最迫切的需求通过需求曲线都能得以实现。

就连如何生产的问题也取决于供给和需求。当玉米价格较低时，对于农民而言，使用昂贵的拖拉机和灌溉系统将变得无利可图。当石油价格很高时，石油公司甚至会到海上进行深钻，以利用最新的勘探技术寻找新的油田。

所以，市场通常是组织经济活动的一种好方法。在经济学家看来，价格并不是某些偶然过程的结果，而是隐藏在供给曲线和需求曲线背后的千百万企业和消费者决策的结果。价格有平衡供求从而协调经济活动的关键作用。当决策者通过立法方式确定价格时，他们就模糊了通常情况下指引社会资源配置的信号。

在此介绍有关政府的价格政策的两种做法：最高限价和最低限价。最高限价也称为限制价格。它是政府所规定的某种产品的最高价格。最高价格总是低于市场的均衡价格的，如图 2-9 所示。最低限价也称为支持价格。它是政府所规定的某种产品的最低价格。最低价格总是高于市场的均衡价格的，如图 2-10 所示。

课堂讨论

你是一个出租房子的房东，在自由市场中，你能收到的房租是 3 000 元/月。现在政府说为了让低收入人也能租得起房子，强行规定你的房子只准租 1 800 元/月。你会怎么办？政策能够达到目的吗？

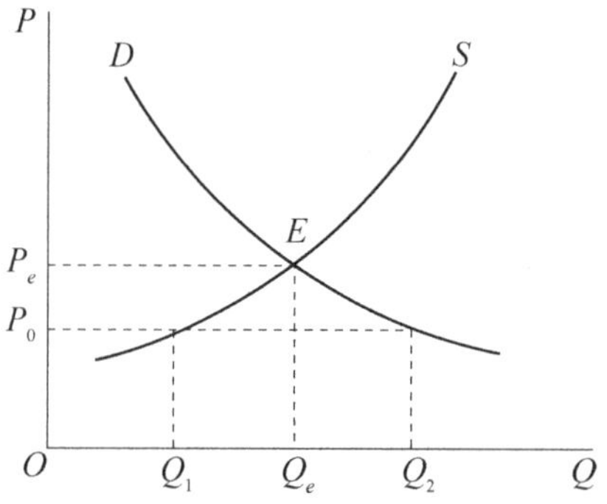

图 2-9　最高限价

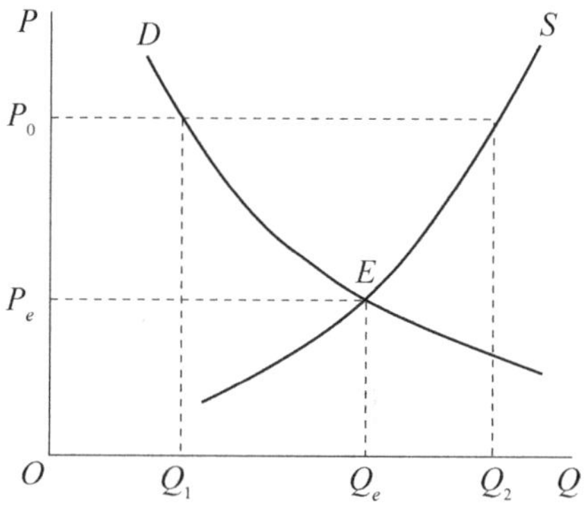

图 2-10　最低限价

决策者进行价格控制是因为他们认为市场结果是不公平的。价格控制的目标也许是帮助穷人。例如，租金控制法的目的是使每一个人都住得起房子；而最低工资法的目的是帮助所有人摆脱贫困。

但价格控制往往损害了那些它本想要帮助的人。租金控制可以保持低租金，但它无法鼓励房东修缮住房，并使找房变得困难。最低工资法会增加一些工人的收入，但也使其他工人成为失业者。

通过本项目关于供给和需求的讨论，我们已经了解：对物品的欲望（体现在需求中）如何与物品的成本（体现在供给中）相互作用。进一步学习将会加深我们对于这些概念的理解，并说明如何将这一工具应用到其他重要的领域中。尽管这只是一种初步的讨论，但它也能为我们解释现实经济世界提供一种必备的工具。

（三）分析价格弹性

需求的价格弹性是需求量变动的百分比除以价格变动的百分比，衡量的是：当一种物品的价格发生变动时，该物品需求量相应变动的大小。

$$\text{需求的价格弹性 } E_D = \text{需求量变动的百分比} \div \text{价格变动的百分比}$$

根据需求价格弹性的计算公式，如果价格变动 1 个百分点引起需求量的变动超过 1 个百分点，则该物品就富有需求价格弹性；如果价格变动 1 个百分点引起需求量的变动不足 1 个百分点，则该物品就缺乏需求价格弹性；如果需求量变动的百分点恰好等于价格变动的百分点，则该物品拥有单位需求价格弹性。

为了说明弹性的计算方法，我们不妨考查需求对于价格上涨的反应情况。在初始状态下，价格为 90 单位，而需求量为 240 单位。价格上升到 110 单位，则需求量减少到 160 单位。即价格上升 20%，导致需求量下降 40%。显然需求的价格弹性 E_D=40/20=2，由于需求价格弹性 2 大于 1，因而我们称这一物品在此变动区间内，需求对价格富有弹性。

影响需求的价格弹性的因素是很多的，其中主要有以下几个。

第一，商品的可替代性。一般说来，一种商品的可替代品越多，相近程度越高，则该商品的需求的价格弹性往往就越大。例如，在苹果市场，当国光苹果的价格上升时，消费者就会减少对国光苹果的需求量，增加对相近的替代品如香蕉苹果的购买。这样，国光苹果的需求弹性就比较大。又如，对于食盐来说，没有很好的可替代品，所以，食盐价格的变化所引起的需求量的变化几乎等于零，它的需求的价格弹性是极其小的。

第二，商品用途的广泛性。一般说来，一种商品的用途越是广泛，它的需求价格的弹性就可能越大。

第三，商品对消费者生活的重要程度。一般说来，生活必需品的需求价格的弹性较小，非必需品的需求价格的弹性较大。

第四，商品的消费支出在消费者预算总支出中所占的比重。消费者在某商品上的消费支出在预算总支出中所占的比重越大，该商品的需求的价格弹性可能越大。

第五，消费者调节需求量的时间。一般说来，调节时间越长，则需求价格的弹性就可能越大。

一种商品需求价格的弹性的大小是各种影响因素综合作用的结果。所以，在分析一种商品的需求价格的弹性的大小时，要根据具体情况进行综合分析。

需求价格弹性的分析经常运用在一些营销实例中，假设某商品的 E_D=2。开始时，商品的价格为 10 元，需求量是 100，厂商的销售收入=10 元×100=1 000 元。当商品的价格上升 1%，即价格为 10.1 元时，由于 E_D=2，所以，相应的需求量的下降率为 2%，即需求量下降为 98，厂商的销售收入 10.1 元×98=989.8 元，显然，厂商提价后的销售收入反而下降了。

课堂讨论

如果上面例子中，$E_D = 0.5$，那么，厂商提高价格 1%，其销售收入如何变化？

供给的价格弹性是供给量变动的百分比除以价格变动的百分比。衡量的是：当一种物品的价格发生变动时，该物品供给量相应变动的大小。

供给的价格弹性=E_S=供给量变动的百分比÷价格变动的百分比

在影响供给的价格弹性的众多因素中，时间因素很重要。当商品的价格发生变化时，在很短的时间内，厂商若要根据商品的涨价及时地增加产量，或者根据商品的降价及时地缩减产量，都存在不同程度的困难，所以供给弹性比较小。但是，在长期内，生产规模的扩大与缩小，甚至转产，都是可以实现的，供给量可以对价格变动做出较充分的反应，供给的价格弹性也就比较大了。

除此之外，在其他条件不变时，生产成本和生产周期也是影响供给的价格弹性的另外两个重要因素。就生产成本来说，如果产量增加只引起总成本的轻微的提高，则意味着供给的价格弹性比较大。相反，如果产量增加引起总成本的较大的提高，则意味着供给的价格弹性是比较小。就产品的生产周期来说，在一定的时期内，对于生产周期较短的产品，厂商可以根据市场价格的变化较及时地调整产量，供给的价格弹性相应就比较大。相反，生产周期较长的产品的供给的价格弹性就往往较小。

本项目中，我们开始了解到市场是如何运行的。在任何一种经济制度中，都不得不在各种竞争性的用途之间分配稀缺的资源。市场经济利用供给与需求的力量来实现这个目标。供给和需求共同决定了经济中许多不同物品与劳务的价格，而价格又是引导资源配置的信号。

例如，考虑一下海滩土地的配置。由于这种土地的数量有限，并不是每一个人都能享受到住在海边的奢华生活。谁会得到这种资源呢？答案是任何一个愿意而且能够支付这种价格的人。海滩土地的价格会不断调整，直到这种土地的供求量和需求量达到平衡。因此，价格是配置稀缺资源的机制。

同样，价格决定了谁生产哪种物品以及生产多少。例如，考虑一下，什么因素决定谁是农民，谁不是农民？食物要生产多少？在一个市场化的社会中，食品的价格和农民的收入会不断调整，影响着千千万万人的工作决策和产量决策，从而确保有足够的人从事农业。

课堂讨论

长期以来，各国政府采取了多种举措来帮助农民。如通过价格支持来提高农产品的价格；通过关税和配额限制进口；对那些承诺休耕（不在土地上种植作物）的农民给予补贴；或者通过限制产量来帮助农民。最后的这些措施怎么会对农民有利呢？为什么这些政策是无效率的？

项目小结

1. 需求指消费者在一定的时期内在各种可能的价格水平愿意而且能够购买的商品数量。需求可以用一条需求曲线来表示。需求曲线一般向右下方倾斜，它表示商品的需求量与价格呈反方向的变化。

供给指生产者在一定的时期内在各种可能的价格水平愿意而且能够提供出售的商品数量。供给可以用一条供给曲线来表示。供给曲线一般向右上方倾斜，它表示商品的供给量与价格呈同方向的变化。

2. 除商品价格以外的其他因素的变化，会导致需求曲线或者供给曲线的位置发生移动。它们也分别被称做需求的变动和供给的变动。

均衡价格指能够使商品市场上需求量与供给量相等的价格。均衡价格是在市场机制的作用下自发形成的。需求的变化会引起均衡价格同方向的变化，供给变化会引起均衡价格的反方向的变化。

需求的价格弹性是需求量变动的百分比除以价格变动的百分比，供给的价格弹性是供给量变动的百分比除以价格变动的百分比。

项目三　分析消费者和生产者的行为

学习目标

[知识要求] 效用理论；边际法则；消费者均衡，歧视定价。

[技能要求] 能够运用效用原理分析消费者的消费决策。能够运用边际法则分析生产者的定价决策。

[关键术语] 效用；边际法则；歧视定价；规模经济。

一、消费者行为

在解释消费行为的过程中，经济学依赖于一个基本的前提假定，即人们倾向于选择在他们认为最具价值的那些物品和服务。为说明消费者在不同的消费可能性之间进行选择的方式，一个世纪以前，经济学家采用了效用这一概念。从效用概念出发，他们推导出需求曲线。

我们所说的“效用”指的是什么呢？用一个词来说，效用（utility）表示满足。更准确地说，效用是指消费者如何在不同的物品和服务之间进行排序。例如，对于路人甲来说，如果组合 A 比组合 B 的效用更高，就说明路人甲更偏好组合 A。通常，我们可将效用理解成一个人从消费一种物品或服务中得到的主观上的享受或有用性。效用是一种假设。经济学家用它来解释理性的消费者如何将其有限的资源分配在能给他们带来最大满足的各种商品上。

在需求理论中，我们说人们在最大化他们的效用，其含义就是他们总是选择自己最偏好的消费品组合。

如何将效用应用于需求理论？比如说，所消费的第 1 单位冰淇淋给你带来了一定水平的满足或效用。现在推想一下消费第 2 单位的情况：你的总效用会增加，因为该物品的第 2 单位会给你带来一些新增的效用。进而，增加同一物品的第 3 单位和第 4 单位又会有什么影响呢？最后，当你吃了足够多的冰淇淋之后，它将不再能够增加你的满意程度或效用，相反，再吃只会使你难受。

这一现象使我们想到了边际效用的经济概念。边际效用是指多消费 1 单位商品时所带来的新增的效用。如当你多吃 1 单位冰淇淋时，你会得到新增的效用或满足。新增的效用就是边际效用。

一个世纪以前，经济学家们在分析效用时，提出了边际效用递减规律。这个规律指出，当某物品的消费量增加时，该物品的边际效用趋于递减。

现在，我们想用效用理论来解释消费者需求，并理解需求曲线的性质。我们说，消费者试图使他或她的效用最大化，亦即消费者从可供选择的消费品组合中选择最偏好的组合。

我们能看出这样一种最优决策的规律是什么吗？可以肯定，我并不希望我所购买的最后一个鸡蛋和我所购买的最后一双鞋给我提供的边际效用正好相等，因为一双鞋的成本远远高于一个鸡蛋的成本。看来，更合理的规律应该是：如果物品 A 的价格是物品 B 的价格的 2 倍，那么，只有当物品 A 的边际效用至少是物品 B 的 2 倍时，我才会购买物品 A。

这就导致了等边际法则：我应该这样地安排自己的消费，即在每一种物品上所支出的最后 1 元，都能给我带来相等的边际效用。在这种情况下，我才能从我的购买中得到最大的满足或效用。

等边际法则：在消费者的收入固定和他所面临的各种物品的市场价格也既定的条件下，当花费在任何一种物品上的最后 1 元所得到的边际效用正好等于花费在其他任何一种物品上的最后 1 元所得到的边际效用的时候，该消费者就会得到最大的满足或效用。

为什么必须符合这一条件呢？如果花费在任何一种物品上的最后 1 元能够提供更多的边际效用，那么，钱就会从其他物品的花费中转移到该物品上，一直到边际效用递减规律便得花费在该物品上的最后 1 元的边际效用下降到与其他物品相等时为止。如果花费在某种物品上的最后 1 元所带来的边际效用低于其他物品的一般的边际效用水平，那么，我就可以减少购买该物品，直到花费在该物品上的最后 1 元所提供的边际效用上升到一般的边际效用水平为止。消费达到均衡时用于各种物品的每 1 元的一般的边际效用被称为收入的边际效用。它衡量的是消费者追加 1 元消费时可以得到的额外的效用。

消费者均衡的这一基本条件，可以用不同物品的边际效用（MU）和价格（P）表示如下：

物品 1 的 MU/P=物品 2 的 MU/P=……= 1 元钱的 MU

运用消费者行为的这一基本法则，我们很容易理解为什么需求曲线是向下倾斜的。为简便起见，假设每 1 元收入的一般边际效用是固定不变的。然后提高第一种物品的价格。因此，消费者不得不减少对第一种物品的消费，使分子 MU 增加，直到 MU/P=1 元钱的 MU。

无论你的偏好如何，效用理论的原则都适用。假定在完成所有工作之后，你 天有 3 个小时的自由时间，能够用于锻炼、上网或游览，那么，你分配自己的时间的最佳方法应该是什么呢？其法则是：当你让花费在每一种活动上的最后一分钟的边际效用都相等时，你就能最佳地利用你的时间。

课堂讨论

众所周知，钻石对于人类维持生存没有任何价值，然而其市场价值非常高。相反，水是人类生存的必需品，其市场价值却非常低。这种强烈的反差就构成了这个悖论。为什么会有这样的现象呢？

二、消费者剩余分析

一种物品的总效用与其总市场价值之间的差额称为消费者剩余（consumer surplus）。之所以会产生剩余，是因为我们“所得到的大于我们所支付的”，这种额外的好处根源于递减的边际效用。

我们之所以能享受消费者剩余，基本的原因在于：对于我们所购买的某一物品的每1单位，从第1单位到最后1单位，我们支付的是相同的价格。对于每1个鸡蛋或每1杯水，我们都支付了相同的价格。但是，根据边际效用递减这一基本规律，对于我们来说，前面的各单位都要比最后的1单位具有更高的价值。因此，我们就这样从前面的每I单位中享受到了效用剩余。

例如，你进了一家商店要买一瓶饮料，商店收了你1美元。但是，如果你特别渴，你可能愿意支付1.5美元。你实际支付的数额与你本来愿意支付的数额之差就叫消费者剩余（consumer surplus）。它可以衡量你从交易中获得了多少利益。在本例中，你为你本来愿意支付1.5美元的商品只支付了1美元，二者之差，即0.50美元，就是你的消费者剩余。

图3-1（a）说明的是消费者剩余的概念。该例中货币为衡量效用提供了一个有效的尺度。这个例子是：一个人消费水，水的价格为每加仑1美元。图3-1（a）中位于1美元的水平线表示了这一点。该消费者考虑在那一价格水平时购买多少加仑的水。第1加仑的水是非常有用的，能够消除极度的干渴，消费者愿意为它支付9美元。但是，这第1加仑水的代价只不过是市场价格1美元，于是消费者就获得了8美元的消费者剩余。

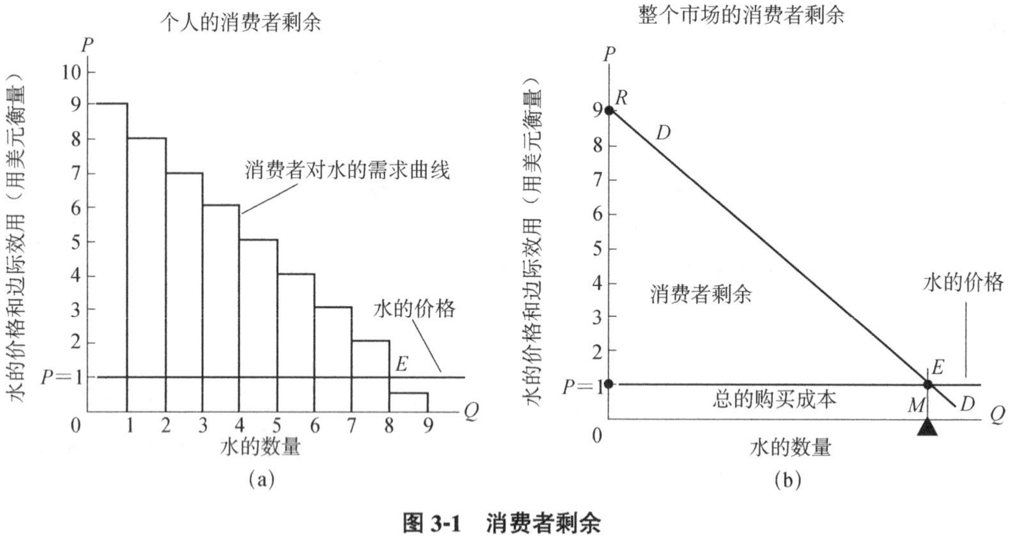

图3-1 消费者剩余

再考虑第2加仑的水。这1加仑水对消费者来说值8美元，但成本仍然为1美元，因此，消费者剩余为7美元。如此下去，直到第9加仑的水，它对消费者来说只值50美分，从而就不购买这1加仑水了。在 *E* 点时，消费者达到了均衡，此时，按每加仑1美元的价格，该消费者购买了8加仑的水。

但是，在这里我们有了一个重要的发现：尽管该消费者只支付了8美元，但水的总价值为44美元。把纵轴每一边际效用相加（等于9美元+8美元+…+2美元），就得到了这一结果。这样，该消费者得到了超过其支付额36美元的消费者剩余。

图 3-1（a）考察了单个消费者购买水的情况。我们也可以将消费者剩余的概念运用于整个市场。图 3-2（b）中的市场需求曲线是个人需求曲线水平方向的总和。可以把个人消费者剩余的逻辑运用于整个市场。价格线之上的市场需求曲线的面积，如图 3-1（b）三角形所示，代表了消费者剩余的总量。

消费者剩余的概念对于评估许多政府决策是极其有用的。例如，政府如何决定新建一条公路的价值，或保留一块娱乐场所的价值。假设一条新公路的修建正在考虑之中。由于公路对所有人免费，它并不能带来任何收入。使用公路的人所得到的价值在于时间的节省或旅行的安全，它能够用个人的消费者剩余来衡量。为了避免个人之间效用难以比较的困难，我们假设有1万名使用者，他们在所有方面都是完全相同的。

经过详细的试验，我们认定，每个人可以从公路中得到 350 美元的消费者剩余。如果总成本小于 350 万美元（10 000×350 美元），修建这条公路就会提高消费者的经济福利。经济学家们在进行成本收益分析时会运用消费者剩余。这里的成本收益分析是指决定一项政府计划的成本与收益的分析。他们一般会建议，如果这条公路的总消费者剩余大于它的成本，就应该建造这条公路。同样的分析还被用于解答环境问题，如是否保护野生环境以供游乐，或者是否要求安装新的减轻环境污染的设备。

消费者剩余的概念还指出，现代社会的公民享受着巨大的特权。我们每个人都能以低价购买大量品种繁多的非常有用的物品。这显然是一种令人愧疚的思想意识，如果你认识的某个人正在夸耀自己的工作效率如何高，或者正在解释自己的实际工资如何高的时候，你不妨建议他们冷静下来思考一番。如果把拥有专业技术的他们送到荒无人烟的岛屿上，那么，他们的工资又能购买多少东西呢？事实上，如果没有资本设备，没有其他人的合作，更重要的，如果没有一代又一代人积累下来的技术知识，我们每个人又能生产出多少东西呢？很显然，我们所有的人都从我们未曾出力的经济世界中获得了利益。正如英国的社会学家霍布豪斯（L. T. hobhouse）所说：

> 某些行业的组织者认为，他们靠“自我奋斗”获得了成功，并“创造”了自己的企业。而在事实上，是整个社会向他提供了技术工人、机器、市场、安定和秩序。这一系列条件和整个社会环境是千百万人经过许多代人的努力共同创造出来的。如果将这些社会条件统统收回，那么，我们只不过是……靠树根、野果和野兽维生的野人。

与消费者剩余相对应的一个概念是生产者剩余。生产者剩余是指生产者愿意以低于市场价格生产产品。假设你刚刚买了一所新房子，现在需要装修，你找了 4 家装修公司，准备让这 4 家装修公司竞价，并让出价最低的公司做这个工程。这 4 家装修公司的成本分别是：甲的成本是 80 000 元，乙的成本是 70 000 元，丙的成本是 60 000 元，丁的成本是 50 000 元。如果得到的收入超过了从事这项工作的成本，每家公司都愿意接受这项工作。由于一个公司的成本是它愿意接受这份工作的最低价格，所以成本是它出售劳务的意愿。每家公司都渴望以高于成本的价格出售它的劳务，拒绝以低于成本的价格出售它的劳务，并且对在价格正好等于它的成本时出售它的劳务持无所谓的态度。

当你接受装修公司的报价时，开始时价格可能是很高的，但是由于装修公司的竞争，价格会很快下降。一旦丁报出了 60 000 元的价格（或者略低一点）时，它就是唯一留下来的竞价者。丁很高兴在这个价格水平时从事这项工作，因为它的成本仅仅是 50 000 元。甲、乙、丙公司不愿意以 60 000 元的价格从事这项工作，工作属于能以最低成本从事这项工作的装修公司。丁公司从这项工作中得到了什么好处呢？由于它从事这项工作的成本是 50 000 元，但是得到了 60 000 元的价格，也就是说它得到了 10 000 元的生产者剩余。

课堂讨论

根据边际效用递减规律分析，将富人的钱给穷人，整个社会的福利是否上升？

三、生产者行为分析

现代经济拥有丰富多彩的生产活动。农场使用化肥、种子、土地和劳动，将它们变成小麦或玉米。现代工厂使用能源、原材料、数控机床和劳动等投入生产出拖拉机、电视机或牙膏。航空公司使用飞机、燃油、劳动，以及由计算机网络控制的订票系统，向旅客提供从国家的一个角落到另一个角落的快捷的旅行服务。会计事务所使用铅笔、计算机、纸张、写字楼，还有劳动，为客户提供审计或纳税申报等各项服务。

在我们的讨论中，假设农场、工厂、航空公司以及会计事务所都追求有效率的生产，即以最低成本进行生产。也就是说，对于一定数量的投入，它们总是试图使产出最大化，尽可能地避免浪费。而在决定生产什么和出售什么时，我们也假设企业所追求的是经济利润的最大化。

简单的成本加成理论认为：企业是通过计算单位成本，再按比例加成来定价。但是这种理论遭到很多的质疑。其中一个理由就是我们无法从中得到关于加成规模的任何信息。为什么选择 25%的加成而不是 50%的加成？为什么不同的公司按照不同的比例加成？为什么同一家公司在不同时期，对于不同产品，在卖给不同买方的时候要改变加成比例，甚至有时候在卖给同一个买方不同数量的时候也要改变加成比例？为什么有时候销售者的定价低于其单位成本呢？

考察一个虚构的例子，假设 A 公司是提琴生产商。该公司雇用劳动力，购买木头、水电和其他原材料，并租用厂房和机器设备。它生产的提琴每把售价为 40 000 美元。去年该公司出售了 7 把小提琴，总收益为 280 000 美元。表 3-1 显示的是该公司的基本财务状况，即公司去年的损益表。

我们看到，A 小提琴公司的收益为 280 000 美元，其成本为 175 000 美元，因此利润为 105 000 美元。如果成本是 400 000 美元而不是 175 000 美元，那么其利润就为-120 000 美元。生产者就会获得负利润，即遭受损失。

生产者出售额外 1 单位产品所获得的额外收益称为边际收益，因此，400 000 美元是出售第 10 把小提琴获得的额外（或边际）收益。边际收益等于小提琴的价格，这并不是偶然的。竞争市场的一个基本特征是，不管生产者出售多少单位产品，它们可以从售出的每单位产品上获得相同的市场价格。因此，在竞争市场上，生产者多出售 1 单位产品的额外收益即边际收益是与 1 单位产品的市场价格相同的。

表 3-1　A 公司的损益表

（单位：美元）

总收益		280 000
成本		175 000
工资（包括附加福利）	150 000	
木材和其他原材料的购买	15 000	
水电费	1 000	
厂房租金	5 000	
机器租金	2 000	
其他费用	2 000	
利润		105 000

企业成本的主要组成部分是固定成本（当产量变动时，它并不变动）和可变成本（它随着产量的增加而增加）。总成本等于固定成本加可变成本。平均成本是总成本除以产品的单位总数。A 小提琴公司的各个成本数据见表 3-2。

表 3-2　A 公司的生产成本

（单位：千美元）

产量	（1）总成本	（2）平均成本	（3）边际成本	（4）总可变成本	（5）平均可变成本
0	90				
1	100	100.0	10	10	10.0
2	110	55.0	10	20	10.0
3	120	40.0	10	30	10.0
4	130	32.5	10	40	10.0
5	140	28.0	10	50	10.0
6	150	25.0	10	60	10.0
7	175	25.0	25	85	12.1
8	215	26.9	40	125	15.6
9	270	30.0	55	180	20.0
10	400	40.0	130	310	31.0

在生产出第一把小提琴之前，A 小提琴公司就必须支付 90 000 美元。它必须租借生产场所，必须雇用一些雇员，必须购买设备。不管 A 小提琴公司生产多少把小提琴，它的固定成本都仍将是 90 000 美元。

生产额外 1 把小提琴的额外成本即边际成本，如表 3-2 的第（3）列所示。边际成本总是与生产某一单位产量的额外成本联系在一起的。例如，产量从 1 把小提琴增加到 2

把小提琴的边际成本为 10 000 美元。在产量达到 6 把以前，额外生产 1 把小提琴都会使得成本增加 10 000 美元。生产第 7 把小提琴的额外（或边际）成本为 25 000 美元（也许需要再多雇用一位小提琴制造者；或是该公司生产小提琴使用的特殊木料数量有限，生产 6 把以上小提琴很难获得足够的木料并且价格昂贵）。生产第 8 把小提琴的边际成本为 40 000 美元。

课堂讨论

试着画出上例中平均成本和边际成本曲线。你看到了什么规律？

在选择生产多少时，利润最大化生产者会将其决策集中在边际上。由于已经支付了进入这一市场的固定成本，此时的决策一般不再是是否进行生产，而是多生产 1 单位还是少生产 1 单位。对于竞争市场上的生产者而言，这一问题的答案比较简单：生产者只需要比较多生产 1 单位产品所获得的边际收益与边际成本，就可以得到答案。只要边际收益超过边际成本，生产者多生产 1 单位产品将赚取额外利润。如果边际收益小于边际成本，那么生产额外 1 单位产品将使利润减少，因此生产者会削减产量。简言之，生产者将在边际收益等于边际成本的点上进行生产，而在竞争市场上，边际收益等于价格。

由于 A 小提琴公司的边际收益始终为 40 000 美元，边际成本在产量为第 8 把的时候也上升到了 40 000 美元。因此，我们可以推断，A 小提琴公司的合适产量应该就在第 8 把。如果价格略低于 40 000 美元，利润将在产量为 7 把时得到最大化，而如果价格略高于 40 000 美元，利润将在产量为 8 把时达到最大化。

四、歧视定价

下面，我们再来研究另外一个案例。路人甲是一名大二学生，他在蓝天学院勤工俭学，在学生会负责专项活动管理。路人甲的工作之一是管理星期五的电影放映活动，其中的主要工作就是定票价：

让我们假设，每放映一部电影，路人甲需要支付共计 2 200 美元（期中电影租赁费 1 800 美元、场地租赁费 250 美元、放映员人工费 50 美元、票务员人工费 100 美元）总账单，路人甲计划完全通过售票获取收入。电影放映场地能容纳 700 人，在这样的情况下，路人甲该如何定价？

要回答这个问题，我们必须先知道路人甲的目标。假如他的目标是要恰好将所有座位填满。那么 3 美元会是最好的价格。但是，每放映一部电影，就要亏损一次。因为排放映一部电影的总成本是 2 200 美元，但是总收益只有 2 100 美元。

由于不论路人甲卖出多少张电影票，都必须支付所有 2 200 美元的成本，因此在我们假设的条件下，多卖一张电影票的额外成本为零，而额外的利益有变化，如表 3-3 所示。从表中可以看出，将价格定在 5 美元，能卖出 500 张电影票，总收益为 2 500 美元。净收益为 300 美元。路人甲获得了最大净收益。

表 3-3 路人甲的总收益表

价格（美元）	需求量	总收益（美元）
7	300	2 100
6	400	2 400
5	500	2 500
4	600	2 400
3	700	2 100

课堂讨论

在超出500张票以后，路人甲卖的每张票虽然还是收了钱，多卖一张票的额外收入看上去应该是正的，但是，这种表面现象实际上是错误的。为什么？空余的位置是一种浪费吗？

接上面的案例，一个周五的晚上，路人甲查看了场地，对自己说："如果我把200个空座位填满，就能增加我的净收益。我要做的就是把票价降到3美元，但是这种降价只针对那些因票价更高就不来看电影的人。我每周就能多挣600美元，还能多让200人欣赏到这些好电影。"

这是个好主意吗？第二周，路人甲在学校电影售票口挂出了一张新的标志牌。上面写着："票价5美元。"然后又加一排小字，写着："不愿意付更多钱的人，票价3美元。"接着会发生什么呢？几乎所有购票者都会买3美元的票，因为如果他们花3美元就能买到票，他们都"不愿意付更多钱"。最后，路人甲只能得到2 100美元的收入，这周的活动亏损100美元，因此这根本不是个好主意。

但是，这个主意在执行过程中出现的问题多于它本身的问题。如果路人甲想消除空座位的"浪费"，避免收入损失，他必须找到差别对待潜在购票者的办法，这个办法成本要够低。他必须能仅为那些只愿意付低价的人定低价票价，不向愿意付更高票价的购票者提供低价票。

假设路人甲收集的电影票需求数据能帮他把学生需求和教师需求区别开来。因为学生和教师对周五电影票的需求不同。他能不能为学生和教师制订不同价格，从而提高净收益呢？

直觉告诉我们这个做法是可行的：学生通常收入不多，因此，他们往往会关注价格。想看电影的教职工不太可能因为价格略有升高而改变他们的主意。可能的情况是，路人甲降低对学生的价格，提高对教师的价格，这样他能做得更好。

当边际成本为零时，路人甲每张票定价5美元，卖出500张票，因此获得最大净收益。现在他应该对每个人群分别制订等于边际成本的边际收益。例如：当学生票卖出175张时，边际收益为零，等于边际成本，要卖出175张学生票，路人甲应该将学生票价定为3.5美元。教工票卖出325张时，边际收益为零。要卖出325张教工票，路人甲应该将教工票价定为6.5美元。

路人甲仍旧会卖出500张票。但是现在他的总收益将是2 725美元，而不再是2 500

美元，他的净收益将从 300 美元提高到 525 美元。

课堂讨论

分析为什么这种方法会生效？如何防止转卖电影票的行为？现实生活中还有哪些歧视价格行为？

五、企业投入的规律

从企业的生产函数（在既定的工程技术知识水平条件下，给定投入之后所能够得到的最大的产出）出发，我们能够列出 3 个重要的产量概念：总产量、平均产量和边际产量。总产量表示生产出来的、用实物单位衡量的产出总量。表 3-4 中数据表示：当劳动投入量为零时，总产量为零，此后，随着劳动投入的增加，总产量增加。当劳动投入量为 5 单位时，总产量达到最大值 3 900 单位。

表 3-4　某企业的产量表

（1）劳动投入量	（2）总产量	（3）边际产量	（4）平均产量
0	0		
1	2 000	2 000	2 000
2	3 000	1 000	1 500
3	3 500	500	1 167
4	3 800	300	950
5	3 900	100	780

与总产量相关的一个重要概念是边际产量。“边际”一词的含义是“新增”的意思。一种投入的边际产量是在其他投入保持不变的情况下，由于新增 1 单位的投入而多生产出来的产量或产出。

比如，我们保持土地、机器和其他的投入不变，则劳动的边际产量为每增加 1 单位的劳动而多得到的产出。表 3-4 中的第（3）栏计算了边际产量。第 1 单位劳动的边际产量为 2 000；对于第 5 单位，劳动的边际产量下降到仅仅为 100。这种边际产量统计对于理解如何决定工资等其他要素价格非常重要。

边际收益递减规律：在其他投入不变时，随着某一投入量的增加，新增加的产出越来越少。换言之，当其他投入不变时，随着某一投入量的增加，其每 1 单位投入的边际产量会下降。

边际收益递减规律表明：当一种投入（如劳动）被更多地追加于既定数量的土地、机器和其他投入要素上时，每单位劳动所能发挥作用的对象越来越有限。土地会越来越拥挤，机器会被过度地使用，从而劳动的边际产量会下降。

与总产量相关的另一个重要概念是平均产量。它等于总产量除以总投入的单位数。

表 3-4 中的第（4）栏表明，在使用 1 个工人时，劳动的平均产量为每个工人 2 000 单位；在使用 2 个工人时，劳动的平均产量为每个工人 1 500 单位，等等。在这个例子中，在劳动投入不断增加的整个区间内，平均产量都是下降的。

边际收益递减规律是解释为什么亚洲许多国家如此贫困的关键性因素之一。在拥挤的印度和孟加拉国，生活水平很低，其主要原因是：每英亩的土地上都有众多的劳工，而不是农民无知，或在经济激励面前无动于衷。

我们也可以用前面学过的例子来说明边际收益递减规律。你也许会发现，一天中学习经济学的第 1 个小时的收效最大：掌握了新的定律及其推导，增长了新的见识和领悟。第 2 个小时中你可能会稍有些走神，学到的东西会少一点。而在第 3 个小时中，边际收益递减规律则几乎是以报复的形式出现的，使你在事隔一天后，根本想不起第 3 个小时中所学的任何东西。边际收益递减规律是否在表明平时就应合理地分配学习时间而不是考前一天临时抱佛脚？

边际收益递减规律是一条可以被广泛遵守的经验性规律，而不是像地球引力规律那样一种普遍真理。在许多实证研究中人们都发现了这一规律，但是，的确也有不符合这一规律的例外情况存在。另外，边际收益递减规律可能并不适应于所有的产量水平。那个最初的劳动投入可能实际上表现出边际产量的递增，这是因为，需要一个最小的劳动量才能走到田间并拿起锄头。尽管有这些例外，但边际收益递减仍是一条在大多场合都能适用的规律。

在表 3-4 的例子中，如果土地、劳动、水和其他投入都增加相同的比例，则产量会发生何种变化呢？或者，如果劳动、生产线、钢和厂房都增加一倍，则拖拉机的产量会有何种变化呢？这些问题就会涉及规模报酬问题，即投入规模的增加对产出量的影响。就这个概念而言，有必要首先区分以下三种情况：

（1）规模报酬不变。表示所有投入的增加导致产出以同样的比例增加。例如，如果劳动、土地、资本和其他投入增加一倍。那么，在规模报酬不变的情况下，产出也增加一倍。许多手工业（例如在美国的理发或发展中国家的手工织布）就表现为规模报酬不变。

（2）规模报酬递增，也叫规模经济。发生在所有投入的增加导致产出水平以更大比例增加的时候。例如，正在设计一个小规模化工厂的工程师发现，劳动、资本和原料投入增加 10%，会引起总产出的增长超过 10%。工程研究发现许多制造流程都有适度的规模报酬递增，包括那些当今最大规模的工厂。

（3）规模报酬递减，发生在所有投入的均衡增加导致总产出以较小比例增加的时候。在许多流程中，规模的增大最终会达到一个极点，超过这一极点就会导致低效率。这可能是由于管理成本或控制成本变得庞大而造成的。在电力工业中有这样的例子，当企业规模变得过大时，设备利用低效率的风险就会变得很大。许多涉及自然资源的生产活动，如种植供酿酒用的葡萄或给城市提供纯净饮用水等，都表现为规模报酬递减。

当所有投入的均衡增加导致了更大比例、更小比例或同比例的产出增加时，生产表现为规模报酬递增、递减或不变。

工程师们普遍发现：现代大规模生产技术要求工厂具有最低限度的规模。这其中，分工优势体现得很明显。

信息技术往往具有很强的规模经济。一个很好的例子就是微软操作系统。开发这个程序需要超过 10 亿美元的费用用于研发、改造、测试版和促销。但是，在一台计算机上新安装 Windows 系统的成本几乎为零。

课堂讨论

规模经济发生的原因究竟有哪些？

项目小结

1. 经济学家们用效用概念来解释消费者的需求。效用表示一个消费者从不同商品的消费中得到的相对满意程度。追求效用最大化是消费者的行为目标。

2. 边际效用递减规律是指：在一定时期内其他条件不变的前提下，随着消费者对某一种商品消费量的连续增加，该消费者从连续增加的每一单位的商品消费量中所得到的边际效用是递减的。

3. 经济学家们假设，消费者要分配其有限的收入，以获得最大的满足或效用。为了实现效用最大化，消费者必须满足等边际法则，即用于每种物品的最后 1 美元的边际效用相等。

4. 追求效益最大化是生产者的行为目标。分析生产者行为可以利用边际法则。

5. 边际法则使生产者将在边际收益等于边际成本的点上进行生产。

6. 根据收益递减规律，在所有其他投入保持不变时，每投入 1 单位的边际产量通常随着该种投入数量的增加而下降。

7. 规模报酬反映所有投入的平衡增加对产量的影响。在一种技术条件下，所有投入增加 1 倍导致产量也正好增加 1 倍，那么这种技术表现为规模报酬不变。当所有投入增加 1 倍导致产量的增加小于 1 倍（大于 1 倍）时，则该经济就属于规模报酬递减（递增）的情况。

项目四　分析市场类型

学习目标

［知识要求］市场类型；生产者供给的决策。

［技能要求］能够分析不同类型市场的效率。

［关键术语］完全竞争；不完全竞争；社会福利。

一、了解企业的性质和类型

现实社会中，几乎所有的生产都是由专业组织去完成的：那些主宰现代经济的小的、中等的和大型的企业。为什么生产通常在企业，而不是在居民的地下室里进行呢？

企业或商业机构的存在有许多理由，其中，最重要的理由是：企业由专业化的组织所组成以便管理生产过程。企业的重要功能是实现批量生产的优势、筹集资金和组织生产要素。

由企业组织生产的最强有力的决定因素是批量生产的经济性。有效率的生产需要专业化的机器、厂房、装配线和劳动分工。研究表明，汽车的有效生产要求年生产量至少要达到 30 辆。

我们几乎不能指望工人会自发地组织起来，以正确的程序准确无误地完成每一项作业任务。也许我们可以用棒球来类比，25 个人如何才能自发地形成投球手、接球手和击球员的正确组合？如何排好顺序并运用最佳战略？现实中，我们需要企业来协调生产过程，购买或租用土地、资本、劳动和原料。如果不需要专业化和劳动分工，那么，我们每个人也许都能在自家后院里生产出自己所需的电能、数字手表和电脑。显然，我们不能单独完成这些工艺，因此，效率通常都要求在企业里进行大规模的生产。

企业第二大功能是为大规模生产筹集资金。开发一架新商用飞机需要超过 10 亿美元的开支；研究和开发一个新的计算机微处理器，如英特尔的奔腾芯片，需要花费的钱更多。这些资金从哪里来？在 19 世纪，企业的资金往往由富裕的、喜欢冒险的个人提供。但是，这种富有传奇色彩的工业巨头时代已经一去不复返了。今天，在一个私有企业经济中，生产所需资金的大部分都来自于公司利润或从金融市场借款。实际上，如果公司不能每年为新项目筹集数十亿美元的资金，那么，私有企业高效率的生产活动是不堪设想的。

企业存在的第三个理由在于管理生产过程。企业经理既是组织生产，引入新思想、新产品或新工艺，并做出企业决策的人，也是对企业的成功或失败承担责任的人。生产毕竟不能自行组织起来，必须有人监督新厂房的建造，与工会谈判，购买原材料和保障其他的供应。

如果想购买一个棒球队的经营权，你就必须租借一个体育场，雇用棒球运动员，与各种人谈判以取得各种让步，雇用招待员、与工会相处、出售门票。所有这些生产要素都安排就绪之后，还得有人监督日常的活动，以保证有效率和踏实地完成各项工作。

总之，企业由专业化机构组成以管理生产过程。在企业里进行生产的原因在于效率，通常要求大规模的生产、筹集巨额资金以及对正在进行的活动实行细致的管理与监督。

市场经济中的生产活动经由形形色色的企业组织，从最小的个人业主制，到几乎主宰经济生活的大公司。其中大部分企业为某一个人所有，即个人业主制。另一些是合伙制，由两个或可能多达 200 个合伙人共同所有。最大的企业通常都采取公司的形式。

个人业主制虽然在数量上很多，但其总销售额却很小。就大多数小企业而言，个人都需要付出巨大的努力。单干的业主通常每周要工作 50 或 60 小时，且没有假期。小企业的平均寿命通常却只有一年。尽管如此，一些人还是向往自己开店经营。他们的小店很可能成为一次非常成功的冒险，可以带来数百万美元的家产。

合伙制企业往往综合各种人才，譬如说，专业的律师或医生。在美国，任何两个或两个以上的人都可以在一起成立一个合伙制企业。每个人都同意承担一部分工作和提供一份资本，从而分享一定比例的利润，当然也包括分摊有可能出现的亏损或债务。

今天，合伙制在经济活动总量中仅占相当小的一部分。其原因在于，合伙制存在某些缺陷，使其不适合大的企业。其中主要缺点之一便是无限责任。每一合伙人对整个合伙制企业所欠的债务都具有无限的责任。如果你在合伙制企业中的份额为 1%，而企业失败了。那么，你应该赔偿那 1%的亏损，而其他的合伙人则应当赔偿 99%。但是，如果你的合伙人无力偿还，你很有可能被要求支付所有的债务，这很可能会导致你倾家荡产。

无限责任的风险和筹集资金的困难解释了合伙制为什么总局限于农业和零售业这类小型的、适于个人的企业。而在大多数的情况下，合伙制显然具有太高的个人风险。

在发达的市场经济中，大多数经济活动都经由（私人或国有）公司进行。几个世纪以前，公司执照是君主或立法机关根据特别法令颁发的。英国的东印度公司就是一种有特权的公司，它实际上统治印度长达一个多世纪。在 19 世纪，铁路公司往往不得不花费一大笔钱从立法机关取得公司执照，其数额甚至和奠定路基的钱差不多。20 世纪以来，很多国家通过了一系列法律，几乎给了任何人以任何目的组建公司的权利。

今天，公司是一种企业组织形式，可以按程序在国内外取得执照，由众多的单个股东所共同拥有。公司具有独立的合法身份，实际上是一个“法人”，可以根据自己的利益购买、出售、借贷、生产物品和提供劳务，还有签订各种合同。另外，公司享有有限责任的权利。公司的每一个所有者的投资风险都严格限定在特定的数额上。

现代公司的核心特征如下：

（1）公司的所有权属于那些掌握了公司普通股的所有人。如果你拥有一家公司股份的 10%，那么，你就拥有 10%的所有权。上市公司在股票交易所报价，大型公司的股票一般都在那里交易，国家的大部分风险投资也在那里进行。

（2）从原则上讲，股东控制他们所拥有的公司。股东按照他们所拥有的股份比例分取红利，他们选举董事会。对许多重要问题进行投票表决。但不要认为股东能在企业经营中起什么显赫的作用。实际上，大公司的股东并不能真正地控制公司，因为他们太分散，根本不能左右拥有实权的公司经理们。

（3）公司的经理和董事会拥有制定公司决策的合法权利。他们决定生产什么和如何生产。他们与工会进行谈判，并且当其他公司想要接管公司的时候，通常由他们决定是否出售公司。当媒体宣布一个公司已裁减 2 万名工人时，这个决定也是由经理做出的。总之，股东拥有公司，但经理却经营它。

在市场经济中，为什么公司占主导地位呢？理由很简单，因为它是一种能够最有效地从事经济活动的组织方式。公司是一个可以从事经济活动的“法人”。同时，无论股份经过多少次易手，公司都可以“水久延续”或永远存在。公司不是很讲究民主，因此经理们可以快速无情地做出决定，这与立法机构做出经济决策的方式完全不同。

此外，公司的股东承担的是有限责任，即他们所承担的公司债务或亏损，不会超过他们最初的出资。如果我们购买了 1 000 美元的股票，那么，我们遭受的损失不可能超过我们原来的投资。

对于非公司形式的企业而言，超出成本的任何收入都要求像一般的个人收入那样纳税。而对于公司就不同了，公司的收入要交纳两次所得税：首先要作为公司的利润交税，然后则对以红利形式体现的个人的收入征收所得税。

公司的行为有时会激起公众的愤怒和政府的干预。19 世纪末，一些公司曾热衷于欺骗、贿赂和哄抬价格，从而导致反对托拉斯和证券欺诈的立法。最近几年，人们又发现美国许多公司都存有严重的财务欺诈行为，很多公司主管经由巨额红利和股票期权以最大可能获取了个人的私利。这类行径导致了公司丑闻的普遍爆发。如同公共部门一样，权力在私人部门中往往也会引发腐败。

有效率地生产常常要求企业有较大的规模，并且拥有巨额的投资资本。承担有限的责任并拥有一套方便的管理体制的公司，能够吸收大量的私人资本，生产多种相关的产品，并能较好地分摊风险。

课堂讨论

前面说过，市场是一种有效的机制，那么为什么很多生产都在大型组织中进行？

二、分析完全竞争市场

市场是通过物品买卖双方相互作用来决定物品交易价格和交易数量的一种组织形式或制度安排。根据不同的市场结构的特征，市场可划分为完全竞争市场、垄断竞争市场、寡头市场和垄断市场四种类型。

为什么要区分不同的市场结构呢？我们知道，市场的均衡价格和均衡数最取决于市场的需求曲线和供给曲线。消费者追求效用最大化的行为决定了市场的需求曲线，厂商追求利润最大化的行为决定了市场的供给曲线。厂商的利润取决于收益和成本。其中，厂商成本主要取决于厂商的生产技术方面的因素，而厂商的收益则取决于市场对其产品的需求状况。在不同类型的市场条件下，厂商所面临的对其产品的需求状况是不相同的，所以，在分析厂商的利润最大化的决策时，必须要区分不同的市场类型。表 4-1 列出了不同市场类型。

表 4-1 市场类型的划分和特征

市场类型	厂商数目	产品差别程度	对价格控制的程度	进出一个行业的难易程度	接近哪种商品市场
完全竞争	很多	完全无差别	没有	很容易	一些农业品
垄断竞争	很多	有差别	有一些	比较容易	一些轻工产品、零售业
寡头	几个	有差别或无差别	相当程度	比较困难	钢、汽车、石油
垄断	唯一	唯一的产品，且无相近的替代品	很大程度，但经常受到管制	很困难，几乎不可能	公用事业，如水、电

在表 4-1 中，完全竞争企业出售无差异的产品（与行业中其他企业出售的产品相同）。这种企业相对于市场来说是如此之小，以至于它不能影响市场价格，而只是将市场价格作为既定价格加以接受。

同时，完全竞争市场上的企业与经济中大多数其他企业一样，努力使利润（总收益减去总成本）最大化。为了说明如何做到这一点，我们首先考虑一下竞争企业的收益问题。为了使问题具体化，我们考虑一个特定企业：路人甲的家庭奶牛场。

路人甲的奶牛场生产的牛奶量为 Q，并以市场价格 P 出售每单位牛奶。奶牛场的总收益是 $P\times Q$。例如，如果一加仑牛奶卖 6 美元，而且奶牛场出售 1 000 加仑牛奶，则其总收益就是 6 000 美元。

由于路人甲的奶牛场与牛奶的世界市场相比微不足道，所以，它接受市场条件给定的价格。如果它的产量增加到 2 000 加仑，一加仑牛奶价格仍然是 6 美元，它的总收益达到 12 000 美元。也就是总收益与产量同比例变动。

我们从表 4-2 中开始分析企业的供给决策，该表的第一栏是路人甲家庭奶牛场生产的牛奶产量（加仑量）；第二栏表示奶牛场的总收益，它等于 6 美元乘以牛奶的产量；第三栏表示奶牛场的总成本，总成本包括固定成本和可变成本，固定成本在这个例子中是 3 美元，可变成本取决于产量。

表 4-2 路人甲的奶牛场收益

产量（加仑）	总收益（美元）	总成本（美元）	利润（美元）	边际收益（美元）	边际成本（美元）	利润的变动（美元）
（Q）	（TR）	（TC）	（TR −TC）	（MR=ΔTR/ΔQ）	（MC=ΔTC/ΔQ）	（MR−MC）
0	0	3	−3	6	2	4
1	6	5	1	6	3	3
2	12	8	4	6	4	2
3	18	12	6	6	5	1
4	24	17	7	6	6	0
5	30	23	7	6	7	−1
6	36	30	6	6	8	−2
7	42	38	4	6	9	−3
8	48	47	1			

第四栏表示奶牛场的利润，可以通过总收益减去总成本来计算。如果奶牛场没有任何牛奶，它就有 3 美元的亏损（它的固定成本）。如果生产 1 加仑牛奶，就有 1 美元的利润；如果生产 2 加仑牛奶，就有 4 美元的利润，等等。由于路人甲的目标是利润最大化，它就要选择使利润尽可能最大化的产量，在这个例子中，当奶牛场生产 4 或者 5 加仑牛奶的时候，实现了利润最大化，这时利润为 7 美元。

所以，在完全竞争条件下企业的供给原则为：当企业将其产量确定在边际成本等于价格（*P*=边际收益）的水平上时，就实现了利润的最大化。

如果市场发生变化，价格不断下降，当下降到等于边际成本的水平时，这时候企业会决定停业吗？一般说来，在短期内，当企业再也不能弥补它的可变成本时，它会想到要停止营业。

表 4-3　路人乙的生产决策

（1） 产量	（2） 总成本 TC （$）	（3） 每单位的边际成本 MC （$）	（4） 平均成本 AC （$）	（5） 价格 *P* （$）	（6） 总收入 TR （$）	（7） 利润 *n* （$）
0	55 000					
1 000	85 000	30	85	40	40 000	−45 000
2 000	110 000	25	55	40	80 000	−30 000
3 000	130 000	20	43.33	40	120 000	−10 000
3 999	159 960		40.000+	40	159 960	−0.01
4 000	160 000	40	40	40	160 000	0
4 001	160 040		40.000+	40	160 040	−0.01
5 000	210 000	60	42	40	200 000	−10 000

例如，如表 4-3 所列假设路人乙的企业每月会发生 55 000 美元的固定成本，现在面临着 35 美元的市场价格，价格实际上要小于平均生产成本。尽管企业遭受了损失，但它还会继续生产吗？正确的答案是：会。因为产量从 3 000 增加到 4 000，总成本增加了 30 000，总收益增加了 35 000，进行生产有 5 000 美元的“收入”，而停业则没有任何收入，且会损失 55 000 美元。因此只要收入减去可变成本后能弥补部分固定成本，继续生产就会比较合算。

继续研究，我们会发现，在某个市场价格水平，企业的收入正好等于它的可变成本，这个价格点称为停止营业点。对高于此点的价格，企业将沿着它的边际成本曲线进行生产。而对低于此点的价格，企业将会完全停止生产。

课堂讨论

你是否曾经走进一家餐馆吃午饭，发现里面几乎没人？你可能会问，为什么这种餐馆还要开门呢？因为看起来只有几个顾客的收入不可能弥补餐馆的经营成本。

三、分析完全垄断市场

如果一个企业是其产品唯一的卖者，而且其产品并没有相近的替代品，那么这个企业就是一个垄断企业，垄断产生的基本原因是进入壁垒：垄断企业能在其市场上保持唯一卖者的地位，是因为其他企业不能进入市场并与之竞争。而进入壁垒又有以下三个主要形成原因：

（1）垄断资源。垄断产生的最简单方法是单个企业拥有一种关键的资源。例如一个小镇上的水市场。如果小镇上几十个居民都拥有能用的井，结果是，由于水供给者之间的竞争，每单位水的价格被降到：增加抽取一单位水的边际成本。但是，如果镇上只有一口井，而且从其他地方不可能得到水。那么，井的所有者就垄断了水资源。这时候，即使多抽取1加仑的水其边际成本很低，垄断企业也可以制定极高的价格。

垄断资源的一个经典案例是南非的钻石公司德比尔斯，它一度控制着全世界钻石产量的 80%，由于它的市场份额小于 100%，因此它不完全是一个垄断者，但该公司对钻石的市场价格可以产生巨大的影响。

由于现实经济是如此巨大，资源及其替代品很难由单一企业掌控，且可以在国际上交易，因此，拥有没有相近替代品资源的企业的例子很少。

（2）政府创造的垄断。在许多情况下，垄断的产生是因为政府给予一个人或一个企业排他性的出售某种物品或劳务的权利；有时垄断产生于想成为垄断者的人的政治影响。例如，国王曾经赋予他们的朋友或盟友排他性的经营许可证。还有些时候，政府也会出于公共利益而赋予某种垄断的权利。

专利法和版权法有两个重要的例子。当一家制药公司发明了一种新药时，它就可以向政府申请专利：如果政府认为这种药真正是原创性的，它就批准该专利申请。该专利给予该公司在 20 年中排他性的生产并销售这种药的权利。同样，当一个小说家写完一本书时，她可以拥有这本书的版权。版权是一种政府的保证，它保证未经作者许可，任何人都不能印刷并出版这本著作。版权使这个小说家成为她的小说销售的一个垄断者。

（3）自然垄断。自然垄断是指行业中只有一家企业能够有效率地进行生产。当技术在产量满足全部需求的范围内表现出规模经济时，这种情况就会出现。技术始终显示规模报酬递增的特性，进而平均成本和边际成本就会永远呈下降的趋势。随着产量的提高，企业可以不断地降低价格，且保持一定的利润，因为这时它的平均成本是下降的。其他的竞争者要想和平地竞争共处几乎是不可能的，因为这家企业具有远远高于其他小企业的效率。

自然垄断的一个例子是供水。为了向镇上居民供水，企业必须铺设遍及全镇的水管网。如果两家或更多企业都在提供这种服务并竞争，每个企业都必须支付铺设水管网的固定成本，而水的购买量是一定的，因此，市场容量决定了只有一家企业为整个市场提供服务。另外一些自然垄断的例子是电话、电力、天然气和自来水以及铁路、公路和电力传输等公用事业。

在正常情况下，一个企业如果没有关键资源的所有权或政府保护，要维持其垄断地位是不容易的。技术上的进步会削弱自然垄断。以有线电话为例，现在大多数人都可以享受无线电话服务，他们使用无线电波，而不是固定线路，从而降低了对传统的有线电话服务的需求。其他产业领域内——如有线电视——也有这种趋势，垄断利润增加了进入市场的吸引力，竞争者纷纷进入，打破该行业自然垄断的状态。

课堂讨论

举出现实中有哪些自然垄断和特殊垄断的例子。

垄断企业和竞争企业之间的关键差别在于垄断企业影响其产品价格的能力。一个竞争企业没有影响其产品价格的力量，它接受市场条件所给定的价格：与此相反，由于垄断者是其市场上唯一的卖者，它就可以通过调整向市场供给的产量来改变产品的价格。

考虑只有一个生产水的企业的小镇，表 4-4 描述了垄断者的收益情况。

表 4-4 垄断者的收益表

水的产量（加仑）	价格（美元）	总收益（美元）	平均收益（美元）	边际收益（美元）
0	11	0		
1	10	10	10	10
2	9	18	9	8
3	8	24	8	6
4	7	28	7	4
5	6	30	6	2
6	5	30	5	0
7	4	28	4	−2
8	3	24	3	−4

前两栏表示垄断者的需求表，如果垄断者生产 1 加仑水，他可以把这一加仑水卖 10 美元；如果他生产 2 加仑水，为了卖出去，就必须降价为 9 美元；如果生产 3 加仑水，就必须降价为 8 美元，以此类推。如果根据这两栏的数字作图，就可以得到一条典型的向右下方倾斜的需求曲线。

该表第三栏表示垄断者的总收益。它等于销售量（第一栏）乘以价格（第二栏）。第四栏计算企业的平均收益，即企业每销售一单位产品得到的收益量。第五栏是边际收益，可以用增加一单位产量时总收益的变动来计算。例如，当企业产量从 3 加仑增加到 4 加仑时，总收益从 24 美元增加到 28 美元，边际收益为 4 美元。

表 4-4 所示结果对理解垄断者行为非常重要：垄断者的边际收益总是小于其物品的价格。例如，如果企业把水的生产从 3 加仑增加到 4 加仑，即使他能以 7 美元卖出每加仑水，总收益也只是增加了 4 美元。原因在于他面临的需求法则。

如果由一个“公平”的社会管理者来决定垄断企业的产量，从社会福利最大化（生产者剩余+消费者剩余最大）的角度出发，他必然选择在产品的边际成本等于产品价格时候的产量。而如果由垄断企业自身来选择，则会选择在产品价格大于边际成本时候的产量。由此可以看出，垄断企业生产并销售的产量小于社会有效率的产量，也就是说，垄断存在一定的资源无效率。

课堂讨论

垄断企业与竞争企业的边际收益有什么不同？如果存在资源无效率的话，那么，垄断有存在市场的必要吗？

四、分析垄断竞争市场

完全竞争市场和垄断市场是理论分析中的两种极端的市场组织。在现实经济生活中，通常存在的是垄断竞争市场和寡头市场。其中，垄断竞争市场与完全竞争市场比较接近。垄断竞争市场是这样一种市场组织，一个市场中有许多厂商生产和销售有差别的同种产品。根据垄断竞争市场的这一基本特征，西方经济学家提出了生产集团的概念。因为，在完全竞争市场和垄断市场条件下，行业的含义是很明确的，它是指生产同一种无差别的产品的厂商的总和。而在垄断竞争市场，产品差别这一重要特点使得上述意义上的行业不存在。为此，在垄断竞争市场理论中，把市场上大量的生产非常接近的同种产品的厂商的总和称为生产集团。例如，汽车加油站集团、快餐食品集团、理发店集团等。

具体地说，垄断竞争市场的条件主要有以下三点：

第一，在生产集团中有大量的企业生产有差别的同种产品，这些产品彼此之间都是非常接近的替代品。在这里，产品差别不仅指同一种产品在质量、构造、外观、销售服务条件等方面的差别，还包括商标、广告方面的差别和以消费者的想象为基础的任何虚构的差别。

一方面，由于市场上的每种产品之间存在着差别，因此，每个厂一方面对自己的产品的价格都具有一定的垄断力量，从而使得市场中带有垄断的因素；另一方面，由于有差别的产品相互之间又是很相似的替代品，因此，市场中又具有竞争的因素。例如不同品牌的香烟。

第二，一个生产集团中的企业数量非常多，以至于每个厂商都认为自己的行为影响很小，不会引起竞争对手的注意和反应，因而自己也不会受到竞争对手的报复。例如，理发行业。

第三，厂商的生产规模比较小，因此，进入和退出一个生产集团比较容易。

垄断竞争是非常普遍的，不妨看一下超市中的货架，你会发现各种品牌的服装、洗涤用品和冷冻食品等，足以让人眼花缭乱。在每一系列，产品与服务虽然有差别，但它们的相似性仍然足以在它们之间构成竞争。还有一些垄断竞争的例子，在你家附近有几家杂货店，所卖的商品都一样，只是地理位置各不相同而已。加油站也是如此，它们销售同样的产品，只是在地理位置与品牌方面进行竞争。摆有几百种杂志的书摊是垄断竞争的，拥有 50 多个竞争品牌的个人电脑市场也是如此。诸多此类例子不胜枚举。

为便于分析，我们应记住这样一个重要的观点，即产品存在差别意味着每个销售者相对于完全竞争市场来说在某种程度上都有提高或降低价格的自由。产品差异化使得每个卖者所面临的需求曲线向下倾斜。

假设某一垄断竞争的捕鱼杂志短期内价格高于平均成本，获得了相当可观的利润，但是，我们的杂志并没有垄断作者、新闻用纸或捕鱼的技巧。其他的企业可以通过雇用编辑、购置新设备、雇用工人等办法加入该行业。随着新企业的加入，现有垄断竞争的捕鱼杂志的需求减少，因为新的杂志抢走了一部分市场。

最终的结果是捕鱼杂志继续进入该市场，直到所有的经济利润（包含所有者的时间、才能和投入资本的合适的机会成本）下降到零时为止。市场达到了卖者的长期均衡。在均衡点，因为利润为零，没有人企图进入或被迫退出该产业。

这一分析结果可以很好地用来解释个人电脑行业。最初，电脑厂商，如苹果公司和康柏公司，赢得了很大的利润。但后来随着个人电脑产业进入壁垒的不断减少，许多小企业也进入了这个市场。今天，这个产业有为数众多的企业，每一家只在市场上占有小部分份额，尽管它们不停努力，但仍然无法取得与其努力相称的经济利润。

垄断竞争模型提供了认识这种市场的重要线索：随着拥有新差异产品的企业的进入，这种不完全竞争行业的长期利润率为零。在垄断竞争的长期均衡点，价格高于边际成本，但经济利润已经下降到零。

一些批评家认为，垄断竞争天生是低效率的，尽管它的长期利润也是零。他们指出垄断竞争会导致过多新产品的出现，而如果消除这些不必要的产品差别，就会降低成本，从而降低价格。这种论断有它不可忽视的吸引力。它在揭示人类的福利，从苹果、橘子到蜂蜜、坚果，再到所有的食物的分配方面，的确有独到之处。有时候，我们很难解释为什么十字路口的四个角上会各有一个加油站。不过，有一个逻辑性很强的观点可以用于解释市场经济的多样性。通过减少垄断竞争者的人数，你或许会降低价格。但是，你也可能会降低消费者的最终福利，因为人们再也不能得到如此多样化的物品了。某些计划经济国家试图对于少量差别产品实现标准化，比如说，统一规定穿标准化的灰色制服，结果导致消费者高度不满。人们宁愿为自由选择而支付较高的代价。

我们以效率的观点（即社会是否从其稀缺资源中得到了可以得到的最大量）来评价该市场。一方面，一些对物品的评价高于生产的边际成本（但低于价格）的顾客没有购买物品。因此，垄断竞争市场存在垄断市场一样的无谓损失。但如果决策者要强制实行边际成本定价，就需要管制所有生产有差别产品的企业或向这些企业弥补亏损，这种负担将是巨大的；另一方面，尽管新竞争者使原有企业失去了部分利润，但也使消费者得到了新产品。损失与得到的综合衡量很困难。

课堂讨论

垄断竞争市场是合意的吗？决策者可以改变市场结果吗？

五、分析寡头市场

寡头市场又称为寡头垄断市场。它是指少数几家厂商控制整个市场的产品的生产和销售的这样一种市场组织。寡头市场被认为是一种较为普遍的市场组织。西方国家中不少行业都表现出寡头垄断的特点，例如，美国的汽车业、电气设备业、罐头行业等，都被几家企业所控制。

形成寡头市场的主要原因有：某些产品的生产必须在相当大的生产规模上运行才能达到最好的经济效益；行业中几家企业对生产所需的基本生产资源的供给的控制；政府的扶持和支持，等等。由此可见，寡头市场的成因和垄断市场是很相似的，只是在程度上有所差别而已。寡头市场是比较接近垄断市场的一种市场组织。

寡头行业可按不同方式分类。根据产品特征，可以分为纯粹寡头行业和差别寡头行业两类。在纯粹寡头行业中，厂商之间生产的产品没有差别。例如，可以将钢铁、水泥等行业看成是纯粹寡头行业。在差别寡头行业，厂商之间生产的产品是有差别的。例如可以将汽车、冰箱等行业看成是差别寡头行业。此外，寡头行业还可按厂商的行动方式，区分为有勾结行为的（即合作的）和独立行动的（即不合作的）不同类型。

寡头厂商的价格和产量决定是一个很复杂的问题。其主要原因在于：在寡头市场上，每个厂商的产量都在全行业的总产量中占有一个较大的份额，从而每个厂商的产量和价格变动都会对其他竞争对手以至整个行业的产量和价格产生举足轻重的影响。正因为如此，每个寡头厂商在采取某项行动之前，必须首先要推测或掌握自己这一行动对其他厂商的影响以及其他厂商可能做出的反应，然后，才能在考虑到这些反应方式的前提下采取最有利的行动。一般说来，不知道竞争对手相互之间的反应方式，就无法建立寡头厂商的模型。或者说，有多少关于竞争对手相互之间的反应方式的假定，就有多少寡头厂商的模型，就可以得到多少不同的结果。因此，在西方经济学中，还没有一个寡头市场模型，可以对寡头市场的价格和产量决定做出一般的理论总结。

为了理解寡头的行为，我们考虑只有两个卖者的寡头，即双头。双头是寡头中最简单的类型。有三家或更多数量的寡头所面临的问题和只有双头所面临的问题是相同的，因此，我们从简单的情况开始并不会对分析结果有很大影响。

设想在一个镇上只有两个居民——A 和 B——拥有能生产饮用水的水井。每周六，A 和 B 要决定抽取多少加仑水带到镇上，并以市场所能承受的价格出售。为了简单起见，假设 A 和 B 可以无成本地想抽取多少水就抽取多少水，也就是说，水的边际成本等于零。

表 4-5 表示镇上水的需求表。第一栏中的数量表示需求总量（数量），而第二栏表示价格。如果两个水井的所有者总计出售 10 加仑水，1 加仑水就是 110 美元。如果他们总计出售 20 加仑水，价格将下降到 1 加仑 100 美元，以此类推。如果根据这两栏的数字画成图形，你就将得到一个标准的向右下方倾斜的需求曲线。第三栏表示卖水得到的总收益。它等于销售量乘以价格。因为不存在抽水的成本，所以两个生产者的总收益等于他们的总利润。

表 4-5　水的价格-收益表

数量（加仑）	价格（美元）	总收益/总利润（美元）
0	120	0
10	110	1 100
20	100	2 000
30	90	2 700
40	80	3 200
50	70	3 500
60	60	3 600
70	50	3 500
80	40	3 200
90	30	2 700
100	20	2 000
110	10	1 100
120	0	0

现在，我们来考虑该镇水行业的组织是如何影响水的价格和销售量的。在考虑 A 和 B 这个寡头会引起的水的价格和数量之前，先简单地讨论一下：如果水的市场是完全竞争的或者垄断的，会出现什么结果？

如果水的市场是完全竞争的话，由于我们已经假设，多抽 1 加仑水的边际成本是零，因此，完全竞争之下水的均衡价格也将是零。均衡数量将是 120 加仑。水的价格反映了生产它的边际成本，有效率的水的数量就是生产量与消费量。

现在考虑垄断者将如何行事。表 4-5 表明：在产量为 60 加仑和每加仑价格为 60 美元时，总利润最大。因此，利润最大化的垄断者将生产这种产量并收取这种价格。价格大于边际成本是垄断者的标准情况，结果将是无效率的。因为水的生产量和消费量低于对社会有效率的 120 加仑。

我们预期这一双头会带来什么结果呢？ 一种可能是 A 和 B 结合到一起，并就水的产量和价格达成一致。企业之间的这种协议被称为勾结，联合起来行事的企业集团被称为卡特尔。一旦形成了卡特尔，市场实际上就由一个垄断者提供服务，此时我们可以运用前面的分析。这两个生产者将总共生产 60 加仑水，并以每加仑 60 美元的价格出售。价格又大于边际成本，而且从社会来看，结果是无效率的。

卡特尔不仅必须就总产量水平达成一致，而且还要就每个成员的产量达成一致，在这个例子，A 和 B 还要就如何在他们之间分配 60 加仑水的垄断性生产达成一致。卡特尔的每个成员都想有较大的市场份额，因为市场份额越大，利润就越大。如果 A 和 B 同意平均地划分市场，那么，每个人将生产 30 加仑水，价格将是每加仑 60 美元，从而每个人可以得到 1 800 美元利润。

寡头希望形成卡特尔并赚到垄断利润，但这往往是不可能的。一是卡特尔成员之间也有竞争，二是诸如反托拉斯法之类也限制他们这么做。现设想 A 预计 B 生产 30 加仑水（垄断量的一半）。A 分析：如果我生产 30 加仑水，我的利润将是 1 800 美元。如果我生产 40 加仑水，我的利润将是 2 000 美元。我的利润增加了。当然，B 也会以同样的方法推理。

考虑当两人各生产 40 加仑水时会出现的情况。此时的价格是 40 美元，两人各能得到 1 600 美元利润。在这种情况下，A 分析：现在我的利润是 1 600 美元。假设我生产 50 加仑。总计可以销售 90 加仑水，价格是每加仑 30 美元。这时我的利润只有 1 500 美元。所以，将产量保持在 40 加仑时，我的状况会更好一些。

这样，A 和 B 各生产 40 加仑的结果看起来像是达到了某种均衡。实际上，这种结果被称为纳什均衡。纳什均衡是相互作用的经济主体在假定其他主体所选择的策略为既定时，选择自己的最优策略的状态。在这个例子中，当 B 生产 40 加仑水为固定时，A 的最优策略是生产 40 加仑水。同样，在 A 生产 40 加仑水为既定时，B 的最优战略是生产 40 加仑水。一旦他们达到了这种纳什均衡，A 和 B 都没有做出不同决策的激励。

这个例子说明了合作和利己之间的冲突。合作并达到垄断的结果会使寡头的状况更好。但由于他们追求自己的私利，最后不能达到垄断结果，并且不能使他们共同的利润最大化。每一个寡头都有扩大生产并获取更大市场份额的诱惑。当他们每一个都努力这样做时，总产量增加了，而价格下降了。

同时，利己也不能总是使市场达到竞争的结果。和垄断者一样，寡头认识到，他们生产的产品数量的增加降低了其产品的价格，这反过来又影响利润。因此，他们不会遵循竞争企业的规律，在价格等于边际成本的那个点上进行生产。

总之，当寡头企业单独地选择利润最大化的产量时，它们生产的产量大于垄断但小于竞争的产量水平。寡头价格低于垄断价格，但高于竞争价格（竞争价格等于边际成本）。

课堂讨论

你认为下面的两个嫌疑犯最后会如何行动？

警方逮捕甲、乙两名嫌疑犯，但没有足够证据指控二人入罪。于是警方分开囚禁嫌疑犯，分别和二人见面，并向双方提供以下相同的选择：若一人认罪并作证检控对方，而对方保持沉默，认罪者即时获释，沉默者被判监 10 年。若二人都保持沉默，则二人同判监 1 年。若二人都互相检举，则二人同判监 8 年。

项目小结

1. 市场结构的主要类型有：

（1）垄断，即单个企业生产了某一产业的全部产品。

（2）寡头，即少数几个卖者提供某一产业的相似的或有差异化的产品。

（3）垄断竞争，即为数众多的小企业提供相关但有某种程度差异化的产品。

（4）完全竞争，即为数众多的小企业提供完全相同的产品。

2. 每种类型市场上的厂商都是根据边际收益等于边际成本的原则来决定产量或价格的。

3. 每种类型市场的社会福利各不一样，但都有其存在的理由。

项目五　分析收入分配

学习目标

［知识要求］要素需求概念；最低成本法则；基尼系数。

［技能要求］用供求法则分析收入分配，掌握收入分配的衡量方法。

［关键术语］工资；利息；地租；利润。

一、理解要素需求

我们都是从他人那里获得我们的收入的，你思考过这个问题吗？当然，我们也直接为自己制造一些物品，甚至有少数隐居者从来不使用货币，也从来不依靠他人的协作。但是，除了制造伪币的人，我们都是从其他人那里得到我们的货币收入的。如亚当·斯密在《国富论》里说的："我们每天所需的食物和饮料，不是出自屠户、酿酒家或烙面师的恩惠，而是出自他们自利的打算。我们不说唤起他们利他心的话，而说唤起他们利己心的话。我们不说自己有需要，而说对他们有利。"我们说服别人雇用我们，从我们这里买东西，从我们这里借钱，或者意识到我们的地位能够为我们带来收入。为孩子服务的人从孩子父母那里获取收入，为退休人员服务的人获得其社会保障金，为失业人员服务的人获得其失业赔偿金，为彩票中奖者服务的人获得其彩票收入，这些例子都说明：我们所提供的，是他人愿意付钱获得的。收入没有真正被分配。在我们的社会中，事实上没有人在分配的意义上分配收入。人们的收入是相互关联的决策的产物，不同的个体根据他们对其决策产生的预期收益和预期成本，最终做出这些决策。在对待孩子时，我们也许采用可以让一个孩子切，其他孩子选的方式来分一张现成的馅饼。但是这不适用于经济生活。经济生活这张"馅饼"不是现成等着人去切的。经济馅饼是在交易和生产过程中不断制成的，我们切这张馅饼的方式将影响馅饼的制作方式。事实上，政治经济学就强调：政策选择总是和游戏规则相关的，这些游戏规则促成了交易和生产的模式。简而言之，收入分配是供给和需求的产物。收入分配理论是一般价格理论的一种特例。

但是，供给和需求只是理解竞争性市场经济中收入分配问题的第一步。我们将会看到，收入的关键在于不同生产要素的边际产出。生产要素是用于生产产品和劳务的投入，包括劳动、土地、资本和管理或企业家才能，对应的收入分别是工资、地租、利息和利润。生产要素的价格是由不同要素的需求和供给之间的相互作用所决定的，就像商品的价格主要是由商品的供给和需求所决定的一样。

要素需求是一种派生需求，要理解这句话，先让我们讨论一下办公楼面积的需求问题。软件公司需要为其雇员租用办公室。同理，其他诸如披萨饼店或银行等也需要经营活动的空间。在每一地区，都有一条斜率为负的办公面积的需求曲线，它将土地所有者所要求的租金与公司想要的办公面积的数量联系起来——价格越低，公司愿意租用的面积就越大。

但普通消费者的需求和企业对投入品的需求之间却有着本质的差别：消费者需要计算机游戏和披萨饼等最终产品，是因为这些消费品都能直接地提供快乐或效用。而像企业购买办公场地这类投入，却并不是因为它们能直接地提供满足；企业购买投入品是因为它能够通过使用这些要素而得到最终产品和相应收入。

消费者满意偏好决定着厂商要素投入的格局，不过这种偏好可谓一个阶段一个样。消费者从玩电子游戏中获得的满足决定了软件公司能卖出多少游戏软件，需要多少销售商，必须租用多少办公场地。其游戏软件越成功，对办公场地的需求也就越大。因此，要准确地分析投入需求，必须认识到：是消费者的需求最终决定了企业对办公场地的需求。认识这一点的意义，不仅限于分析办公面积的需求。事实上，消费者需求决定所有的投入需求，企业的投入需求由消费者对其最终产品的需求间接地派生而来。

于是，经济学家将生产要素需求称为派生需求。这意味着当企业需要一种投入时，是因为那种投入使他们能生产一种消费者现在或将来想要得到的商品。

生产要素相互依赖。要想锯倒一棵树，光有一把锯子或者一个工人都是没有用的。只有将锯子交给工人使用才能很容易地将树锯倒。换句话说，某种要素的生产率，如劳动生产率，取决于能够与之相匹配的要素的数量。这意味着在一般情况下，我们不应该说某一种投入独自创造了多少产出。

正是由于土地、劳动和资本品在生产中是相互依赖的，才使得收入的分配成为一个非常复杂的问题。设想你负责分配一个国家的所有产出，如果我们能够判定“土地”独立生产这么多，“劳动”独立生产那么多，而“机器”又单独生产了其余部分，那么分配就会非常容易。在供给需求分析框架中，如果每种要素可以独自生产一定数量的产品，那么它当然就能够独享自己的劳动果实。但是，这是假设各要素的生产率可以相互独立，而这在现实中却是根本不存在的。你怎么可能将其中的每种投入单独的贡献从整体中分离出来呢？

二、供求分析劳动的报酬——工资

（1）劳动的需求

分配理论的基本观点是，对各种要素产品的需求来自每种要素通过其边际产品所产生的收入。假设我们经营一个大型的衬衫企业，并了解每一个新增的工人能生产多少件衬衫。不过该企业所追求的是货币利润的最大化，因为它是用货币而不是衬衫去支付工资和红利的。于是我们需要一个概念来衡量每一单位新增投入所能增加的货币收入。经济学家将增加一单位投入所能增加的产出的货币价值叫做“边际收益产品”。

当产品市场是完全竞争时，很容易计算出边际收益产品。在这种情况下，每一单位的工人生产的边际产品（MP_L）可以按产品的市场竞争价格（P）出售。而且，因为我们考虑的是完全竞争的情况，产品价格不受企业产出的影响，所以价格等于边际收益（MR）。如果最后一个工人的边际产品为 10 000 个单位，那么其产出的货币价值（劳动的边际收益产品）为 30 000 美元（10 000×3 美元）。只要该数字大于工人的工资，厂商雇用工人就显得有利可图。

例如，假设你是一个追求利润最大化的农场主。在你所处的地区，可以用每年 2 万美元的价格雇到你所想要的全部农业工人。你的会计会交给你一张表，其中数据如表 5-1 所示。在这些条件下，你会怎么办呢？

你会试验各种各样的可能性。雇用一个工人时，额外的收入为 6 万美元，而工人的边际成本为 2 万美元，所以你的额外利润为 4 万美元；雇用第二个工人会给你带来 3 万美元的边际收益产品，工人的边际成本同样是 2 万美元，额外利润为 1 万美元；雇用第三个工人，所增加的生产只能带来 1.5 万美元的边际收益产品，小于雇用工人的边际成本 2 万美元，所以雇用第三个工人已经无利可图。表 5-1 说明，雇用两个工人所能获得的利润最大。

表 5-1　工人的边际收益产品表

边际收益产品				
（1）劳动单位（工人）	（2）总产品（蒲式耳）	（3）劳动的边际产品（蒲式耳/工人）	（4）产品价格（美元/蒲式耳）	（5）劳动的边际收益产品（美元/工人）
0	0			
1	20 000	20 000	3	60 000
2	30 000	10 000	3	30 000
3	35 000	5 000	3	15 000
4	38 000	3 000	3	9 000
5	39 000	1 000	3	3 000

通过这种推理，我们能够找到选择最优投入组合的原则：**要达到利润最大化，企业应当增加投入，直到投入的边际收益产品与投入的边际成本或价格相等。**

最低成本法则：**当每一美元投入的边际产品都相等时，成本就达到最小。**这对于完全竞争和不完全竞争条件下的产品市场上的厂商都同样适用。

劳动的边际产品/劳动的价格=土地的边际产品/土地的价格=……

再例如，如果 A 汽车服务有限公司额外增加 1 名工人可以使得厂商每月多提供 50 次换油服务（这被称为劳动的边际产量），并且每次换油服务的价格是 25 美元，那么该企业增加 1 名工人的边际收益就是 25 美元乘以 50，即每月 1 250 美元（这被称为劳动的边际产量价值）。只要劳动的边际产量价值大于雇用额外 1 名工人的边际成本，厂商就可以通过雇用额外 1 名工人来增加利润。在 A 汽车服务有限公司的例子中，只要每月增加的工资支出少于 1 250 美元，直到劳动的边际产量价值（厂商的边际收益）等于劳动的价格，即工资（厂商的边际成本）时为止。

我们用 P 表示商品价格，MPL 表示劳动的边际产量，w 表示工人的工资，则这一均衡条件可以写为：边际产量价值=$P\times$MPL=w=工资。根据这一均衡条件，我们可以推导出对劳动的需求曲线。

如果我们将公式“$P\times\text{MPL}=w$”的两边同时除以价格 P，就可以得到：$\text{MPL}=w/P$。工资除以所生产的产品的价格被称为实际产品工资。它是用工人生产的产品而不是用货币来衡量厂商支付给工人的工资。厂商雇用工人的截止点是实际产品工资等于劳动的边际产量。

一旦我们推导出了厂商的劳动需求曲线，我们就可以推导出整个市场对劳动的需求。在给定的一组价格下，我们将每一工资率下各家厂商对劳动的需求加总，这一加总数就是在该工资水平上对劳动的市场需求。

课堂讨论

技术变革将导致劳动的需求曲线发生什么样的变化?

（2）劳动的供给

关于提供多少劳动的决策是人们在收入与闲暇之间的选择。通过放弃闲暇，一个人可以获得更多收入，并因此增加他的消费。而通过减少工作，一个人可以得到更多的闲暇。

虽然典型的工作似乎都有固定工作时间的要求，但仍存在着各种影响人们提供劳动数量的因素。尽管许多工人可能无权决定是否全天工作，但他们对是否加班却有一定的选择余地。另外，许多人同时兼有两个职业。他们从事第二职业是为了获得额外的收入。对于大多数这些职业（像开出租车），他们在工作多少时间方面的选择余地很大。因此，即使人们在本职工作方面无权选择工作多少时间，他们仍然有选择的余地。再者，不同工作存在不同正常周工时数，这一事实意味着，一个工人在选择自己所希望的工时要求的工作方面有一定的灵活性。

现在，我们将分析个人在工作与闲暇之间的选择。假设路人甲除了睡觉，其余时间是工作或闲暇，他每天共有 16 个小时安排，工作 1 小时的收入是 7 美元，这样，他如果工作 1 小时，他的收入就是 7 美元，如果他工作 2 小时，他的收入就是 14 美元，等等。如果他工作 l6 小时，他的收入就是 7 美元×16=112 美元。

就像消费者在两种商品之间的选择一样，路人甲也会依据自己的偏好在时间和闲暇之间选择。假设他看重闲暇，可能会选择一天少工作多闲暇，例如工作 6 小时而闲暇 10 小时；假设他看重工作，可能会选择一天多工作少闲暇，例如工作 10 小时而闲暇 6 小时。

我们可以用这一框架导出劳动供给曲线，即不同工资下的劳动供给量。工资的变化既有收入效应也有替代效应。工资的上升可以增加个人对所有商品的购买能力，而闲暇属于这些“商品”中的一份，路人甲通过购买“闲暇”来减少工作，这就是收入效应。但工资的上升也会增加“闲暇”的价格或成本，价格上升也会改变路人甲的“购买量”。因此，他可能会放弃购买而选择更多的工作，这就是替代效应。对于劳动供给而言，收入效应和替代效应作用的方向是相反的，从而工资上升的最终影响并不清楚。

一般而言，在较低的收入水平下，当工资上涨时，其替代效应大于收入效应，人们会增加工作时间，从而挣得更多工资。因此，工资增加会导致劳动供给增加；但是，在较高的收入水平下，当工资上升时，其收入效应大于替代效应，人们会选择减少工作时间，享受更多的闲暇；如果收入效应与替代效应正好相互抵消，那么相对而言，劳动供给不会受到工资变化的影响。

到目前为止，我们在讨论工资变动对劳动供给的影响时，隐含地假定消费品的价格保持不变。但是，个人在评价闲暇与消费之间的取舍时，他关心的是实际能够购买到的商品和服务，而不是可以用于消费支出的美元数。如果工资增加 1 倍，而所有消费品的价格也上升 1 倍，那么闲暇与消费之间的取舍关系不会发生变化。对劳动供给决策起至关重要作用的是与消费品价格变动对应的工资——实际工资。平均美元工资称为名义工资，经过校正的工资称为实际工资。1980—2000 年，美国的平均名义上资上升了 100% 以上，从每小时 6.84 美元增加到了每小时 15.38 美元。但是，如果我们将价格上涨因素考虑在内，那么在这 20 年间，平均实际工资基本没有变化。

课堂讨论

实际上，在过去的 50 年间，工资水平有了巨大的上升，女性的平均工作时数有较大上升。但对男性工人而言，平均工作时数并没有多大变化。分析原因？

（3）劳动市场的均衡

结合劳动的供求分析，可以得出劳动市场的均衡工资和均衡劳动量。图 5-1 表示劳动市场均衡工资的决定。工资和劳动量的调整使供求平衡。当市场处于这种均衡时，每个企业遵循了利润最大化规则：它雇用劳动直到边际产量值等于工资时为止。因此，一旦劳动的购买量使供求均衡，工资必定等于劳动的边际产量值。

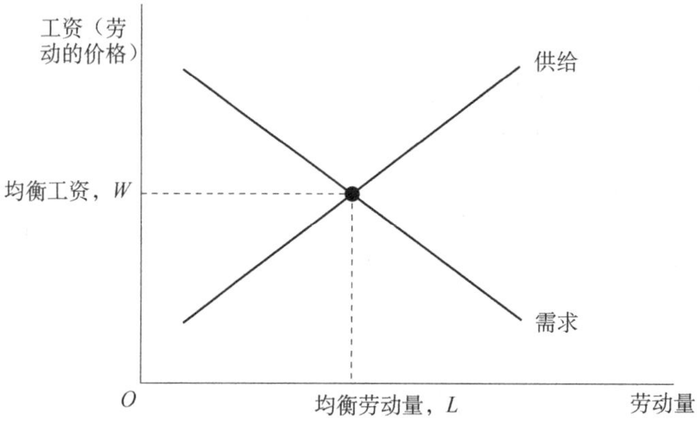

图 5-1　劳动市场均衡工资的决定

如图 5-1 所示，市场劳动力需求曲线和市场劳动力供给曲线相交所决定的工资率 W 和劳动量 L 分别为均衡工资率和均衡劳动量。在任何高于 W 的工资率下都会存在过度的劳动力供给，因为较高的工资率既会减少企业的劳动力需求数量，也会增加工人的劳动力供给数量。在自由竞争的劳动力市场上，这种工资率不会持久，因为失业工人的存在将会对工资率产生一种向下挤压的力量。当然，工资率也不会长久地低于 W，因为工资率较低时，劳动力需求超过劳动力供给，存在劳动力短缺的问题，企业为得到足够的劳动力，将不得不提高工资率，直到 $W=L$。

劳动力市场的均衡形成之后，并不是一成不变的，有一些因素的变化会打破劳动力市场的原有均衡状态，促使劳动力供给曲线或劳动力需求曲线，甚至两者同时发生位移，从而形成新的均衡并产生新的均衡工资率和均衡劳动量。劳动力市场的均衡就是在不断建立、不断被打破、然后再重新建立中循环运行的。

课堂讨论

劳动力需求曲线和劳动力供给曲线同时移动对均衡位置的影响。

三、供求分析资本的报酬——利息

资本是生产中所用的设备与建筑物存量。经济中的资本代表现在正用于生产新物品和劳务的过去生产的物品的积累。就我们的苹果企业而言，资本存量包括用于爬树的梯子，用于运输苹果的卡车，用于储藏苹果的建筑物，甚至树本身。利息是厂商在一定时期内为利用资本所支付的代价。

（1）资本供给

生产的最终目的是通过劳动过程生产出满足人的消费需要的物品。劳动与自然资源可以用来直接生产满足人们生活需要的消费品，但人们总会把他所能支配的劳动时间先制造出用于生产的资本，然后利用它们来制造满足日后生活需要的消费品。这种方法往往比直接生产消费品具有更高的效率。经济学把这种行为叫做储蓄。

对于消费者来说，一部分人并不把即期的收入全部消费掉，而是把其中的一部分储蓄起来。此时，这些人就增加了自己拥有的资本数量。再可以通过银行、证券市场等中介机构提供资金给需要的企业，用于资本、土地、劳动等生产要素的购买行为。对于企业来说，一部分企业以供给资本资产为生产目的，如厂房、机器、设备等。

由于未来是有风险的（消费者借出款项后有可能面临还款风险以及其他意外而无法在未来消费），消费者都是偏好即期消费的。因此，要消费者放弃当期的部分消费是需要代价的，而利息就是对储蓄提供者一种报偿。换言之，货币是有时间价值的。今天的 1 美元在未来会大于 1 美元。贴现值的概念准确地告诉我们如何测定货币的时间价值：假设年利率为 5%，你今天将 100 美元存入银行，一年之后你将得到 5 美元的利息，加上本金共计 105 美元。

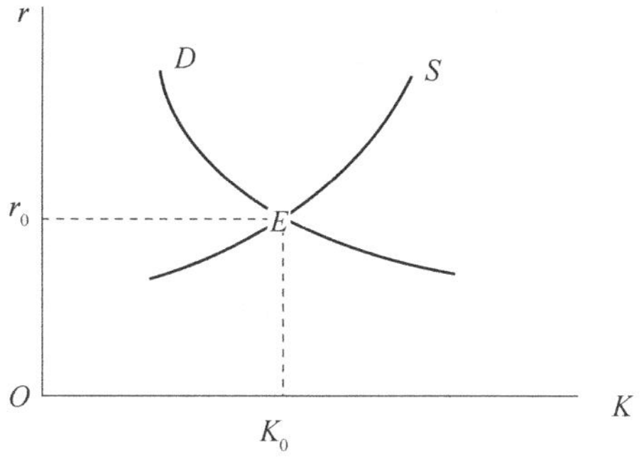

图 5-2　资本市场的均衡

一般而言，利率越高，人们愿意提供的资本越多，即资本的供给与利率同方向变化，如图 5-2 的 S 线。

课堂讨论

假设一对夫妇存钱 40 000 美元，年利率为 5%。一年后他们将有 42 000 美元，并且他们计划用这些钱来买一辆车（40 000 美元）。如果从现在到下一年期间，该车价格上涨了 10%，他们的储蓄意愿会如何变化？

（2）资本需求

我们知道，从收益最大化的角度出发，厂商需要资本（资本品）的数量是资本的边际收益大于或者等于资本的价格。但是，资本的价格是什么呢？ 一个简洁的答案是，一台设备的价格不过就是购买它的成本。如果一台新的处理互联网命令的计算机服务器花费了厂商 20 000 美元，这是不是这个具体资本的价格呢？

答案是否定的。为简单起见，我们假设一家新开业的公司在考虑是否购买这样一台计算机，公司的创立者计划在一年以后以 12 000 美元将计算机卖出。他们可以从银行借 20 000 美元购买计算机，银行会对该贷款收取利息。在这个例子中，假设银行收取的利率为 5%。那么，他们使用这一设备的成本是多少？

公司的创立者为购买计算机贷款支付了 20 000 美元。一年以后，他们以 12 000 美元将计算机售出，此时，他们欠银行 21 000 美元（20 000 美元+1 000 美元）。因此，使用计算机的净成本为 9 000 美元（21 000 美元−12 000 美元）。如果利率为 10%，使用计算机的净成本就是 10 000 美元（20 000 美元+2 000 美元−12 000 美元）。

如果公司的创立者不需要向银行借款，利率的作用也是完全一样的。假设他们有自己的储蓄可以用来购买计算机。当他们用自己的储蓄购买计算机时，则存在与这一购买相关的机会成本。公司的创立者本来也可以将 20 000 美元留在银行。如果利率为 5%，他在这一年中可以获得 1 000 美元的利息。因此，当利率为 5%时，计算机的总成本为 20 000 美元−12 000 美元+1 000 美元=9 000 美元。

该例子说明：资本使用者的成本会随着利率的上升而增加。当利率较高时，厂商对资本的需求较小，进而需要较少的贷款；当利率较低时，厂商对资本的需求较大，进而需要较多的贷款。

从全社会来看，资本市场的需求由两部分组成：一部分是由个人超前消费引发的。在很多情况下，人们想要购买的某些商品，如住房和汽车等，往往超出了他们当前的收入水平，这时他们可能希望通过向银行等金融机构贷款来满足这些消费需求，并用将来收入的一部分偿还贷款本金和利息。其中，利息就是人们提前消费需要付出的代价。利率越高，人们为提前消费而付出的代价就越高，从而其借贷意愿就越低，也即对资本的需求量越小。所以在资本市场上，个人对资本的需求曲线是一条自始至终向下倾斜的曲线。还有一部分是企业进行投资形成的对资本的需求。企业根据净现值标准（将方案产生的未来收入全部折成现值，减去初始投资现值，得到净现值，净现值为正者则采纳该方案，净现值为负者不采纳该方案）来决定投资项目的取舍，如果项目的预期利润率高于企业借款的利率，那么该企业将进行投资。反之，如果项目的预期利润率低于企业借款的利率，那么企业不会进行投资。

把这两部分的需求加起来，就是资本市场上的需求，如图 5-2 中的 D 线。

（3）资本市场的均衡

利率由资本的需求与供给共同决定。利率的形成如图 5-2 所示。图 5-2 中，资本的需求曲线 D 与供给曲线 S 相交于 E 点，此点所对应的 r_0 为均衡利率，K_0 为资本的均衡供求量。

课堂讨论

技术的进步将导致资本的供求数量和利率发生怎样的变动？

四、供求分析土地的报酬——地租

地租是使用土地的报酬，它形成土地所有者的收入。地租由土地市场的供给与需求共同决定。

土地的自然供给即自然赋予的土地数量是固定不变的，它不会随土地价格即地租的变化而变化，因此，土地的供给曲线是一条垂直线，如图 5-3 所示。纵轴表示地租水平，横轴表示土地的供给量。

土地的需求取决于土地的边际生产力，而土地的边际生产力是递减的，因此，土地的需求曲线是一条向右下方倾斜的曲线。二者的交点所决定的土地服务价格具有特殊意义：它常常被称为“地租”，见图 5-3 的 R_1。地租完全由土地的需求曲线决定，而与土地的供给曲线无关：它随着需求曲线的上升（下降）而上升（下降）。如果需求曲线下降到 D'，则地租将消失，即等于 0。

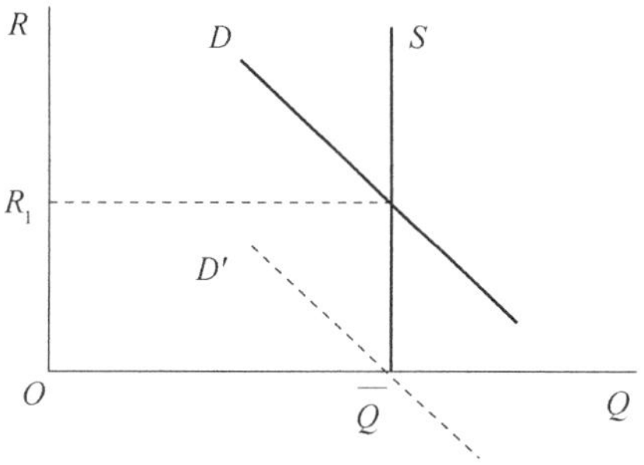

图 5-3 地租的决定

根据土地地租决定理论，可以给出一个关于地租产生的解释。假设一开始时，土地供给量固定不变，对土地的需求曲线为 D'，从而地租为 0。现在由于技术进步使土地的边际生产力提高，或由于人口增加使粮食需求增加，从而粮食价格上涨，对土地的需求曲线便开始向右边移动，从而地租开始出现。因此，可以这样说：地租产生的根本原因在于土地的稀少，供给不能增加。土地需求曲线右移是因为土地的边际生产力提高或土地产品（如粮食）的需求增加从而粮价提高。这说明了土地的一个重要特征——土地价值高是因为粮食价格高。这也是要素需求作为一种派生需求的很好的例子——对要素的需求是由对要素所生产的产品的需求所派生出来的。

与土地类似的是，有一些素质较高的生产要素，在短期内供给不变，由于对该生产要素的需求较多，这样会产生一种超额收入。该收入被称为准地租或准租金。如果一种生产要素的所有者所得到的实际收入高于他们期望得到的收入，超过的部分收入就称为经济租。值得注意的是：经济租是准地租的一种特殊形式。因为准地租是指边际生产力较高、素质较好的生产要素在短期内由需求方面的因素所引起的一种超额收入。而经济租则是指素质较差的生产要素在长期内由于需求增加而获得的一种超额收入。

课堂讨论

有一位记者亨利·乔治（1839—1897）在其《贫困与进步》书中建议：应当把对土地征收附产税作为政府融资的主要途径，同时减免或免除其他所有的对资本、劳动以及土地增值实施的征税。他认为，这种单一税收能够在不损害经济生产效率的情况下，改善收入分配。

五、供求分析企业家才能的报酬——利润

经济学上，一般将利润分为正常利润和超额利润。这两类利润的性质和来源不同。

（1）正常利润

一般把正常利润看成是企业家才能的价格，即企业家才能这种生产要素所得到的收入。正常利润的决定类似于工资决定，它是由企业家才能这种生产要素的供给和需求决定的。企业家才能是指企业家发现市场机会，安排生产要素进行生产以获利的才能。由于企业对于企业家才能这种要素的需求水平较高，而这种特殊才能的供给不足，因此，其价格或正常利润水平高于一般工资水平。

（2）超额利润

超额利润是超过正常利润以上的那部分利润，又称为纯利润或经济利润。超额利润来源于三个方面：①垄断。包括各种不同程度的买方垄断或卖方垄断。这样的垄断利润可以归之于专利权或商标所有者的市场权利。②创新。即率先改变生产函数或需求函数，以致赚得超过同行业其他厂商的正常利润的超额利润。企业家职能的创新涉及两个方面，一是影响产品的生产，如成功地采用降低成本的新技术或管理方法，另一类创新包括所有影响消费者对产品需求的革新，如创造新产品、新式样和广告，等等。创新利润只能暂时存在，一旦某种创新为其他生产者仿效时，这种利润随之消失。③承担风险。未来会发生的事情总是不确定的。一家企业可以从原来不曾料到的事件中获得意料外的利润，也可能蒙受没有预料到的损失，前者像其他超过正常利润的企业利润一样，可列入经济利润这个范畴之中。

课堂讨论

查找中国民企企业家的报酬，分析其原因。

六、理性分析收入分配

收入不可能大于产出。只要这个社会的货币制造者允许，货币收入或名义收入可以迅速增长。但是，如果每个美元、每个卢布或者每个欧元只能买到数量为原来一半的食物、衣服、容身之所以及其他实际商品的话，没人能过得更好。为了提高社会成员的实际收入，必须提高实际商品的生产。

在不通过减少其他人的收入来提高实际产出的情况下，提高部分社会成员的收入是有可能的。这么做可以减少不均衡或者减少贫困。减少不均衡或者减少贫困经常被一同提起，仿佛它们是一致目标，然而，二者其实是不同的。20 世纪，美国的贫困人口在全部人口中的百分比已经被大大地降低了，但是不均衡往往并不随之明显减少。

归纳美国人口普查局收集的收入不均衡数据的方法有很多。其中最普遍的一种就是家庭收入五等分配法。表 5-2 显示 2000 年和之前的 5 个年份中 20%最低收入家庭的收入总额百分比，20%次低收入家庭的收入总额百分比，等等，直到 20%最高收入家庭的收入总额百分比。如果家庭收入是均衡分配的，五类各占总数 20%的家庭均应该获得所有家庭收入总额的 20%。显然，情况并非如此。

表 5-2　美国家庭的货币收入

	1950	1960	1970	1980	1990	2000
最低收入家庭	4.5	4.8	5.4	5.3	4.6	4.3
次低收入家庭	12.0	12.2	12.2	11.6	10.8	9.8
中等收入家庭	17.4	17.8	17.6	17.6	16.6	15.5
次高收入家庭	23.4	24.0	23.8	24.24	23.8	22.8
最高收入家庭	42.7	41.3	40.9	41.1	44.3	47.4
5%最高收入家庭	17.3	15.9	15.6	14.6	17.4	20.8

与表 5-2 对应的一个名词叫洛伦茨曲线，洛伦茨曲线是用来衡量社会收入或财产分配平均程度的曲线，是由统计学家洛伦茨提出的。洛伦茨把社会居民及其收入的多少分成若干等级，再分别在横坐标和纵坐标上标明，每个等级的人口所占总人口的百分比和其收入占社会总收入的百分比，连接各个等级的坐标点所形成的一条曲线，即洛伦茨曲线，如图 5-4 所示。

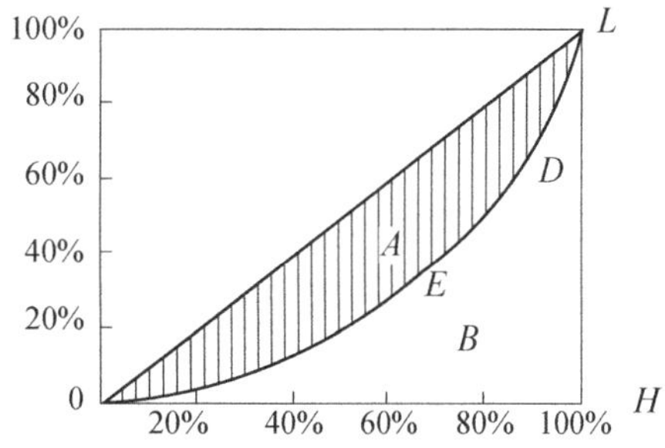

图 5-4　洛伦茨曲线

首先将一国总人口按收入由低到高排队，然后考虑一定累计人口比例所获得的收入累计比例。以人口累计比例为横轴，收入累计比例为纵轴，将以上累计百分比的对应关系描绘出来，就得到洛伦茨曲线。

洛伦茨曲线的弯曲程度则反映了收入分配的不平等程度。弯曲程度越大，收入分配越不平等。如果所有收入集中于一人手中，收入分配达到完全不平等，洛伦茨曲线成为折线 *OHL*；如果人口累计比总是等于收入累计比，则收入分配完全平等，洛伦茨曲线是 45°线 *OL*。

基尼系数是根据洛伦茨曲线计算出来的反映收入分配的平均程度的指标，是由意大利统计学家基尼根据洛伦茨曲线提出的。洛伦茨曲线 *OEL* 与绝对平等线曲线 *OL* 之间的面积为 *A*，洛伦茨曲线 *OEL* 与绝对不平等线曲线 *OHL* 之间的面积为 *B*，则基尼系数的计算公式为：

$$基尼系数 = A \div (A+B)$$

当 A 等于零时，基尼系数为零，表明收入分配处于绝对平均状态；当 B 等于零时，基尼系数为 1，表明收入分配处于绝对不平均状态。基尼系数在 0 与 1 之间，其数值愈小，表明收入分配愈平均。

运用洛伦茨曲线与基尼系数可以对各国和各地区从空间上收入分配的平均程度进行对比，也可以对各种政策的收入效应时间上进行比较。作为一种分析工具，洛伦茨曲线与基尼系数是非常有用的。

课堂讨论

2013 年 7 月 17 日，北京大学中国社会科学调查中心发布《中国民生发展报告 2013》（征求意见稿），该中心根据 14 960 户家庭追踪调查数据，对 2010—2012 年收入状况做出分析后发现，中国的收入不平等程度仍相当严重。

该中心估计 2012 年中国基尼系数为 0.49，比 2010 年略降，但仍处于很高水平。该数值低于西南财经大学中国家庭金融调查（CHFS）此前公布的 0.61，高于国家统计局公布的 0.474。报告同时用 90/10 比率和收入分位数两个指标作补充，同样得出贫富分化非常明显的结论。

调查称，2012 年全国家庭人均纯收入的均值为 13 033 元，中位数为 8 984 元。其中，收入最低的 10%家庭的收入累计占所有家庭总收入不到 1%，而收入最高的 5%家庭的收入却占了所有家庭总收入约四分之一。

项目小结

1. 厂商使用生产要素的目的是为了利润的最大化。为了达到利润的最大化，厂商必须让自己使用要素的“边际收益”和“边际成本”正好相等。

2. 对劳动要素而言，劳动供给问题可以看成是消费者如何将既定时间在闲暇和劳动上的选择。劳动的替代效应与收入效应共同决定了单个消费者的劳动供给曲线。厂商根据劳动的边际产量价值来决定雇用劳动的数量，边际产量价值=$P\times$MPL=W=工资。

3. 资本的供给被看做是储蓄者为获得更多的远期消费而推迟即期消费的一种行为，它与利率成正向关系；资本的需求被看做是消费者获得更多的即期消费和生产者想获得更多的远期消费的一种行为，它与利率成反向关系。

4. 土地的“自然供给”是固定不变的，土地的供给曲线是一条垂直线，从而地租的大小取决于对土地的需求。

5. 利润被看做是对一群特殊的劳动者——企业家的才能的报酬。

项目六　分析市场失灵

学习目标

［知识要求］理解外部性、公共产品的概念与定价机制。

［技能要求］能够分析外部性产生的原因和对策。

［关键术语］外部性；交易成本；搭便车。

一、认识外部性

根据经济学的思维方式，个体通过权衡决策预期边际成本与预期边际效益，选择他们的行动路线，他人的效益和成本不会影响个体决策，除非他人的效益和成本与行动者相关。这样，理解更大范围的社会问题，就变得非常重要了。

路人甲是一个文明的驾驶员。他在每个工作日早上 7 点 30 分左右开车上路，丝毫没有考虑到他开车上路为其他上班的人带来的影响。交通工程师能够算出在路人甲后面的开车人不得不在路上多花的时间，多一分钟，对 1 200 个开车人来说，就意味着多 20 个小时的开车时间。经济学家将路人甲的行为称为外部成本，或者负外部性。

负外部性不可能被完全消除，假设 1 200 个开车人愿意为路人甲不开车上路支付 100 美元，路人甲也愿意为 80 美元而满足大家的要求，但是他们很可能不会进行交易。因为交易成本太高了。交易成本是指在需求者和供应者之间安排合同或交易契约的成本。交易成本让很多能够带来更多财富的交易付之东流。尽管 1 200 个开车人愿意每天支付路人甲 100 美元，让他选择不开车上路，路人甲也愿意为得到 80 美元而放弃开车上路，这对大家都有好处，但是收集所需信息、把钱交齐、实施协议的总成本会比潜在收益更大，因此什么事也没有发生，外部性继续存在。

消除外部性，不一定要靠货币报酬。如果路人甲自己也讨厌拥挤的公路，或在路上受到了威胁或者罚款，于是决定乘坐公交车去上班。这就是外部性内化了。

在工业化社会的城市里，人们每天和成千上万人互动，负外部性迅速增多。一般人学会了忽略大部分他人带给他们的负外部性，也很注意自己的行为为他人造成的计划外成本。限制负外部性造成的问题的第一步，是培养公民体谅、礼貌、谦虚和容忍的美德。如果人们不拥有这些美德，文明在他们当中是不可能存在的。如果人们坚持一定要得到他们认为有权得到的任何东西，文明就会让路给“战火”。如何在美德业已枯萎的地方培养或重建它们，这个问题远远超出了本书的范围。但是，接着要讨论的所有解决外部性制造的问题的其他办法，在一定程度上，都是以这些美德为先决条件的。

二、解决外部性

（1）协商

让负外部性的社会问题最小化的常用办法是协商。人们相互之间达成协议。人们同意负担与特定商品生产相关的成本，因为其他需要这些商品的人会给出补偿，这让人们的行为变得有价值。这就是为什么行李搬运员不会抱怨喷气式飞机的噪声或者汽车机油蹭到了他们的衣服上，为什么养狗的人会欣然允许其他养狗的人也一样做出让城市环境爱好者愤怒不已的事。

“你自己解决”是一个合理的建议。因为人们的品位、天分和其他条件有很大差异，他们通常能够协商达成成本的交易，让每个相关的人都受益。另外，必须让他们自己解决，也促使对相关可能性了解得最清楚的人们之间达成相互协作。如果不要求人们进行协商，他们通常会站在让他人破费的立场上。比如，人们会要求设立禁止在餐馆吸烟的法律，而不是要求找张无烟区的桌子。他们对空气中的一点点烟草味道愤然指责，但是同时忽略他们自己开车到餐馆时排放到空气中的有害物质。

如果我们认识到在众多方法中，我们实际上使用了协商这种方法作为减少外部性问题的社会途径，我们也许会对协商抱有更多的尊重。痛恨城市噪声和灰尘的人搬到远离城市中心的地方居住。厌恶郊区文化的人在镇子里生活。不喜欢封闭的乡村生活的人选择在城市里居住。耳背的人得到在飞机起降航线下面的便宜住宅。冲浪者找到同伴，从而自动把自己和讨厌躲避冲浪板的游泳者隔开。有午睡习惯的人花 1.5 美元买一盒耳塞，而后就听不到隔壁孩子喧嚣的摩托车声。不是每个人都能完全满意的，但是自愿交易确实减少了强加在不情愿的旁观者身上的成本总额。

但是，除非产权充分明确，否则协商不可能有效。任何种类的自愿交换，只有在相关各方对谁拥有什么达成一致时才会生效。在一些情况下，产权是否明确可能是达成让双方都满意的协议的唯一障碍。比如，假设路人甲和路人乙对两家房屋分界线上的一块地产生了争议。这问题不大，两个人都想在争议地带种花，只不过路人甲想种玫瑰花，路人乙倾心于丁香花。在谁有权做什么的问题解决之前，两个人都不能种花，两个人都得生活在一堆杂草旁。如果有政府机构证明路人甲实际上拥有这块争议地带，那么，花儿终于可以盛开了，但也不一定种玫瑰花。一旦明确路人甲是这块地的所有者，有权决定在边界地带种什么样的花，路人乙就可以购买这个权利。路人乙对丁香花可能异常热衷，这让她向路人甲出价购买在两家的分界地带种植丁香花的权利，她的出价是一年 25 美元。如果路人甲更喜欢收入 25 美元看到丁香花，而不愿意看到玫瑰花但丢了这 25 美元，那么，这块地上盛开的将是丁香花。

（2）裁定

另一种减少外部性问题的社会途径是裁定。裁定是一种判定谁拥有什么权利的程序。如果人们不确定一个人在交换前必须拥有什么样的权利，人们就无法通过交换权利，改善自己的处境。充分明确的产权不是成功协商的充分条件，但看起来确实是必要条件。

在周围环境变化的时候，曾经清楚且充分明确的产权也可能变得模糊不清，无法确定。例如，考虑到手机快拍和互联网赋予每个图书拥有者的新能力，低成本复制技术的发展给版权持有者预期的实际图书销量带来很大的不确定性。环境变化了，让原本一致的产权变得不一致了，裁定是解决矛盾的一种办法。

鉴定人员通过调查而不是选择来回答所有权问题。如果路人甲和路人乙同意通过掷硬币解决问题，那么他们依靠的办法不是发现产权，而是制造产权。发现产权和制造产权之间的区别是很重要的，因为发现或裁定的目标是维持预期的延续性。稳定的预期对保证社会成员之间有效协作非常重要。如果预期彻底改变，供给和需求决策也会彻底改变。接着，会以不可预知的方式改变各种行动的相对成本和收益，从而带来供给和需求的更多变化。简而言之，如果没人知道预期是什么，就没人知道要做些什么或者别人会做些什么，结果是一片混乱。稳定的预期是另一种现实，其重要性我们还没有完全认识到，因为我们没有注意社会在运行良好的时候是如何运转的。

我们可以用商业航空公司的航班来证明裁定在解决外部性争端时的重要性。试想，路人甲拥有一栋房子。与一座大型机场相隔 10 英里，但是她的房子位于一条主要的起降航线正下方。一天早上，当她的睡眠被客机声音打断时，她认为机场或航空公司应该给予她赔偿，因为它们剥夺了她将自己的卧室作为休息之地的机会。她是外部性的受害者。因此她提起诉讼，要求赔偿。

她应该得到赔偿吗？假设路人甲在机场计划建设前就购买了这栋房子，那么，没人能说，她在买房子的时候知道机场的相关情况，而且房子的购买价较低，她已经以这种方式得到了赔偿。进一步而言，如果她获得噪声赔偿，成千上万的房主都有着同样正当的诉求，她们就都应该获得赔偿。但是如果所有人都获得赔偿，就会给机场和航空公司施加沉重的成本，最终这个成本会施加到航班的乘客身上，或是通过打了折扣的服务，或是通过提高了的价格。

最初，这看起来很公平。更高的价格让航班乘客为他们旅行带来的副产品（即噪声）支付成本，但是现在，一个新问题引起了我们的注意。外部性遍布整个社会。我们应该弥补所有的外部性吗？房主应该因为下列情况得到赔偿吗？如车辆经过；邻居孩子哭闹；电动割草机发出轰鸣声；隔壁枝繁叶茂的栗树遮挡了他们的视线；养狗人和他们的宠物路过之后留“礼物”；等等。我们不能这么做，有太多外部成本了，太难确定适当的赔偿，甚至赔偿的支付对象也通常是不明确的。

所以，在这个案例中，法院会想办法发现辩论双方的权利所在，对这个问题进行裁定，房主最终不会得到多少好处。因为房主和航班运输运营者很久以前就有此预期了。这种预期说明了房主和航空公司各自的产权。我们甚至可以“证明”住在机场 10 英里以外的房主不具备获得噪声赔偿的合法权利，因为如果法院裁定支持房主，他们在起降航道下面的房子的市场价格就会大幅上升。这是预期以外的事件，能够为房主带来利润，让航空公司股票的持有者受到损失。这些预期以外变化的价值是决定性的根据，是相关各方认为不应该支付这种赔偿的根据，法庭裁定制造了以前不存在的产权。

这个结论的一个条件进一步支持了我们的观点。如果在这个案子中法官支持房主，受到影响的房子其价格可能不会上升多少，因为也许有人会建议房子的潜在买主，法官犯了错，在案件上诉的时候，审判结果可能会发生逆转。出错的概念是有一定启发性的。在法院裁定制造产权的时候，可以不出错。当法院裁定想要发现实际上是哪种权利处于支配地位，而案件结果应由这种权利支配，只有这时，才有可能出错。

裁定，或者说，试图发现现有权利解决矛盾诉求的行为，总是试图避免预期以外的决策或结果。它试图支持和加强人们持有的最普遍、最确信的预期，解决产权争议。因此，裁定是在环境发生变化的条件下维持预期延续性的行为，稳定的预期在所有复杂的大型社会中都是有效协作的基础。

课堂讨论

人们有时会在看电影的时候讲话，这些讲话的人和被他们打扰的人对一个人在购买电影票时获得的权利看法一致吗？电影院的所有者如何解决这个冲突？为什么他们无法解决？

（3）立法

裁定是一种渐进地解决负外部性问题的方式，但是有时变化并不是渐进发生的。当我们遭遇完全不同的情况，既定的原则和惯例无法给出多少指导来处理这些情况时，裁定就无法起到很好的效用。技术创新通常给我们带来各种领域的飞速变化。当技术创新迅速增多负外部性的时候，就需要新规则来解决这些问题。

收入的提高，也使产权需要重新进行定义。若干年前，发达国家的工厂主们达成了一个初步的一致意见，即将大气层当成工业垃圾场带来的社会利益大于其带来的损害。我们的法律和传统观念认为大气层是属于每一个人的，因此也不属于任何人，所以工厂主们不加思考地免费使用大气层，作为工业废物的大容器。人们可以将住宅搬离工厂，或者，如果人们更看重省钱而不是享受洁净的空气，他们可以在工厂边用低价购买住宅。同时，工厂向大气层排放废物，压低了成本，这意味着工厂制造的商品有更大的可供性。

但是情况变化了。工厂制造的商品现在有更多的数量可以提供，很多人降低了在这些商品上赋予的边际价值。当我们开始对蓝色天空和洁净空气赋予更高的边际价值时，我们就开始把它们看成我们的权利了。我们开始主张这些环境的产权，要求其他人停止对环境的使用。因为他们的使用与我们对环境的享受是相矛盾的。这就需要制订新规则，而不仅仅是将旧规则应用于新情况。

我们把制订新规则叫做立法。裁定和立法的分界线在实际中似乎并不清晰。但是原则上，它们的区分是很重要的，因为立法带来主要产权的变化，改变游戏规则总会引起公平问题，而且通常迫使行为进行调整。对社会而言，其面临的挑战是，在立法时避免整体的不公平，用最小的成本达成目标。我们应该关注后一个标准，不是因为它更重要，而是因为经济学理论说得更多的是成本最小化，而不是公平最大化。

到现在为止，你可能已经注意到了，很多被我们称为“污染”的社会问题可以被作为负外部性的产物进行分析。人们污染空气或水，不会是因为他们喜欢生活中的空气和水被污染，这些是他们从事其他行为的计划外结果，比如使用汽车或者制造商品。

他们忽视了外部成本，因为它们看起来无关紧要。驾车者开车上下班的确污染他们自己的空气，但是不足以引起关注，而乘坐公交车又非常不方便（在他们看来）。他们忽略了这样一个事实，即他们也污染了其他成千上万的人的空气，众多小到无法带来明显差异的污染加在一起，就是数量庞大的污染了。然而，造成这个问题的每个个体的行动表明，驾驶带来的个人利益看似超越了这种行为施加给每个社会成员的微小的额外成本，最终的结果可能是灾难性的。解决这个问题的方法是通过新的立法使这些外部性内化。

制订进行客观限制的立法是解决污染问题的普遍方法，它被称为“命令和控制”。法律规定，在某天之后，所有人禁止向空气或水中排放超过一定数量的污染微粒。这种方法肯定无法让每单位污染的成本降到最低。它忽略了一点，即达到一个既定目标通常有多种途径，因此，没有给人们提供寻找和实施成本最低的途径的动机。下面，我们用一个非常简明的例子来说明污染控制办法的某些原则，这些原则应该得到更好的理解。

假设污染 SKY 城空气的所有污染物来自三个源头：甲工厂、乙工厂和丙工厂，其污染物如表 6-1 所列。

表 6-1　SKY 城的污染物

	每月排放的污染物	每单位污染物的减排成本
甲工厂	15 000	1 美元
乙工厂	30 000	2 美元
丙工厂	45 000	3 美元

环保署要达到目标有以下几种办法：一是禁止所有工厂每月排放超过 15 000 个单位的污染物。这使乙工厂必须每月减少 15 000 个单位的排放，减排成本为 30 000 美元，丙工厂必须每月减少 30 000 个单位的排放，减排成本为 90 000 美元，两个厂的减排成本总计 120 000 美元。二是命令每个工厂将自己的排放减少一半。那么，甲工厂要支付 7 500 美元，减少 7 500 个单位的排放；乙工厂要支付 30 000 美元，减少 15 000 个单位的排放；丙工厂要支付 67 500 美元，减少 22 500 个单位的排放。减排成本总计 105 000 美元。三是命令每家工厂减少 15 000 个单位的排放。那么，甲工厂要支付 15 000 美元消除其全部 15 000 个单位的排放；乙工厂要支付 30 000 美元减少一半的排放；丙工厂要支付 45 000 美元减少 1/3 的排放。用这个办法，只花 90 000 美元的总成本，就能让 SKY 城达到减排月标。

正如你能看到的，甲工厂的污染物减排任务最重，丙工厂的污染物减排任务最轻，总成本就最低，因为甲工厂的减排成本是每单位 1 美元。而丙工厂的减排成本是每单位 3 美元。因此，如果我们的目标是用最低的成本让污染物排放降低到 45 000 个单位的水平，为什么不把减排的责任完全放到甲工厂和乙工厂的身上呢？如果环保署让丙工厂保持现状，而要求甲工厂和乙工厂消除其全部排放，那么达成目标的总成本就会降低到 75 000 美元。

为什么不这么做呢？把所有成本都强加给甲工厂和乙工厂，而让丙工厂完全逃脱责任。不这么做的一个十分合理的理由是；这么做不公平。毕竟，当政府官员试图达到某个目标时，把成本降到最低并不是唯一要考虑的事情，公平也是政府决策的一个重要的评估标准。从表面上看，在 SKY 城，似乎与污染大户相比，较小的污染制造者的减排成本也较低。环保署可能会选择这种方法吗？

（4）收税

让我们把这个问题先放一放，深入讨论一下症结所在。假设出于若干原因，环保署实际上不知道每个污染源减排的单位成本，这种情况比我们原来的设想更有可能发生。污染者自己最清楚实际成本，但是他们有夸大他们成本的动机，以便在环保署或公众面前为自己申辩。另外，他们的夸大也不完全是说谎，因为没人会知道还没有做的事情的确切成本。一般来说，人们会谨慎地把成本估计得略高，特别是在对成本估计越高意味着强迫施加成本的可能性越小的情况下。最后，尽管通常能够通过研究和试验降低成本，但是没人能够预测出研究和试验的结果。当环保署面对这种缺乏信息的情况时，什么是成本最低的解决办法呢？

如果环保署的答案是对每个排放单位征税，允许各方以其认为最佳的方式进行应对，那么环保署将赢得众多经济学家的掌声。如果你承认这些污染是外部成本，不是其制造者造成的成本，那么向污染行为征税，就会是行之有效的。如果所制订的单位污染物征税额度与单位溢出成本相等，就该让污染制造者和溢出成本的受益人承担这些成本。如果这让污染行为成本过高，无法继续，污染行为就会停止。如果在缴纳了税款后，收益还是超过成本，污染行为就会继续，但是其速度变慢了，因为现在污染行为的成本更高了。但是在这种情况下，税收收入可以用来弥补那些承担外部成本的人，或者说用来花钱让他们同意污染行为。

假设环保署不告诉每个工厂必须降低多少排放，只是要求他们每个月为每单位污染物排放缴纳 2.01 美元的税。每个厂家都被同等对待，这看上去很公平。那么厂家如何反应呢？甲工厂发现消除其全部排放比交税更便宜。乙工厂也是如此。而丙工厂发现，缴纳税款，保留每月 45 000 个单位的污染物排放。这样好处更多。因此使用这种办法减少一半污染物排放的总成本是 75 000 美元，而且所有都得到了同等对待。注意，按照这种方案，丙工厂要缴 90 450 美元的税，这是转移到社会其他地方的财产，而不是净成本。甲工厂和乙工厂支付减排计划的所有成本，丙工厂（纳税）补偿社区，获得每月继续排放 45 000 个单位污染物的权利。

环保署的任务是比较减排的边际成本和边际收益。环保署可以通过征税观察到，在评估各污染者用不同方法预估的污染成本的时候，会发生什么情况，这样环保署就能获得这些成本和收益的相关信息。这种方法让环保署通过试验了解情况，对于任何与人类相关的环境保护计划来说，获得与成本和收益相关的可靠信息都是必不可少的。

课堂讨论

海滩上的标志牌注明“乱丢垃圾，罚款 25 美元。”然而，一名海滩游客还是将空汽水瓶扔在沙滩上，而不是走到远处的垃圾处把它丢掉。他知道海滩巡逻员看到他了，会给他开一张罚单。但他非常有钱，他愿意支付罚款，你会称他为乱丢垃圾的人吗？还是他购买了在沙滩上乱扔垃圾的权利？

（5）污染许可证

让我们回到刚才提出来又暂时放下的问题。在比较了减少空气污染的各种方法的成本之后，我们会问，在这种情况下，环保署有没有可能选择成本最低的方法。我们等一下回答这个问题。我们认为，作为控制污染的方法，任何一种实际指令（命令控制法）都不如征税。通过征收排放税，我们让价格体系帮我们解决问题。但是有一个原因使得公众不欢迎政府实施征税的办法，这个原因也让环保署无法采用成本最低的污染控制方法，即颁布实际指令的办法。这个原因是，污染税贴着"污染许可证"这样一个名声不好的标签，听起来很像是官方许可犯罪。

但是，这绕开了一个重要问题。我们也许该把一些污染行为看成本质上让人厌恶的行为，应该被全部禁止，但是，我们当然不会对大多数现在我们称为污染的行为采取这样的态度。人们从事的污染行为一般是会带来收益的行为，甚至有时会带来非常大的收益，不论是对其他人还是对他们自己。无论我们是否愿意承认，宽恕这些行为就是宽恕污染。在这里，"污染"这个词也许误导了我们。从历史上说，这个词带有强烈的道德含义，就像任何一本好字典的解释所显示的那样。根据经典文献所述，污染行为腐蚀着整个社会。在这种背景下，"污染许可证"就像是允许犯下不道德罪行或刑事罪行的许可证。但是，显然没人会说房子主人打开炉子，将"污染物"排放到空气中，就是一种不道德行为或犯罪行为。大多数污染应该被看做成本，而不是犯罪，因此，如果成本低于正确计算得出的与之相关的收益，污染就应该被"许可"。

一些人也反对征收排放税，因为他们认为这种税收是完全不公平的。他们把减少污染的负担整个放到了穷人身上，而让富人理直气壮地污染环境。按照成本最低的解决方案的需要，选择让必须根据成本减少污染的人承担这个负担，对很多人来说，似乎也是专断且不公平的。在回答提出公平问题的人的时候，重要的是要说明达成有效率地解决方法的同时，可以用不同的途径解决公平问题。换句话说，我们在选择最有效率的解决方法的时候，不必非要让自己把成本安在特定的对象身上。我们可以再次用 SKY 的例子来进行说明。

假设出于某种原因，环保署想要将减少污染的全部成本施加在丙工厂身——也许是因为丙工厂最有能力承担这种成本，或者因为它是最大的污染制造者，或者因为它是最后一个在 SKY 城修建的工厂。无论是出于什么原因，环保署需要做的就是告诉丙工厂的管理人员，他们必须将排放到 SKY 城空气中的污染物降低 45 000 个单位，如果他们达不到这个目标，就必须为每个单位的排放支付 2.01 美元。于是，丙工厂的管理人员寻找成本最低的减少 45 000 个单位排放的方案。如果管理人员拥有表 6-1 中的信息，他们会给甲工厂一笔钱，比 15 000 美元再多出几百美元，让其消除全部排放，给乙工厂一笔钱，略高于 60 000 美元，也让其消除全部排放。这样，丙工厂就让污染排放达到了目标水平。但是丙工厂的管理人员并没有付出 135 000 美元自己进行减排，而是付出了 750 000 多美元，让甲工厂和乙工厂代替他们完成了任务。减少污染与其他一些活动很相像，在这些活动中，一些人比其他人更有效率。让在生产中具有比较优势的人生产我们的食物、玩具和化妆品，我们可以获利，与此相同，让最具比较优势的人生产更多的洁净空气，我们也能从中获利。但是比较优势是通过交易得以使用的。这就是为什么对于减少污染来说，征税的办法通常优于对工厂实际具体的限制。征税的办法试图改变相对货币成本，反映出谁拥有什么权利的新格局。然而它给予各方自由，让人们根据各自的比较优势进行交易，确保最有效率地达成新的社会目标。

我们不想以对效率的支持之声来作为本讨论的结尾，因为缺乏效率并不是根本问题。污染是当前的重大社会和政治问题。因为人们对权利有争议，更多的人开始说："你们把成本施加到我（或我们）的身上，获取你们自己的利益，你们没有这么做的道德权利，因此也不应该有这样的法律权利。"这种争议可能非常难以解决。经济学的思维方式给出了若干原则的建议，对我们解决问题也许有一定的帮助。

首先，需求不会为了任何好处而完全失去弹性，甚至为了洁净的空气也不会。我们必须决定我们想要多少，最好清楚地认识到，要获得更多，甚至可能只有放弃更大数量的其他商品，而这些商品也是我们想要的。

其次，我们应该让人们有更多的自由，选择他们自己的适应方式。例如，如果我们的目标是减少化石燃料的消耗，我们应该让人们选择能够降低其成本的方式。我们应该避免"命令和控制"。"命令和控制"通常会提高达成目标的成本，而且由于提高了成本，也会加深人们对目标本身的抗拒。利用价格系统可以降低成本，让人们进行交易，也能减低成本。

最后，我们应该记住产权稳定的重要性。当人们知道，哪些规则可以信赖，不会被任意篡改，交易成本就会降低，有效的协作就会增多。

但是，有时我们对权利的沉迷让我们看不见真实的世界，比如在交通拥堵的情境中。当你思考这个问题时，你会发现这是一个令人费解的社会问题，因为抱怨交通拥堵的人同时也是制造交通拥堵的人。但是，如果你理解了外部性的概念，费解就会消失。拥堵是一种负外部性，这是人们在制订决策的时候没有将其考虑在内而产生的成本。人们只考虑了其他开车人制造的成本。

如果我们促使开车人将交通拥堵的外部性内化，会发生什么情况呢？如果我们可以找到让拥堵的成本回到制造它们的开车人那里，会发生什么情况呢？人们只有在开车的边际收益高于边际成本的时候才会开车。当然，每个人现在都在这么做，但是根据我们目前的做法，这些成本不包括施加在其他人身上的成本。如果开车人必须支付他们开车的决策施加给其他人的边际拥堵成本以及他们自己的开车成本，他们就会选择少开车。只有在他们自己的边际收益大于所有社会成员的边际成本总额时，他们才会开车。所有的开车人都更加好过。街道不会再拥堵了。开车人可以去他们要去的任何地方，不会再被堵在路上了。开车人会选择替代物取代开车出行，这种替代物有更少的边际价值，因此对进行更高边际价值出行的人来说，降低了他们的成本。替代物的质量几乎肯定会提高。停车场会变得更容易修建。在如今不再拥堵的街道上，公交车会开得更快，且有更多的班次满足增长了的需求。这多好啊！——只要有某种方法能让外部性内化。

确实有这样一种方法，它叫做"定价"，经济学家称其为"拥堵定价"。别人差不多都把它叫做通行费，而且几乎所有人都不愿意听到与通行费相关的消息："我为道路支付了燃油税，我不想再付通行费了。"但是燃油税支付的是修建道路的成本，不是使用道路的成本。正是被忽略的使用道路的成本制造了人人抱怨的拥堵。我们经历交通拥堵，因为拥有道路的政府允许每个人免费使用道路。如果我们都被要求按照我们驾驶车辆施加给别人的成本支付费用，我们就能减轻或消除拥堵。

现在已经出现一种技术，能够根据拥堵水平（外部成本）向开车人调整收费。另外，一切可以自动进行，无须任何人停车支付通行费，账单会在月底寄出。这种技术还没有被使用，因为人们对于通行费敌意太深；人们认为他们有权免费在道路上行驶，他们已经为这些道路交过税了。他们认为通行费就是直接从他们的口袋里掏钱，他们没有意识到，一个管理良好的拥堵定价系统带来的收益多于他们必须以通行费形式支付的成本。另外，一种稀缺商品（在这里是指城市的街道空间）的定价可以减少无谓成本，让各方都受益。

课堂讨论

2017 年 6 月 21 日，北京颁发首批排污许可证，北京太阳宫燃气热电有限公司、神华国华（北京）燃气热电有限公司等 5 家热电企业获发排污许可证。这标志着北京市排污许可“一证式”管理正式启动。你如何分析之。

三、市场与政府

外部性问题，无论正负，经常在人们说到市场失灵的时候被提及。市场失灵，指市场过程无法达到最佳标准，这也意味着政府的补救措施能够促使市场系统更接近假定的最佳状态。善意的人们（包括经济学家）常常以为政府官员拥有改进现实经济协作问题的信息和动机。但是政府有可能会让事情变得更糟。所以，经济学家在分析市场失灵的同时，也同样有分析政府失灵的道德义务。哪些应该留给市场去做，哪些是适合政府去做的任务？除非我们知道市场和政府指的是什么，否则很难回答这个问题。

市场体系和政府之间的一般差别，大多数是经不起严密的审视的。首先，市场通常以私人部门为特点。政府机构和官员占据的是公共部门。但是这意味着什么呢？当然，这不意味着市场中采取的行动纯粹属于私人问题，不会影响公众。这也不意味着消费者和商业企业的管理人员追求的是私人利益，而为政府工作的人追求的是公共利益。一位美国参议员声称，“公共利益”引导他做出所有的决策，实际上，引导他的是他对公共利益的个人解读，这种解读经过了各种私人利益的过滤。参议员可能不如企业执行官那么关注他们个人货币收入的最大化，但是他们可能更关注获得个人威望和权力。

同样的分析适用于政府机构的所有雇员，不管是在管理委员会中被任命的高层官员，还是刚刚步入工作岗位的基层行政人员，也不论政府机构规定的目标有多崇高、多伟大、多无私，其日常工作仍是普通人决策的结果，受到动机的左右，而这些动机与私人部门的动机有着惊人的相似。另外，近年来，众多商业企业的执行官也自称对“公共利益”做出了特殊贡献，他们渴望让我们相信其政策的根本标准不是实现净收益的最大化，而是履行其社会责任，我们应该在公共利益和私人利益的关系问题上省些口舌，来看看实际上对人们所做决策起作用的动机。

市场体系和政府之间的其他差别，我们看得时间越长，它们也变得越模糊。市场领域通常被称做竞争领域，但是政府中也有竞争。如雇员之间都存在着升职竞争，政府机构之间为争取更大份额的拨款而发生竞争，等等。有时我们被告知，个人主义是市场领域的独特特征。然而，什么构成了“个人主义”？在社会保障管理局就职和在一家保险公司就职有巨大差别吗？第二次世界大战后，英国对其钢铁业进行国有化、解除国有化和重新收归国有的试验，钢铁业的大部分职工并没有看出什么不同。一切频繁出入国会大厅的人物看起来好像比穿梭在公司走廊上的人个人主义色彩浓得多（至少更加有个人特色）。

经济学的思维方式假设所有社会运转的参与者都想通过合理的方式增加自己的利益，在这种假设基础上，经济学的思维方式试图解释社会的运转：增加一个人的利益就是要扩大边际收益大于边际成本的行动，收缩边际成本大于边际收益的行动。正如我们之前指出过的，经济学家不认为货币或物质商品是消费者和生产者关心的唯一成本和收入，人们追求的利益并不必然狭隘自私。政府私下也拥有企业，也必须为它们需要的资源竞价，向资源所有者提供足够的刺激因素。应该注意的是，政府既可以使用负面刺激因素，也可以使用正面刺激因素。那么，是什么条件使得政府在任何既定环境下有效地行动呢？

如果你在想产权和政府行为有什么关系，那你可能暂时忘了，经济学家使用产权的概念来形容游戏规则。规则之下的每个参与者，对他人可以做什么以及可能做什么，都会有某种预期。这些预期反映的是产权。如果我们用“人们认为他们可以掠走的东西”这个短语来替换“产权”，也许会有帮助。遗憾的是，这个短语含有不道德行为的意思，这些行为并不是我们意指的。但是这个短语确实传达了产权的力量，人们采取的行动取决于他们对行动结果的预期，取决于他们正在权衡的决策将给他们带来的预计边际收益和边际成本。

政府和非政府之间有一个重大差别。政府拥有被普遍承认的对成年人采取强制措施的专有权利。这个权利是被普遍承认的，但并不是放之四海而皆准的。无政府主义者不承认这个权利，认为政府统治不合理的人也不承认这种权利。这种权利是专有的；强制是指什么？强制是指通过威胁大量减少人们的选择权来促成协作。强制应该和另一种促成人们达成协作的方式进行比较，这种方式是说服。说服是指通过承诺扩大人们的选择权来促成协作。在一些情况下，我们无法对具体行为构成强制还是说服达成一致。但是这个定义通常让我们把影响他人行为的强制措施和非强制措施区分开来。通过威胁收回选择权、减少人们的自由、剥夺他们的某些权利来确保其达成协作，这个权利我们只授予政府。

强制措施的名声不佳，因为大多数人相信（或者认为我们相信），应该允许人们做他们想做的事情。另外，强制意味着权威，大多数人对于权威会自动产生敌对反应。但是交通法告诉我们，我们必须靠右行驶，在红灯亮起的同时必须停车。这在强制我们的同时，也加大了我们的自由。它们能够加大我们的自由的原因是，它们也强制其他人。我们都行驶得更快、更安全了，因为我们都接受了交通法的强制管理。对政府及其强制权一贯的辩护理由是：如果我们都接受对我们自由的一定限制以及对我们选择权的一定减少，我们就都能获得更大的自由和更多的选择权。

但是我们必须采取强制措施吗？我们不能靠自愿协作得到同样良好的结果吗？我们一直看到，自愿交易是社会协作的主要机制。为什么自愿交易不能成为我们达成协作的唯一方式呢？ 解答这个问题的一个方法是问，如果我们的社会根本没有政府，会发生什么？会出现什么问题？重要工作会停止进行吗？人们不能通过个人行动或通过自愿联合解决这些问题，完成这些工作吗？要理清这些问题，我们首先从警察保护服务的例子着手。如果没有政府，也会没有警察吗？这是不会的，因为需要警察保护服务的人可以从私人保安机构购买这种服务。有很多财产需要保护，但是自己没有时间、意愿以及能力对其进行保护的人，一定会付钱获得这种服务。拥有很少的财产，且自己就能保护好这些财产的人，不一定要交税获得警察的保护，警察保护实际上没有给他们带来好处。

假如我的邻居雇用巡警保卫他的房子，当这些巡警在街道上巡逻时，同时也为我的房子提供了某种程度的保障，这是一种溢出收益。因为我没有付钱就得到了保护服务。一旦当人们无论付钱与否都能够获得某种商品，他们付钱的动因就减少了。他们很想成为搭便车的人，即获取收益而不支付提供收益的相应成本。但是如果没人有支付成本的动因，也就没有人有获得收益的动因。结果是，商品无法得以生产。

高交易成本使得人们难以把不付钱的人从警察巡逻的溢出成本中排除出去。为了防止搭便车者消除提供警察保护服务的动因，政府使用了强制措施。政府将这项服务提供给所有人，而且用强制缴款作为报酬，这种强制缴款被称为税金。

国防是政府的一项一贯功能，它提供了一个经典例子，收益无法只提供给为其支付费用的人，除非在成本非常高的情况下。搭便车问题使得依靠自愿捐助资助的国防体系在实际中无法实现，因此社会诉诸于强制措施，通过征税筹集资金。

课堂讨论

你还能想出哪些需要政府强制介入后才能使经济系统更加优化的例子吗？为什么消费者的利益在舆论上占上风，而生产者的利益却控制着政策？

项目小结

1. 人们的行为常常给别人带来成本，这些成本是行为者没有考虑到的。经济学家把这些成本称为溢出成本或负外部性。

2. 负外部性在商业化社会的城市中增长迅速。交易成本经常让人们无法通过协商达成更令人满意的协议。

3. 考察既定的原则和惯例，通常可以解决有争议的权利主张。这样的裁定维持了人们预期的延续性。不明确的产权和任意专断的权利变化，让所有人都更难确定地制定计划，使得社会协作更加困难。

4. 快速或彻底社会变革使得通过裁定解决有争议的权利主张变得非常困难，因此，需要进行立法。立法带来新规则的建立，确立和定义人们对其支配下的资源的使用权。

5. 政府的一个独特特性是拥有被普遍承认的实施强制措施的专有权利。强制是指通过威胁减少人们的选择权来促成协作。强制措施对于社会成员来说是有用的，可以使靠自愿协作无法运作的商品得以供应。

项目七　经济系统的绩效衡量

学习目标

[知识要求] GDP 的概念；GDP 的核算原则；GDP 波动特点。

[技能要求] 能够区分 GDP 和 GNP；能分析 GDP 指标的不足和波动特点。

[关键术语] GDP；GNP；GDP 平减指数。

一、认识 GDP

20 世纪 30 年代，凯恩斯率先解释引致大萧条的经济机制，标志着现代宏观经济学的创立。增长、就业和维持价格稳定这些目标一直构成着宏观经济学的核心问题：

1. 为什么产出和就业会不时地下降？怎样才能减少失业？所有市场经济都会经历既有扩张又有收缩的商业周期。商业周期的收缩会导致商品和服务产量的下降，失业人数大量增加。经济学家致力于探索这种持续失业的根源。通过各种分析，给出了各种对策，如用货币政策和财政政策来阻止商业周期中的经济下降和失业增加的严峻趋势。

2. 通货膨胀的原因是什么？如何控制它？市场经济将价格视为衡量经济价值的尺度和引导商业行为的手段。而在价格迅速上升时期（这种现象叫“通货膨胀”），这个尺度势必失去意义。在高度通货膨胀时期，人们对物品的相对价格会感到困惑，在消费和投资的决策上易犯错误，经济系统会出现低效率。

3. 一国如何提高经济增长率？宏观经济学首先关注一国的经济增长，经济增长指的是一国生产潜力的增长。一国生产潜力的增长是决定其实际工资和生活水平增长率的关键因素。“二战”后，一些国家的经济快速增长，使其国民生活水平有了极大的提高。也有一些国家一直在忍受人均产出和生活水平下降的折磨。那么，成功地保持经济增长的良方和对策究竟是什么？是自由市场、高储蓄率和投资、低贸易壁垒，一个强调财产权保护的诚实的政府吗？

所有的经济都必然面临这些目标之间的权衡问题。长期产出增长率的提高要求对教育和资本有大量的投资，而更多的投资又势必要减少对食品、服装和娱乐等当前的消费；在经济增长过快或失业率过低的时候，政策制定者往往不得不采用宏观政策来抑制经济增长，以防止出现通货膨胀。没有任何一个简单的公式可以用来摆脱这种两难困境。尽管宏观经济学家对解决困境的主张非常不一致。但若有坚实的宏观经济学知识，我们就可以将难免的痛苦降到最低限度。

对于一国经济来讲，还有什么东西能比为居民提供足够的住房、食品、教育和娱乐更为重要的呢？一国经济总产出最全面的指标是国内生产总值。国内生产总值（GDP）是一个国家在一个特定时间段内所生产的最终商品和劳务的市场总价值。

GDP 在衡量经济活动的时候使用了市场价值，但是什么是市场价值呢？比方说，我们如何衡量一包拉面、一加仑汽油或者管道工人一小时的劳务等这些不同商品的市场价值呢？答案是：我们看它们的市场价格。价格是用一个公用标准来表现的，即货币单位。价格向我们提供了关于商品和劳务相对价值（稀缺性）的信息。当然，由于这些商品的市场价格是会改变的。所以，它们的市场价值也是会改变的。

GDP 关注的是最终商品，而非中间商品。最终商品是指由最终使用者购买的产品，不论这个使用者是在家庭、企业还是在政府机关。购买这个产品的目的不是再出售，或者继续将其加工或制造成为另一种可供销售的产品。相比较而言，中间商品是指用于再出售或者进一步加工制造的产品。试想，以玉米为例，它是最终商品还是中间商品？这要视情况而定。你从当地食品店购买玉米棒，你打算要吃掉它，这时它就是最终商品。但是食品店老板买进玉米，把它放在货架上，是为了把它卖给像你这样的顾客。这意味着他购买了中间商品。

GDP 是对一个国家在一年时间内经济绩效的度量。美国的 GDP 计算的是美国国内所生产的最终商品和劳务的市场价值，不论拥有或生产这些商品的人是什么国籍、是哪国公民。如果美国一个公司即将被外国投资者收购，但是其麦片生意仍在美国经营，那么，你购买该公司的麦片仍被计算在美国的经济绩效总量之中，它们的价值会被计入美国的 GDP。

GNP 是指一个国家的永久性居民在一个特定时间段内所生产的最终商品和劳务的市场总价值。美国的 GNP 计算的是美国公民的总体经济绩效，不论他们在何处从事生产。在中国工作的美国公民所生产的商品不会计入中国的 GNP。

在判断宏观经济绩效时，过去最常用 GNP 做参考指标。但是，从 1991 年起，国民收入计算人员和政策制订者把关注焦点转向了 GDP。

课堂讨论

为什么各国主要采取 GDP 统计而不是 GNP?

二、GDP 的计算原则

概念上计算 GDP 的一种方法，就是把所有购买最终商品和劳务的货币价值相加，即把支出相加。就美国经济而言，2004 年该项数值超过 10 万亿美元。这意味着家庭、企业和政府机构中的个体在最终商品和劳务上花费了超过 10 万亿美元（包括美国出口和进口的差额净值）。但是注意购买总是和销售有关的。所以，这 10 万亿美元支出也为美国经济中与这些商品和劳务各个生产阶段的所有相关人员创造了价值 10 万亿美元的收入，收入是以工资、租金、利息和利润的形式表现出来的。

因此，我们要把 GDP 看做国内经济中创造的国民收入的衡量标准。在最终商品上花费的美元将以工资、租金、利息和利润的形式流回资源提供者那里。假设顾客们在路人甲的店面里总共花费了 5 000 美元，原则上 GDP 应该上升 5 000 美元，因为这些支出意味着最终商品和劳务被人们购买了。这些支出可以让路人甲雇用工人、购买配料和偿还债务及利息。剩下的利润就是路人甲的收入。

如果计算正确，国民总产出的价值一定等于国民总收入的价值，因为为产出支付的每个美元都会成为某个人的收入。一个特例是由于购买而缴纳的税款，比如销售税，但是，这也是收入：这是政府的收入，政府将这些收入用于在生产商品过程中政府所使用资源的支出。

这里我们要小心。GDP 是经济系统内产生的所有收入而不是所有支出的衡量标准，我们排除了用于中间商品的支出，但是，这是为什么呢？因为用于最终商品和劳务的支出已经计算了经由所有生产和转移的中间阶段所产生的附加价值。如果我们将所有支出都包括进来，我们就会犯重复计算的错误。

我们可以用一个非常简单的例子来说明。假设在本年度，一名伐木工人砍倒了一棵橡树，以 50 美元的价格把木材卖给了锯木厂厂主。这就是用于中间商品的支出，因为锯木厂厂主将要把木材加工成橡木板。当木材被加工成橡木板后，锯木厂厂主把板子以 75 美元的价格卖给木工。木工购买板材，是为了将其加工成橡木书柜，因此，这里的支出也是为了购买中间商品。然后木工打好了书柜，把它卖给家具零售商，比方说，卖了 250 美元。这个橡木书柜就“完成”了，但是这时它仍被视为中间商品，因为零售商买下它是为了再出售。假设零售商最终以 400 美元的价格把书柜卖给了你，现在这 400 美元就是用于最终商品的支出了。让我们把这一系列交易列在表 7-1 中。

表 7-1　一个生产过程表

生产者	开始于	结束于	附加价值
伐木工人	一棵橡树	50 美元（砍伐，卖给锯木厂厂主）	50 美元
锯木厂厂主	50 美元的橡木木材	75 美元（制成板材，卖给木工）	25 美元
木工	75 美元的橡木板	250 美元（做成橡木书柜，卖给零售商）	175 美元
零售商	250 美元的橡木书柜	400 美元（把书柜卖给你）	150 美元
		（总计支出=775 美元）	（总计附加价值=400 美元）

伐木工人、锯木厂厂主、木工和零售商的行为体现了中间商品的产权交换。在这里，商品被买来用于进一步的加工再出售。GDP 仅仅是花费在最终商品和劳务上的支出额度。为什么呢？在这个例子里，这个支出是 400 美元——你买新书柜的价格，因此 GDP 会增长 400 美元。如果把一系列支出全部加起来的话，结果是 775 美元。但是在经济系统中，人们真的生产出了市场价值为 775 美元的东西吗？不，根本不是这样的。他们的活动最终结合在一起，生产了一个价值 400 美元的新橡木书柜。如果我们把每项支出相加，我们就会做重复计算，错误地夸大经济体系的实际绩效。

现在来看看表格中的最后一栏“附加价值”。这代表每个生产者的净收入。比如，想想锯木厂厂主的收入。开始时，他有价值 50 美元的橡木木材，然后他把木材锯成了对别人来说更有用的板材，增加了它们的市场价值。锯木厂厂主以 75 美元把板材卖给木工，给这些材料增加了价值。这 25 美元的附加价值代表了锯木厂厂主的净收入。木工通过把板材做成书柜增加了其价值。木工的 175 美元的附加价值代表了他的净收入。注意零售商用 250 美元购买了书柜，然后以 400 美元出售。尽管实质上他没有生产新的东西，但是他也同样增加了书柜的价值。他找到了顾客，安排了书柜的交付转移。在这个简单的例子中，零售商的净收入总计 150 美元。

这里有另一个有趣的分析：我们把生产和交易各个阶段的附加价值相加，结果等于 400 美元。这正是你购买书柜的支出。你的支出代表了所有交易参与者的总附加价值。因此，实际上有三种计算 GDP 的方法：用于最终商品和劳务的支出，经济系统中产生的收入总和，以及经济系统中附加价值的总和。

要注意的是，在真实的商业世界中，实际上亏钱是有可能的。我们假设零售商是不确定性的受害者，他花 250 美元买下了书柜，当然希望以 400 美元卖掉它。但是顾客不愿意支付这个价格。于是，他推出了促销价，350 美元、300 美元、250 美元。还是没有买家。最后，他只能遗憾地把价格降到 200 美元，卖掉书柜。用支出多少来计算 GDP 的话，GDP 增长 200 美元——即最终商品的市场价值。

现在看看附加价值这一栏。和之前一样，伐木工人、锯木厂厂主和木工都拥有正的附加价值。但是，零售商付出了劳动，却遭受了 50 美元的损失。他为书柜支付了 250 美元，最终以 200 美元卖掉书柜。他的附加价值实际上是负值，负 50 美元。让我们还是把这些附加价值相加，我们得到的结果是 200 美元，这和最终商品的市场价值完全一致。因为一般工资、租金和利息都是正的，但是利润可正也可负。

课堂讨论

一开始农民有一些小麦，他把小麦以 20 美分的价格卖给磨坊主，磨坊主把小麦磨成面粉再以 50 美分的价格卖给了面包师，面包师把所有的面粉做成面包，以 1.35 美元的价格卖给顾客，GDP 增长了多少？所有这些生产阶段的总附加价值是多少？

三、GDP 中的存货调整

你可能会考虑下面的问题。在计算 GDP 时，未出售的存货是如何计算的？例如，从伐木工人到零售商的所有活动都在本年度完成。但是，零售商在 9 月买进书柜，但是直到第二年的 2 月才把它卖出去。让我们继续假设，他在第二年以 400 美元的价格卖出了书柜。我们该如何进行计算？

使用收入数额或附加价值总额的方法进行计算，我们可以清楚地看到 GDP 本年度增长了 250 美元——前面三个阶段的附加价值总额。毕竟，伐木工人、锯木厂厂主和木工都为经济总体绩效做出了贡献。零售商也为本年度的经济绩效出了力，他为顾客提供了可以购买的书柜。问题是零售商还没有挣到钱。书柜最终卖出，就说第二年 GDP 增长了 400 美元，这是错误的，因为事实上第二年 2 月经济系统并没有创造价值 400 美元的产品或收入。本项活动绝大部分是在本年度内完成的。像这样的情况对于计算 GDP 的国民收入核算人员来说是个头疼的问题。他们把零售商未出售的书柜算作总商业存货投资的一部分，以此来简化复杂的情况。这个书柜当然是零售商存货的一部分。国民收入核算人员会把它当作是零售商以 400 美元的市场价值买下来的——利用零售商对其未出售存货的诚信的估价。经济体系在本年度生产了这个书柜，预计市场价值为 400 美元，它只是还没有被最终的消费者购买。官方上说，GDP 本年度增长 400 美元。

现在，如果零售商第二年 2 月成功地卖了这个书柜，那么核算人员对于本年度的 GDP 就不必做什么修改了。他们的估计是正确的。但是，假设零售商在第二年 2 月卖出书柜，只卖了 300 美元，出现了新的数据，那么本年度的 GDP 就必须进行修改。国民收入核算人员估算总存货投资为 400 美元，因此在本年度的 GDP 中加上了 400 美元。但是他们发现事实上其市场价值只有 300 美元，他们高估了 100 美元。因此，他们必须返回（理论上），在本年度的 GDP 中减掉 100 美元。电视新闻中在第二年告诉我们修订的 GDP 数字，原因之一就在于此。

另一个我们应该避开的问题是几手货。假设城里有一个汽车销售商，在周一花 500 美元买了一辆 2010 年的汽车，本周内以 1 800 美元的价格卖给其他人。他做的唯一的事情就是在汽车上放了一个“待出售”的标志。回想一下，GDP 是当前产出和收入的衡量标准。本年度的 GDP 应该增长 1 800 美元吗？如果是，那本年度经济体系是否生产了一辆价值 1 800 美元的汽车呢？不是。这辆车是 2010 年生产的，应该算入当年的 GDP。经济系统是否在本年度生产了什么新东西？是的，二手车销售商提供了劳务。劳务总是新鲜即时的。他降低了二手车购买者和二手车卖主的交易成本。他的劳务的市场价值是多少呢？在这个例子里，是 1 300 美元。他买车花了 500 美元，卖车卖了 1 800 美元。作为套利交易中间人，他通过提供劳务增加了这辆车的价值。GDP 的增长不是由二手车本身的市场价值带来的，而是由二手车销售商所提供劳务的 1 300 美元市场价值带来的。

课堂讨论

废旧品商人是否对 GDP 做出贡献？古董商人呢？他们是怎样做出贡献的？为什么？

四、GDP 中的价格调整

因为 GDP 是价格的产物，同时也是数量的产物。所以，GDP 也分为名义 GDP 和实际 GDP，名义 GDP 是用生产物品和劳务的当年价格计算的全部最终产品的市场价值。实际 GDP 是用从前某一年作为基础价格计算出来的全部最终产品的市场价值。名义 GDP 与实际 GDP 之比乘以 100 即为 GDP 平减指数。

举个简单的例子。一个国家在第一年生产了 1 000 蒲式耳玉米，第二年产量是 1 010 蒲式耳。每蒲式耳玉米的价格在第一年为 1 美元，在第二年为 2 美元。我们可以算出：

第一年的名义 GDP（$P\times Q$）为 1 美元×1 000=1 000 美元。

第一年的实际 GDP（$P\times Q$）为 1 美元×1 000=1 000 美元。

第二年的名义 GDP（$P\times Q$）为 2 美元×1 010=2 020 美元。

第二年的实际 GDP（$P\times Q$）为 1 美元×1 010=1 010 美元。

这样，两年中名义 GDP 增长了 102%。实际 GDP 只是增长了 1%。

第一年 GDP 平减指数=第一年的名义 GDP/第一年的实际 GDP×100
=1 000/1 000×100=100。
第二年 GDP 平减指数=第二年的名义 GDP/第二年的实际 GDP×100
=2 020/1 010×100=200。

尽管 GDP 平减指数是货币购买力变化最复杂的衡量标准，但它却不是最出名的。最出名的是消费价格指数（在项目八中讲解），是计算进入普通城市消费者预算范围的所有商品的货币价格变化的衡量标准。美国劳动统计局调查每个月的消费价格，并在下个月月末前发布结果。相比较而言，GDP 平减指数的计算要困难得多，每个季度计算一次，而且要延迟很长一段时间。所以 GDP 平减指数更复杂，消费价格指数更及时。消费价格指数是财经新闻的头条，特别是在大众关注通货膨胀的时候。

通货膨胀并不是生活成本的提高，主要是货币价值或货币购买力的下降。换一个角度来看，我们可以认为通货膨胀是商品货币价格的上涨。如果你愿意，甚至可以把通货膨胀说成生活货币成本的提高，但是关键词是货币。如果去年以来，获取 1 美元的成本减半，那么今年一个 2 美元的汉堡的实际价值和去年一个 1 美元的汉堡是一样的。

如果实际上通货膨胀并不增加生活成本，为什么它会成为一个问题呢？为什么所有人都这么担心通货膨胀呢？通货膨胀产生的向题几乎全部是由不确定性造成的。问题的产生不是由于货币价值下降，而是由于未来货币价值无法预测。通货膨胀扭曲了市场价格带来的信号。每个人对稳定的高通货膨胀率都很有把握，它比难以预测的低通货膨胀率制造的问题要少得多。

通货紧缩对应的是货币价值或货币购买力的上升，对于社会来说是和通货膨胀同样的问题，因为它也给规划者的计算带来不确定性。反通货膨胀也是一样的，1982 年和 1983 年美国曾经经历过反通货膨胀。反通货膨胀是通货膨胀率的减缓。对于制订长期计划的人来说，没有正确预测反通货膨胀，同样会带来严重问题。

课堂讨论

假设 IBM 在 2005 年 12 月制造 1 万台笔记本电脑，估计市场价值为每台 2 000 美元。但是直到 2006 年春季这批电脑还没有卖出一台。

（1）2005 年 GDP 因此增长多少？（2）2006 年 GDP 因此增长多少？（3）假设 IBM 决定在 2006 年年初提价，且成功地将所有这批电脑全部售出。这如何影响 2005 年的 GDP?

五、GDP 中的四个部分

从产品角度而言，GDP 是以下 4 个主要成分之和：个人在商品和劳务上的消费开支（C）、国内私人总投资（I）、政府的消费开支和总投资（G）、商品和劳务的净出口（X）。

（1）消费 C。在美国，消费是 GDP 最大的组成部分，近年来已达到 GDP 总额的 2/3。图 7-1 显示的是过去 60 年的美国 CDP 中消费所占比例的变化。消费支出分为三类：耐用品（如汽车）、非耐用品（如食品）和服务（如医疗保健）。其中增长最快的是服务领域。

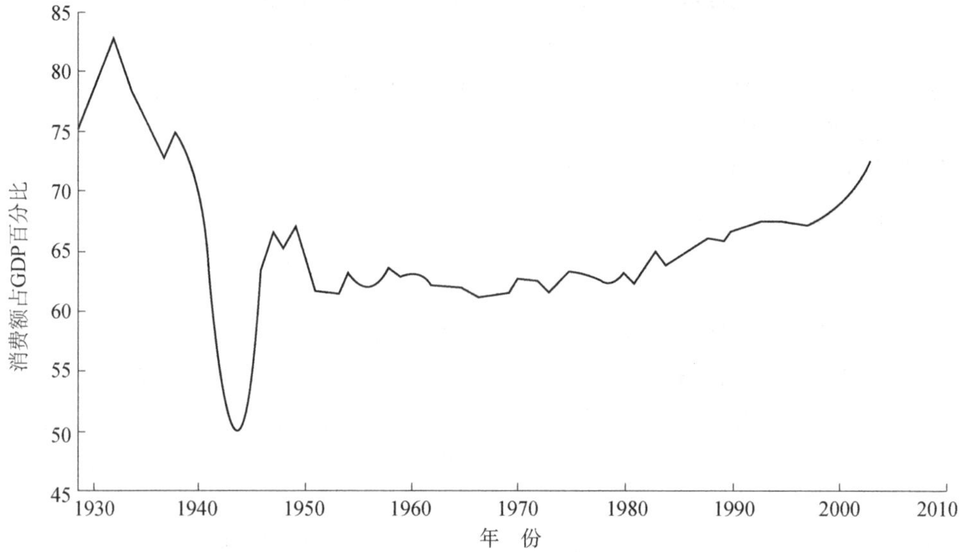

图 7-1　美国 GDP 中消费比例

（2）投资 I。在国民收入账户中，投资是指一年内一国的建筑物、设备、软件产品及库存等资本存量的增加部分。国民账户收入主要包括有形资本（如建筑物和计算机），忽略了大部分无形资本（如研发费用和教育支出）。

经济学家将“投资”（有时称为实际投资）定义为耐用资本品的生产。而在一般用法上，“投资”通常是指诸如购买通用汽车公司的股票或去开个存款户头这类东西。为了不致混淆，经济学家将后者称为金融投资。不要混淆投资一词的两种用法。

如果我从我的保险柜里取出 1 000 美元购买网络股票，这并不是宏观经济学家称做的投资，所发生的只是我将一种形式的金融资产转变为另一种形式的金融资产。只有生产出有形的资本品时，经济学家才认为形成了投资。

在现实生活中，各国都将其产出的一部分用于投资（即增加能提高未来生产能力的耐用品）。投资意味着牺牲当前消费以增加未来消费。人们现在不吃掉更多的披萨饼，而是新建一个披萨饼炉，为的是将来能生产更多的披萨饼供消费。

投资分为总投资与净投资，总投资表示的是该投资包括所有已经生产出来的投资品。总投资的另一层含义是，还没有经过折旧调整的投资额。折旧衡量的是一年中已经消耗掉的资本额。因此，总投资包括了一年当中所增加的全部机器、工厂及房屋，尽管其中有一部分仅仅是为了替换那些将要被焚烧掉或扔进垃圾堆的旧的资本品而购置的。

如果你想统计社会资本的增长，总投资并不是一个理想的指标。由于它没有除去必要的折旧数量，因此它太大、太笼统。

用人口增长来进行类比，会使折旧的意义更清楚。如果你要统计人口的增长，你就不能简单地只计算出生人口数。因为这样显然会夸大了人口的净变动。要得到人口增量，你还必须减去死亡人数。

同样的道理对于资本也适用。要找到资本净增量，你就必须从总投资中减去以折旧形式死亡了的资本，或曰消耗掉了的资本。

因此，为了估计资本形成，我们需要衡量净投资：净投资永远等于新投入的资本（总投资）减去死亡的资本（资本折旧）；净投资等于总投资减去折旧。

（3）政府 *G*。到目前为止，我们在讨论消费时还忽略了一个最大的消费者——政府。GDP 必须以某种方式将一国集体消费或投资的数十亿美元的产品价值都包括在内。我们如何才能做到这一点呢？

因为政府的绝大多数服务并不在市场上出售，所以衡量政府对国民产出的贡献就非常复杂。政府不仅购买消费品（如供军队使用的食品），而且购买投资品（如计算机和道路）。这是否意味着，政府所支付的每 1 美元都要计入 GDP 之中呢？绝非如此。GDP 只包括支付在产品和劳务上的开支，不包括在转移支付上的支出。

政府转移支付是指政府对个人的一种支付，这种支付并不用来交换受益人所提供的产品或劳务。政府转移支付的项目很多，包括失业保险、退伍军人抚恤金、老年人及残疾人的补助金等。转移支付的目的在于满足某种社会需要。由于转移支付不是用来购买当前的商品或服务的，因而不应包括在 GDP 中。

由此，如果你作为一名教师从政府那里领取了工资，那么这项对要素的支付就应该包括进 GDP。而如果你是由于贫困从政府那里领取到福利补助，那么，由于并不需要为这项支付提供劳务，它属于转移支付，因此就不应计入 GDP。

一项比较特殊的政府转移支付是政府公债利息。公债是为支付过去的战争或政府项目费用的需要而发行的，公债利息并不是为购买当前商品或服务的支出。政府的利息支付被认为是转移支付，因而也应该从 GDP 中扣除。

不要将国民收入账户衡量政府的商品和服务支出（*G*）的方法与政府的官方预算二者混淆起来。当财政部计算其开支总额时，它包括了在商品和服务上的支出（*G*），再加上转移支付。政府支出来源于直接税和间接税。

（4）净出口（*X*）。GDP 的最后一个构成部分是净出口，即商品和服务的出口额和进口额之间的差额。

如何划清美国 GDP 与别国 GDP 之间的界限呢？美国的 GDP 代表的是在美国境内生产的全部商品和服务的价值。美国的生产量与美国的销售量有两点不同：第一，美国一些产品（如依阿华州的小麦和波音公司的飞机）由外国人购买并运往海外，这些项目构成了出口。第二，美国消费的一些产品（如墨西哥的石油和日本的汽车），又是由别国生产并运送到美国来的，这些项目构成了进口。

我们可以用一个简化了的农场经济来说明国民账户是如何统计的。假设农业国家 A 共生产了 100 蒲式耳的玉米，并且进口了 7 蒲式耳玉米。其中 87 蒲式耳用于消费 *C*，10 蒲式耳给政府供养军队 *G*，6 蒲式耳以增加库存的形式用于国内投资 *I*。此外，4 蒲式耳出口到国外，那么，这个农业国家的 GDP 构成如下：

$$GDP=87\,(C)+10\,(G)+6\,(I)-3\,(X)=100\text{ 蒲式耳}$$

课堂讨论

登录中国统计局网站 http：//www.stats.gov.cn/，查阅中国历年 GDP 和四个部分的数据，分析其变化情况，总结变化的特点。

六、GDP 波动

图 7-2 绘制了从 1960 年到 2003 年间的美国实际 GDP 和 GDP 平减指数的百分比变动，这是对总产出和价格波动进行的直观描绘。

从图形上看，美国实际 GDP 增长率有长期的减缓或者下降趋势。它们并不完全明确，因为美国国家经济研究局没有绝对无误地区分经济衰退和一些较不严重的情况的硬性标准。官方认定的几次经济衰退出现在 1970 年，1974—1975 年，1980 年、1982 年和 1991 年，在这些年份中，每年实际 GDP 都是下降或者几乎不增长的。美国国家经济研究局还确定 1960 年发生了经济衰退，1991 年的经济衰退始于 1990 年。

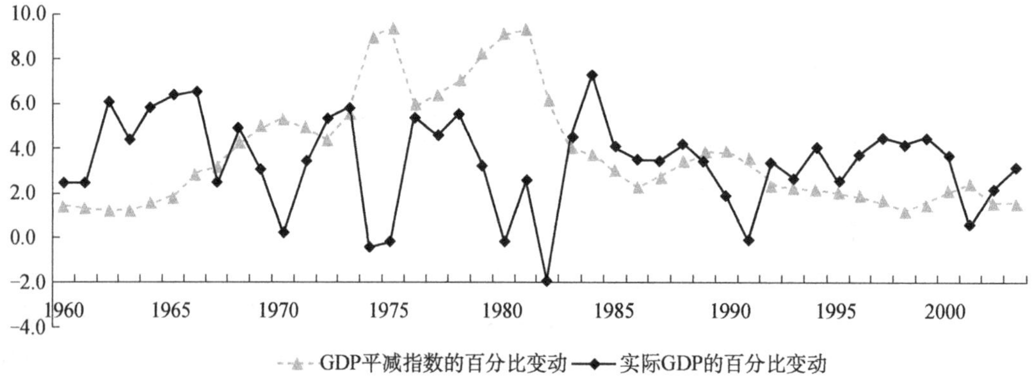

图 7-2　美国总产出和物价水平波动

小心不要把曲线的下降部分看成通货紧缩，表现 GDP 平减指数的线条必须降到 0 以下才显示实际发生了通货紧缩或者物价水平下降。从 1981 年到 1986 年的下降是反通货膨胀而不是通货紧缩。20 世纪 60 年代通货膨胀平均每年增速为 2.5%。但是，从 1970 年到 1981 年，平均每年增长 7.5%。1974 年和 1975 年尤其让人担心，严重的经济衰退造成极高的失业率，同时，美国物价水平以前所未见的百分率上涨，这种上涨只在几次重大战争期间出现过。20 世纪 70 年代，财经媒体说一种经济学家无力解释的弊病扼住了经济系统：经济衰退伴随着通货膨胀，这叫做滞胀。

实际上，变化和机会是社会领域的特点。生产和价格必然受到战争、新发现、革命或自然灾害的影响。稳定才是需要解释的东西，波动是无须解释的。看看所有我们能叫得出的商品的数据，我们会发现产出水平或价格都是不稳定的。那么为什么我们要期待总产出或平均物价保持稳定呢？

这种观点很中肯，但是并不能完全令人满意。个体商品（如农产品、汽车、个人电脑、电影票等）生产和价格水平的大幅变化比总体生产和平均货币价格水平的大幅变化要容易理解得多。根据“大数定律”，很多改变个体商品供需的变化和机会应该可以相互抵消。为什么这个定律不能带来实际 GDP 更稳定的增长率以及更加稳定的价格水平呢？

一部分解释是，经济系统传播病毒。经济系统中某部分的挫败或预料之外的好运会给其他与之相关的部分带来挫败或好运。例如，某个月份的汽车销售欠佳，是由于这段时间异常寒冷的下雪天气造成的，这可能导致减产，汽车总装厂裁员，而这些又会造成减少专做钢板的钢厂的订单，减少主要为总装厂工人提供伙食的店铺的生意，最后导致钢厂和零售店铺裁员，引发进一步的连锁反应。

经济学家开发各种模型、采用各种比喻形容相对较小的波动如何通过经济系统的传递变成大型的总量反应。其中很多依靠某种循环流动机制反映经济系统如何将种种小事件转变成为经济繁荣与萧条交替循环的模式，200 年来，这种模式一直被人们认为是市场调节的经济系统的特点。

国民收入和产出核算提醒我们，可用于购买新生产的商品的总收入总是且一定和这些商品的支付价格相等。这是一开始就要坚持的真理，非常重要。与之相对的，是一种传播广泛且持久的恐惧，即总产出可能增长过快，总需求无法跟上，因此经济系统会由于生产过剩而崩溃。这个疑问是：如果人们选择不花掉他们的全部收入，这个节省一部分所得收入的决定不会让总需求降至总产出水平之下吗？这不会导致生产过剩和经济崩溃吗？

答案取决于人们用他们省下来的收入做什么。除了极少数守财奴和怪人外，人们会用积蓄投资。直到 20 世纪 30 年代，这至少是绝大部分经济学家一致认同的观点。人们不会把积蓄塞在床垫下面或者放在饼干筒里。他们会使用积蓄。如果他们自己不用积蓄购买资本货物，那么他们会购买某种金融资产（债券、股票、储蓄账户），从而他们的积蓄会到他人手里，而这些人会购买资本货物。亚当·斯密简明地说明了这个规则：“每年的积蓄通常与每年的花费几乎同时被消费掉，但是这些积蓄是被另一拨人消费掉的。”

亚当·斯密认为至少在有“尚可的安全性”的情况下，人们只有“彻底疯了”才会不用储蓄投资。因此对生产过剩或消费不足的恐惧是没有根据的。生产过剩不是问题，挑战所在是要增加生产，从而能够供应给人们更多生活的“必需品和便利”。经济系统中政府的作用不是刺激需求，而主要是通过维护财产安全来维持激励因素。如果做到这一点，人们改善其状况的天生要求就会引领他们生产、积蓄、投资，从而促进产出率不断升高。消费——需求的一面——会自行解决问题的。

经济大萧条让这种积极的信念彻底停摆。在很多政治家和知识分子眼中，在 20 世纪 30 年代，显然总需求并不总能“自行解决问题”，结果兴起了关注总需求维持与发展的新的经济理论。这些理论兴盛了很多年，直到 20 世纪 70 年代和 80 年代的经验显示出这些理论中的一些突出的缺陷。与科技知识总是不断进步的普遍规律形成强烈反差的是，今天的经济学家们很可能不像他们的前辈那样确信自己已经了解是什么导致总量波动以及如何解决波动问题。

七、GDP 核算的不足

现存经济和社会体制的拥护者经常争辩说，市场经济创造了人类历史上实际产出的前所未有的快速增长。资本主义的崇拜者也称颂道：“看，自由市场思想能为 GDP 带来多么巨大的增长。”

尽管如此，批评者还是指出了 GDP 统计指标的缺陷。GDP 统计不仅计入了很多值得怀疑的项目，而且忽略了许多有价值的经济活动。正如一位批评者说：“不要对我讲你的所有数字和金钱，以及你的国内生产总值。对我来讲，国内生产总值代表的只不过是国内污染总值！”

我们的看法如何呢？GDP 难道没有包括政府所生产的炸弹、导弹和付给监狱看守的工资吗？犯罪增加了家用警报系统的销售额，难道不是被加在了 GDP 之上吗？砍伐那些难以再生的红杉林，不也表现为国民账户中的产出增长吗？GDP 指标不是无法解释像酸雨的形成、温室效应这样的环境的退化吗？

近年来经济学家们试图采用新的方法，来修正广为采用的 GDP 指标的缺陷，使数据能更好地反映经济真正能给人们带来满足的产品的数量。新账户试图扩展传统账户的边界，使它能涵盖一些重要的非市场行为，并修正传统账户所包括的有害的经济活动。

所遗漏的非市场性活动，传统的国民收入账户主要包括市场活动，但许多有意义的经济活动都发生在市场之外。例如，高校学生在人力资本方面进行投资。国民账户记录了学费，却忽略了机会成本（即因上学而放弃的收益）。有研究表明，如果将在教育领域和其他领域的非市场性的投资包括进来，国民储蓄率至少提高两倍。

同样，许多居民户活动产生很多有价值的“准市场性”的产品和服务，例如做饭、洗衣和照顾小孩。最近一份对没有报酬的家务工作的评估表明，这部分价值达市场性消费总额的 50%。市场账户最大的忽略恐怕是闲暇时间的价值。平均而言，美国人花在创造效用的休闲活动上的时间与他们工作赚钱的时间大体相当。而休闲时间的价值却被排除在官方统计的国民账户之外。

地下经济活动也不向政府报告收入情况，却涉及市场活动的各个领域，包括赌博、卖淫、贩毒、非法移民所从事的工作、服务交易以及走私等。实际上，国民收入统计人员在衡量国民产出时将会有意排除非法活动——社会舆论认为这些活动是“坏事”而不是“好事”。日益膨胀的海洛因交易也不可能被如实地计入 GDP。至于其他合法的却没有如实申报的活动，比如未上报的小费收入，商务部只能根据来自国内税务局的调查和审计进行估计。

所遗漏的环境破坏活动，除了经济活动本身，GDP 指标有时还会忽略经济活动所导致的有害后果。一个重要的方面是忽略了对环境的破坏。例如，假定市郊居民使用了 1 000 万度电维持空调工作，使用每度电付给公用事业公司 10 美分。这 100 万美元补偿了公司在劳动、设备和燃料方面的成本。现在假设发电所产生的污染损害了周围住户的生活环境，而该公司却没有为这种外溢效应付出货币代价。在这种情况下，我们对产出的计量就不仅应该加入电的价值（GDP 已经计入），而且还应该减去由于污染而对环境造成的损害（但 GDP 却没有这样做）。

假定除了 10 美分直接成本之外，每度电给周围住户所造成的环境损害为 1 美分。这就是公用事业公司没有偿付的污染（对树木、鳟鱼、溪流及人的）成本。由此“外部”成本总计应为 10 万美元。在扩充的国民收入账户，为体现和矫正这些隐蔽的成本，我们必须从 100 万美元的“电的好处”中减去 10 万美元的“污染损失”。

近年来，对扩充的国民收入账户（包括非市场）的研究取得了巨大的进展。该账户总的原则是尽可能多地记录经济活动，不论其是市场性的还是非市场性的。举例而言，扩充的国民收入账户包括对人力资本的非市场性投资的估价，对不支付报酬的家庭生产的估价，对森林的估价和对休闲时间的估价，并将其计入统计指标。

美国商务部公布了扩充后的国民收入账户，其中包括了环境账户（有时也称绿色账户），用来统计自然资源和环境资源对国民收入的贡献。环境批评家指出，美国人高消耗的生活方式正在挥霍着宝贵的自然资源。许多人对于绿色账户的分析结果感到震惊。该分析考虑到，勘探新发现增加了我们已探明的资源储量，而开采则减少或消耗了这些储量，事实上，这两种活动正好相互抵消：发现量与消耗量相抵之后的净影响从 1958 年至 1991 年在负 20 亿美元至正 10 亿美元范围内。而这一时期年均 GDP 大约是 4.2.万亿美元（按 1992 年价格计算）。

课堂讨论

医疗用的大麻生产和使用在加拿大是被视为合法的，这些活动对加拿大的 GDP 有何影响？持续的非法使用大麻的活动（非医用的）对加拿人的 GDP 有何影响？

八、经济增长的源泉

人类历史上出现了经济的持续增长，这是前所未有的现象，因为一些国家创造了条件，让它们的绝大多数人们可以从事专业化的工作，可以进行交易。稳定的社会秩序过去是，现在也仍然是基本的前提，在此社会秩序下，法制完备，人们有理由自信地启动项目，他们相信只要付出努力就能够享受到成果。

对这个问题的一种思考是：经济发展其实有三个因素在起作用——人、资源和制度。但是，人实际上是一个既定因素。我们当然希望人们能更友好、更善良，但实际上这是我们无法控制的。我们也无法直接控制大自然是否赋予我们资源。我们希望有更好的天气，更富饶的土地，但是这都不是我们的选择能够直接决定的。然而对于支配我们的互动方式和资源利用方式的制度，我们还是有些许控制权的。这就是为什么经济发展至关重要的因素是基本制度（比如法制），而不是自然资源的供给或人力资本投入的水平的原因。这些制度给出游戏规则，在这些规则下，我们相互作用，通过交易实现获利。

另一个重要的先决条件是以低成本交易商品和交换想法的可能性。如果人们无法进行交易，就不会有专业化，如果转移商品的成本高于交易的预期收益，人们就无法进行交易。想法的交换也很重要，也许比亚当·斯密和其他早期经济学家意识到的重要得多。因此，欧洲的地理条件是经济增长特性中的一个主要因素。欧洲绵延的海岸线上有诸多的优良海港，欧洲还有无数宽阔的河流，这些河流是山顶融化的雪水汇聚而成的，它们流过平坦的平原，终年通航，这一切让欧洲人可以以低成本在广阔的区域中交易商品和交换想法。

没有剩余资本的积累，广泛的专业化就不可能有长足的发展。人们生产商品供他人使用，可是生产者通常不认识使用者，而且两者往往距离遥远。在生产过程开始之初到出售产品获得收益之间的这相当长的一段时间内，生产者必须能够存活。因此，经济增长要求积累消费品存量，让生产者能够度过生产期，这些消费品的作用相当于资本，因为它们是产成品，其使用提高了未来的生产率。

资本积累还通过提高劳动能力为经济增长做出显著的重要贡献。不用说人们也知道，推土机运的土远远多于人用铁锹运的土。资本积累既是一个量的过程，也是一个质的过程，这就没有那么明显了。专业化最重要的成果之一是技术创新。技术创新意味着，一个国家增加其资本货物的存量，不仅仅是获得更多的生产资料，而且是获得更强有力的生产资料。随着时间的推进，新的运土设备将会是更有效的运土设备。

技术创新实际上是推动经济增长最强大的力量。比如运输系统，在前面已经提到过，它是经济增长过程中的重要因素。1800 年，身在美国的人们怎样运输商品、交流想法以及进行旅行呢？以今天的标准来看，他们的运输速度非常慢。在那时，如果是长途，几乎任何东西都要走水路。修筑公路成本很高。公路必须跨越河流山川，而且在下雪泥泞的情况下要能保持通行。而货运或客运大部分靠马力，这里的马力指的就是其字面的意思，即马匹运输。然而，1800 年到 1870 年间交通资本的积累，主要不是更多的帆船和运河的积累，而是更多的铁轨、火车和各类车辆的积累，使得每单位资本能够更快速地运输商品。因此，技术创新体现在人们获得的额外资本当中。到 1940 年，内燃机再一次提升了单位运输资本运输商品的效率。至于今天让人们进行旅行和交流想法的资本设备，即我们都熟悉的喷气式飞机和因特网，与 1800 年甚至 1940 年的资本设备相比，在任何方面都拥有巨大的优势。

技术进步对推动经济增长起着重要的作用，这意味着落后于领先国家的那些国家享有一个重大优势。技术创新不是从天上掉下来的，它是人们在试图推动他们感兴趣的项目过程中互动产生的。世界上在技术进步方面领先的国家必须靠自己发现更好的行事方式，而在发现过程中，成本是不可避免的，另外还包括犯错带来的所有成本。然而，落后的国家，特别是在它们落后得比较多的时候，就可以避免这些成本。一个拥有极少资本的极度贫穷的国家在 20 世纪末要提高其产出，不必经过别的国家在历史进程中经历过的那些技术阶段，可以直接从牛车和土路跳到柴油卡车和水泥公路。这是落后国家的巨大优势。仅仅靠应用领先者付出高成本得到的诸多经验，贫穷国家的经济增长就可以比富裕国家过去的经济增长速度快得多。

假设贫穷国家一开始只拥有原始技术条件，无法为自己制造能够提高其生产力的复杂资本货物，因此它们必须进口这些资本货物。但是它们有办法进口它们想要的资本货物吗？它们在交易中能付出什么？由于贫穷，它们注定拥有极少能够用于出口的剩余产品，而通过出口才能有办法进口。它们想从其他国家进口货物，然而它们能够生产出这些国家需要的剩余产品吗？这种需求足以成为交易的有利条件吗？贫穷国家能生产富裕国家想要的什么东西呢？尽管海外大量需求一些原材料，但是实际上很少贫穷国家拥有丰富的矿产蕴藏量或者其他原材料。或者，如果它们确实拥有资源，它们最可能缺乏的是以低成本开发资源的知识和设备。这个成本必须能够足以让它们的海外销售盈利。

外国投资在这里就起到作用了。富裕国家的投资者可以借钱给穷国，这些钱可以用来购买贫穷国家想要买的资本设备。他们愿意这么做吗？如果在考虑了风险调整后，这些投资的预期回报率超过其他投资的预期回报率，他们就会愿意这么做。遗憾的是，在很多情况下，此类投资的风险也很高。除了投资经济不发达国家带来的普遍的高风险和由于补充资源可提供性的不确定性而导致的风险，在很多情况下，我们还必须加入政治不稳定性带来的风险。

有些政治风险来自于人们看待外国投资者的习惯性敌意，特别是对贫穷国家里，投资回报普遍被人们看成是国家资源的“流失”。这种态度很容易带来游戏规则的改变，催生那些部分或全部没收外国投资的政府政策。意识到这些政治风险的个人和企业更不愿意投入其资本，除非他们能在降低风险方面有所安排。如果外国投资者愿意将其投资的回报与某些特定的政府官员分享，独裁者或寡头执政者统治的国家通常愿意压制大众的不满，甚至向外国投资者授予特权。当贫穷国家出现经济增长的时候，其收益通常只流向拥有特权的少数人，而不是切实地惠及广大民众，上面讲到的就是这种现象的主要原因之一。

课堂讨论

印度的人均 GDP 在 1960 年是 735 美元。到 1999 年，只增长到 2 248 美元，这大约是 40 年前韩国人均 GDP 的两倍。1960 年，印度的人均 GDP 是韩国人均 GDP 的 55%，而在 1999 年，不到韩国人均 GDP 的 15%。

项目小结

1. 衡量一个国家的产出或收入的最常用的方法就是 GDP，即一个国家在一年内所生产最终商品和劳务的市场总价值。

2. 可以用三种方法来计算 GDP，用于最终商品和劳务的支出，经济系统中产生的收入总和，以及经济系统中附加价值的总和。

3. 对未出售的商品，在核算 GDP 时假设生产这些商品的厂家也购买了它们。

4. 通货膨胀是货币购买力的持续下降，它不会提升“生活成本”；通货紧缩是货币购买力的持续上升，或者说商品货币价格的持续下降。

5. 实际 GDP 以恒定购买力货币价值衡量一个国家的总产出或总收入。名义 GDP 与实际 GDP 有所区别，由此产生了 GDP 平减指数。

6. 在所有商业社会中，实际 GDP 的增长率（经济增长率）会随时间波动，产生经济繁荣与萧条的交替循环的模式。

7. GDP 核算有很多局限，总体上总量分析也有很多局限。

8. 经济发展其实有三个因素在起作用：人、资源和制度。

项目八　分析失业和物价

学习目标

［知识要求］失业率和就业率的计算；失业人口的认定；消费者价格指数。

［技能要求］能够分析失业的原因；分析失业和物价之间的关系。

［关键术语］失业率；CPI；菲利普斯曲线。

一、区分失业和就业

在人的一生中，失去工作可能是最悲惨的经济事件，大多数人依靠他们的劳动收入来维持生活水平，而且许多人也从工作中获得了个人成就感。失去工作意味着现期生活水平降低，对未来的担忧以及自尊心受到伤害。政治家面对公众往往谈到他们的政策将如何有助于创造各种岗位。

目前大约一半在美国生活的人没有就业。他们既没有为别人工作赚取工资，也没有在属于自己的企业里为自己工作。但是要说 50%的美国人口失业，这会很荒谬。美国人口中，几乎 1/4 的人年龄低于 16 岁，大约 1/8 的人年龄超过 65 岁。16 岁至 65 岁之间的人中很多是全职工作的，但他们并不是在我们所说的意义上就业；他们的工作是养育子女，照顾家庭。显然，没有就业与失业之间是有很大区别的。

似乎所有人都认为，有一定数量的失业是正常的，没有人会为此担心。那么这个数量是多少呢？可以让人接受的失业率是多少呢？1944 年，美国 1.2%的劳动力被官方划分为失业人口，那时，全部劳动力的 1/6 就职于军队，人们被要求离开学校就业、放弃退休生活重新加入工作或者每周工作 6 天或 7 天。所有经历过那段劳动力紧缺的日子的人都不会相信，1944 年居然有 1.2%的劳动力找不到工作。

我们怎么区分失业是否有问题呢？在有些领域内，人们回避整个问题的一个通常说法是，只有在上升至“摩擦性”失业的水平以上时，失业才会成为问题。摩擦性失业是指，一定数量的失业不会带来问题，因为它代表了劳动力市场的正常流动。如果我们有理由相信劳动力市场的正常流动是不随时间改变的确定的常量，那么这种说法也许能令人满意。但是，恰恰相反，有诸多非常合理的理由让我们认为劳动力市场的正常流动是一个变量而非常量，而且这个变量是随着近年来不断变化的一些因素而变化的。

那么，我们该如何分辨失业的人和那些仅仅是没有就业的人呢？极端的情况很好区分。有些人几乎愿意做任何事来找到满意的工作就业，而另一些人，几乎没有任何事能够说服他们接受一份工作。但是，你有没有发现这句话的荒谬之处呢？那些说自己为了工作“不顾一切”的人，为了希望找到更好的工作，也是会拒绝某些工作机会的。只有极少数的人说自己“彻底”不想工作，而拒绝他们面前的所有工作机会。而那些说自己“无法找到”工作的人，他们的意思是他们无法找到自己愿意做的工作。在一些情况下，外部观察者是无法分辨这两种情形的区别的。

美国失业数据由美国劳工部所属的劳动统计局发布。数据来源是《当前人口调查》，这是一份人口调查局代表劳动统计局进行的抽样家庭调查。抽样包括大约 6 万个家庭，样本的选取代表了整个美国人口的情况，每个月访问一次。

要被纳入劳动统计局的报告当中，一个人必须首先是非专门机构人口中的一员。非专门机构人口是指年满 16 周岁以及以上的人口或者不在专门机构（比如监狱或医院）居住的人口。16 岁以下的人，不管他们工作多勤奋或者他们多渴望得到一份工作，都不被计算在内（中国是 18 周岁）。但是 65 岁以上的人口是计算在内的。非专门机构人口被算做就业人口、失业人口或者非劳动力人口。它们之间如何区分呢？劳动统计局制订了区分两类人群的精确标准，而且对每类人群规模的测量很有信心。测量不是问题，问题是区分这类人群的重要性。

在家庭调查中，要被划分为失业人口，一个人必须：①属于非专门机构人口；②在调查的那个星期内没有就业；③在之前 4 个星期切实地为寻找工作做出过努力；④目前可以工作。有些人被临时解雇，但被告知 6 个月内将被召回，或者 30 天内将开始从事新工作，他们也被算做失业人口，但是不符合第③条标准，该条标准要求他们要积极地寻求就业。失业人口除以劳动力人口就得出了官方的失业率，劳动统计局每个月在报纸和新闻广播中发布失业率。

这类问题的细节不会让人感到兴奋。但是我们要了解，为了达到劳动统计局关于失业人口的标准，人们必须做到什么或不做什么。这是非常关键的。除非我们了解那些选择失业的人所付出的代价，否则我们无法知道失业的性质、原因或意义。

总结一下，在经济学范畴中，失业指的是有劳动能力的、处于法定劳动年龄阶段的、有就业愿望的劳动者失去或没有得到有报酬的工作岗位的社会现象。是非自愿失业，与之对应的概念是自愿失业，它指劳动者因不愿意接受现行的工作条件和收入水平，未被雇用而造成的失业。失业人口数量除以劳动力人口数量就是失业率，与之对应的概念是就业率，是指某一时点内就业人口数量除以劳动力人口数量的比例。劳动力人数是就业人数和失业人数之和，未成年人、在校学生、退休和丧失劳动力的人都不包括在劳动力之中。

课堂讨论

请分析中国的失业标准和统计方式，讨论与美国的区别在哪里？

二、分析就业决策

经济学理论试图将所有行为都解释为选择的结果——当然是有限定条件的。如果人们在某个情境中没有可察觉的或者大量的选择，经济学理论就得不到有用信息来讨论人们的行为。假设失业是人们选择的结果，我们并不是假设每个人都做出了好的选择，更不是说失业的人对他们的情况乐在其中。选择仅仅意味着某人根据相对成本和收益的预期而挑选的最有用的选项。经济学的思维方式促使我们解释社会现象中的变化，包括雇主和雇员认知的成本和收益的变化带来的失业率的变化。

对于造成“失业”状况的特定选择，劳动统计局定义得十分清楚：①积极寻求就业的决定；②不接受任何可供的就业机会的决定。两者显然都是人们做出的选择。第一个决定标志着一个分岔点，或者走向就业，或者继续失业。对大多数人来说，对于位于这种分岔点的决定，其预期收益和成本在近年来已经发生了巨大变化。因此，失业率所包含的意义已经和50年前甚至15年前不一样了。

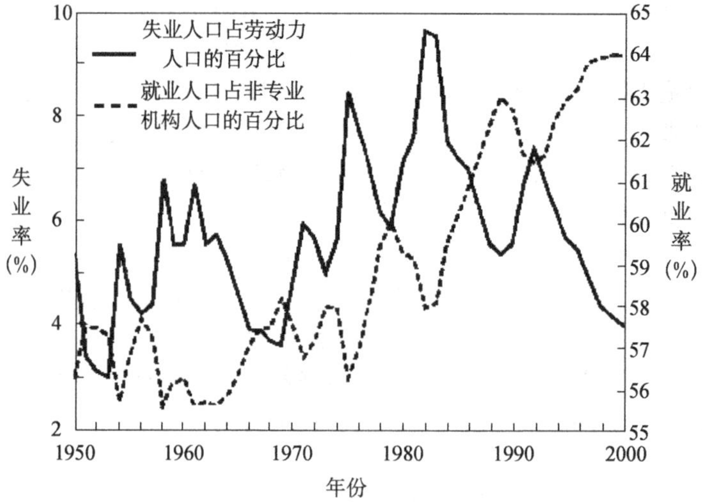

图 8-1　美国的失业率和就业率

图 8-1 显示得更清楚：失业率和就业率之间明显不一致。而这之间不是相对的镜像。图中显示，1982 年美国的失业率为 9.7%，而 1953 年的失业率仅为 2.9%。与之对应的是，1982 年，美国的就业率是 57.8%，高于 1953 年 57.1%的就业率。造成这个让人吃惊的事实的根本原因是，与 1953 年相比，1982 年有更多的人想要工作。劳动人口参与率在近几十年里有了实质性的提升。正如你猜想到的，其主要原因是更多的女性决定加入劳动力人群中。实际上，这一时期男性的劳动力参与率有所下降，但是女性加入劳动力人群的数量不仅弥补了男性劳动力下降的数量，而且还有不少富余。1970 年，1 000 名就业的美国公民中有 377 名是女性，2001 年 6 月，1 000 名就业的美国公民中有 467 名是女性。如人们所知，1968 年，劳动力参与率略低于 60%，30 年后，67%的非专门机构人口进入到劳动力人群，他们中的大多数很有可能已经预计到了 2001 年会有极高的失业率。他们可能坚持认为经济系统没有办法创造大量的新职位，特别是这时机器取代人已经成为趋势。

在拿破仑战争结束时，一群被称为勒德分子的英国工人捣毁了机器，他们认为机器导致了失业。对一些人来说，机器确实导致了失业，起码在短时期内。如果你是 75 年前的一个电话接线员，自动接线交换机的发明和应用会让你丢掉饭碗。但是如果没有使用自动接线交换机，就不会有现在的美国电话系统，因为如果我们使用现在的系统，但是还是用当年的技术，那么美国的大部分劳动力都必须去电话公司工作才行。机器确实取代了人，但是被取代的人们一般都会继续去找其他的事做，而且几乎所有人都享受到了提高生产力所带来的更大的产出。类似于勒德分子的活动会定期重现，但是尽管工人们的需求一直在改变，使用机器所创造的职位却似乎比它毁掉的职位多得多。只要没有满足我们对于可生产的商品的需求，就一直会有需要人们完成的有用任务。失业率的上升反映的不是工作职位稀缺性的增长，而是寻找和接受就业的预期成本和收益的变化。获得工作的成本和不工作的成本，人和人之间的差异相当大，主要取决于技能、经验、年龄、家庭责任、其他收入来源，甚至是所尊重之人的价值观和想法。

设想一下仍然住在家里的青少年。他们通常想工作，而且会积极地找工作，这让他们被划入到官方认定的失业人口的类别当中。如果他们目前正在上学，他们现在只能从事数量非常有限的工作。如果他们在放暑假，雇主们不希望雇用他们做需要经过很多培训的工作，所以他们也并非真正能从事这些工作。如果他们高中毕业，下决心要上大学，那么他们不会愿意接受任何有约束的工作。而且，雇主不想给青少年支付高薪，因为青少年通常没有受过技术训练。而且他们在雇主收回培训成本之前就会辞职，因此可供青少年选择的工作机会变得比较没有吸引力。从父母那里获得免费食宿的人可以花很长的时间找工作，或者如果工作不让人满意，他们可以辞职后重新找。当这些十几岁的孩子发现，当朋友们在聚会时，他们却必须工作，对他们来说，任何工作似乎都开始不能让人满意了。我们把所有这些放在一起看，就会发现取得和继续从事一份工作的成本对于青少年人来说非常高，而继续找工作的成本相对较低。那么，当我们发现 16～19 岁人群的失业率通常是总人口失业率的三倍时，我们是该惊讶还是该困惑呢？

因为失去收入通常是失业的主要成本，任何保证人们在不工作的时候还能维持收入的东西都极有可能提升失业率。如果我们为更多的工人提供失业保险，延长受益期限，普遍放宽参保标准，这并不会让人们放弃让他们满意的高薪工作，开始领取失业补偿金。但是，更丰厚的失业保险金确实让人们对坚持目前的工作不那么坚定了，对接受新工作没那么渴望了，从而提升了失业率。多源收入家庭（不止一个家庭成员有收入）数量的增多，也会带来同类效果。如果我们把收入、基于收入的社会保障税和所有与工作相关的其他成本的影响放在一起考虑，那么当家庭中的次要收入成员在丢掉旧工作后寻找新工作的财务动机就会大大降低。有时，只要有失业补偿金的领取资格，其动机甚至会是负的。

也要记住，经济决策取决于预期。人们加入到劳动力人群中，因为他们期望找到令人满意的工作。如果出于某种原因，很多新加入劳动力的成员预期过高，不切实际，那么结果可能会是失业率的上升。例如，假设商业世界中，更多的机会向想进入管理层的女性们敞开。前景更好了，这会促使更多的女性加入或继续留在劳动力人群中。对于女性将有更多更好的职业机会的预期，会让更多的女性进入到劳动力人群中，因而女性失业率实际上会有所上升，这是有可能的。失业率会居高不下，直至人们的预期调整到与现实一致的水平——或者现实的情况改善，实现了预期。

同样地，如果近来大学毕业生或律师新人们对他们的文凭在劳动力市场中的价值估计过高，他们这个人群的失业率就会上升。钢铁公司的工人已经习惯了自己的工资双倍于制造业的平均工资水平，当他们工作的公司歇业时，要他们接受一份工资较低的工作就会比较慢。在这点上，他们和要卖房子的房主们没有多大区别，这些房主们拒绝相信他们的房子在他们要求的价位上是卖不出去的。结果就是在行市下跌的房地产市场上，“待售”的牌子不断增加，而且牌子挂出的时间也越来越长。

课堂讨论

琼斯是一名模具工，每小时挣 30 美元。他突然被辞退了。在下面几种情况下，他是失业人员吗?

（1）他两周来频繁地出入职业介绍所，阅读招聘广告，跟踪关于模具工工作的消息。

（2）两周后，他找到了一个开车运送面包的工作，每小时的报酬是 9 美元。他拒绝了。

（3）他得到了一份模具工工作的机会，工作所在的城市在 25 英里以外。他拒绝了。因为他十几岁的孩子不想换学校。

（4）找了 3 个月的工作，琼斯很沮丧，决定不再找工作了。

三、分析失业和 GDP 的关系

图 8-2 显示了经济衰退和失业之间的关系。经济衰退开始不久后，失业率就会大幅上升。经济开始复苏时，失业率又会下降，但是比起上升的速度要慢得多。1949 年美国经济衰退之后，经济的强力恢复让人出乎意料，这大部分是由于朝鲜战争，这让失业率从 1949 年的 5.9%下降至 1953 年的 2.9%。1954 年的经济衰退又把失业率抬升至 5.5%，之后失业率缓慢回落，直至 1957 年第四季度爆发的下一次经济衰退，失业率被拉升至 6.8%。1960—1961 年的经济衰退将失业率再次提高之前，失业率很少有回落的时候。1961 年后长期的扩张逐渐把失业率降低到 1969 年的 3.5%，之后，1970—1971 年的经济衰退又让失业率激增至 5.9%。

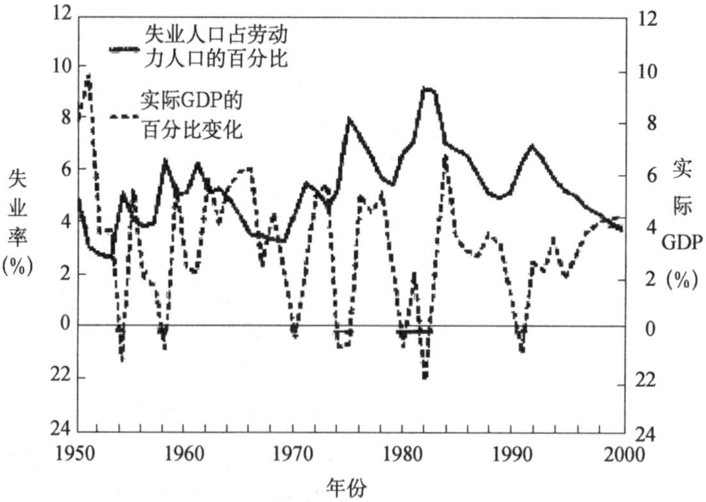

图 8-2　美国的经济衰退与失业

1971 年以后的复苏再没能让失业率低于 4.9%，而 1974—1975 年的经济深度衰退后的复苏没能让失业率降到 5.8%以下。20 世纪 80 年代中期，美国劳动力市场的学生们普遍得出这样的结论，美国的“正常”失业率接近 6%，“正常”失业率有时被定义为不会导致通货膨胀率加速的失业率最低值。另一些时候，“正常”失业率被更模糊地描述为一种平衡失业率，这是无不稳定震荡发生时的失业率，或者是反映人们在劳动力参与和不参与、接受就业和继续寻找更好的工作之间做出慎重选择的失业率。1988 年失业率降至 5%以下，而且一路降至 1989 年 3 月的 5%，无数权威人士预计通货膨胀率马上就会上升。

从 1989 年到 1991 年，通货膨胀率确实有轻微的上升。但是 1991 年后的扩张让失业率稳定地下降，直至 1998 年 4 月和 5 月，失业率降至 4.3%的低点，而且并没有引燃通货膨胀。1998 年下半年，经济预言家们对通货紧缩和对通货膨胀有着同样多的恐惧。1998 年以后，失业率保持在十分稳定的水平上，只在 2001 年 6 月略微上升至 4.5%。在这段低失业率的时期，一直维持着低通货膨胀环境。

课堂讨论

登录中国统计局网站 http：//www.stats.gov.cn/，查阅中国历年 GDP 和失业率的数据，分析其变化情况，并总结变化的特点。

四、分析失业的原因

为什么在经济衰退时失业激增，而在经济衰退结束、复苏开始后，又长时间地顽固盘踞呢？前一个问题可能不需要太多回答。如果对一个公司出售的产品的需求出现意料之外的下降，未出售的存货开始增长，这个公司就会限制生产，想办法削减成本。因为劳动力成本通常构成公司边际成本中相当大的一部分，一旦出现经济衰退，能预料到的就只能是裁员和上升的失业率了。

但是当经济复苏已经使产量恢复到经济衰退开始前的水平时，为什么失业率不能回到经济衰退前的水平呢？显然，原因是雇用雇员所花的时间比解雇他们所花的时间长。经济衰退之时被解雇的人不会都在家里坐等电话把他们叫回去工作。多数人会找其他的工作，不少人会打零工。因此在经济复苏期间想要扩大招工的公司必须寻找和培训一些新雇员。很多公司在确定复苏是切切实实的发生之前不愿意这样做。它们更倾向于延长现有人员的劳动时间而非增加新雇员。有些公司在经济衰退期间学会了如何使用更少的雇员干更多的活。长期的扩张促使公司雇用多于必须人数的人员，它们可能会在有效使用资源方面变得不那么谨慎：一次又一次的经济衰退制造了削减“废物”、有效利用边际价格的强烈动机。经济衰退中学到的东西在经济衰退结束时并不会消失，因此经济衰退中被辞退的一些雇员在经济衰退结束后不会被重新雇用或者恢复职位。

项目二中介绍的供求法则提出了另一个问题：为什么找工作的工人会找工资更低的工作呢？失业代表了劳动力过剩：供给数量大于需求数量。推测起来，更低的工资可以减少供给数量，增加需求数量，直到工资达到市场出清的水平。如果一个工人的边际生产力超过了给出的工资，这个工人总是能够找到工作。另外，如果工资水平超过公司雇员的边际产量，那么除非工资水平下调，不然很难找到工作。如果一个雇员向公司要求的工资低于其边际产量的价值，其他雇员也会减少自己的收益，与这个雇员竞争，因此会加大该雇员工资水平的压力。在这里，劳动力市场的运行和其他所有市场的运行一样。劳动力市场中雇主（买方）和雇员（卖方）的调节会使边际产量价值和工资水平趋于相等，使市场出清。

但是劳动力市场的运行并不总和农产品市场相同。有理由假设劳动力市场可能产生劳动力过剩，仅仅因为更多的雇主想要支付高于市场要求的工资（“效率工资”）。除了可能打动他们的慷慨感之外，他们为什么要选择这么做？如果他们支付的工资恰好使市场出清，那么如果他们的雇员自愿或非自愿地离开现在的工作时，他们能够期望得到一份和现在一样好的新工作。这意味着雇员们不会愿意卑微失望地生活，他们有强烈的动机去放大在别处工作的优点，结果造成高人员流动率。这会为雇主带来大笔开支，因为培训新工人的费用总是大于零的。即使雇主的动力只来自对底线的关心，他们也还是希望他们的雇员认为现在的工作比可能在别处找到的工作要好。

雇员的信心同时也能减少“开小差”的现象。问问你自己这些问题：为什么雇员不应该只做要求他做的事情，其他什么都不做？为什么雇员不应该只在雇主监控得到的情况下勤奋努力？如果基本不会被发现，为什么雇员不应该在公司里面偷懒？一个理由是雇员的道德责任感。但是，如果雇员认为没有被公正对待，不论是否有合理的理由，这种责任感都会很快被减弱。除了道德感之外，不这么做的一个很有力的理由是被解雇的代价会很大。工人的报酬总是多于他们的机会成本，这样，解雇的代价会很高。因此我们再次看到出于对净收入的纯粹追求，很多雇主给出的工资会略高于使市场出清的工资水平。

当经济衰退来袭，公司对于劳动力的需求随着其销售的产品的需求量的降低而降低，雇主有理由减少雇员而不是减少工资。少有雇员会友好地应对削减工资。如果雇员们还没有加入工会，他们很可能在工资突然缩水的时候认真地考虑加入工会的问题。他们在工会合同的保障下工作，该合同很可能能够阻止工资的削减，即使工资削减是为了保住就业机会，工会也是不可能同意的，因为工会领导由于削减工资遭受的责难比由于保住工作而受到的表扬多得多。另外，被永久辞退的工人会退出工会，而所有工资被削减的工人们还会继续参与工会的选举。雇主也会因为类似的理由得出相同的结论。与 100 个由于扣掉了 10%的实得工资而不满的雇员组成的队伍相比，由 90 个满意的雇员组成的队伍有更高的生产力。

失业工人对工资水平造成的压力有多大呢？一些人认为工厂门外失业人员组成的后备军促使雇主压低工厂内工人的工资。但比起还没有进入公司花名册的外部人员来说，雇主对花名册上的内部人员要关心得多。就算是外部人员成功地传达了他们愿意为更少的报酬来工作的意愿，而且雇主也有理由相信它，情况也不会改变。但是这两个条件都不可能达到。可以看出，工资水平会在经济复苏的时候提高，从而阻碍就业人口的增加。

所有这一切的结果就是劳动力永久的过剩：供给数量总是高于需求数量。正在找工作的潜在雇员数量几乎总是比雇主提供的职位数量大得多。换句话说，工作职位长期短缺，找工作的人长期过剩。

上述分析将失业的原因归结于雇员不能适应市场机制的供求选择。但实际上，失业的原因是多方面的，具体到不同国家或一个国家的不同经济发展时期，其主导因素并不完全相同。也许我们可以从失业种类上找到一些答案。国际上一般将失业分为以下几类：①摩擦性失业，指由于劳动力市场功能上的缺陷造成的临时性失业，如新生劳动力找不到工作，工人转换工作岗位时出现的工作中断等；②季节性失业，指由于某些行业生产条件或产品受气候条件、社会风俗或购买习惯的影响，对劳动力的需求出现季节性变化而导致的失业；③技术性失业，指由于使用新机器设备和材料，采用新的生产技术和新的生产管理方式，出现局部劳动力过剩而导致的失业；④结构性失业，指由于经济、产业结构变化以及生产形式和规模的变化，促使劳动力结构进行相应调整而导致的失业；⑤周期性失业，指市场经济国家由于经济的周期性萎缩而导致的失业。

课堂讨论

一个人丢了工作，他能在多长时间内保持自雇状态？下面的因素会对他失业持续的时间有何影响？

（1）他有资格领取失业赔偿金。

（2）他已经结婚，妻子有一份高报酬的工作。

（3）他听传言说他所精通的工作的需求量正在上升。

（4）他天生就是自信乐观的人。

（5）他丢掉的工作（由于公司破产，并非他自身的错误导致）是一份很好的工作，充满创造性的挑战，而且有高额报酬。

五、分析失业与通货膨胀的关系

1958 年，经济学家威廉·菲利普斯（Alban William Phillips）发表了题为《1861—1957 年英国失业率和货币工资变化率之间的关系》的文章。其思想迅速发展成为“菲利普斯曲线”。菲利普斯指出，在他研究的时间段里，失业率和平均工资增长率之间存在着一种稳定的关系。货币工资水平增长较慢时，失业率提高；货币工资水平增长较快时，失业率下降（见图 8-3）。这看起来十分有道理。在劳动力需求较高的时候，雇主倾向于提高工资水平，获得和留住他们想要的雇员。在失业率较高的时候，雇主不必如此积极地争夺劳动力，工资水平的增长就会减缓。

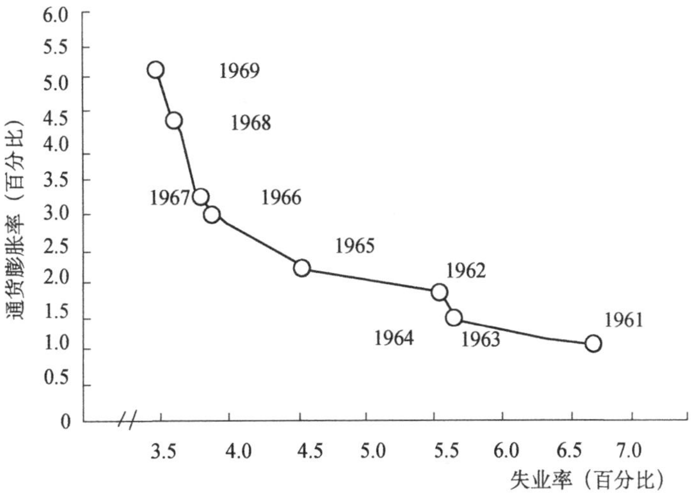

图 8-3　1961—1969 年美国的通货膨胀与失业

但是很快其论点就有所延伸，论点认为，通过实施导致所有价格升高的扩张性货币政策和财政政策，带来货币工资通货膨胀性地增长，从而带来失业率的降低。菲利普斯曲线的后一种论点意在指出通货膨胀率和失业率之间存在一种普遍的权衡关系，一方减少，另一方就会增多。这个结论既不是依据菲利普斯的数据，也不是依据对导致通货膨胀和失业起因的反映。政府的决策制定者故意制造通货膨胀以降低失业率的想法是很危险的。

当经济接近“充分”就业的时候，价格和工资很可能会逐渐上升，事实很可能确实如此。经济系统通常包含很多内部活动：有些行业发展，有些行业衰落，公司起起落落，新的生产技术被引进，需求结构改变，人们进入或离开劳动力人群。因此，只有提供能够让人接受的雇用条件，才能持续地吸引资源从事具体的工作。但是雇主和雇员都没有完备的信息。他们必须搜寻他们想要的，并付出搜寻的成本。

对雇员来说，平均而言，低失业率期间寻找新工作的成本比高失业率期间的成本低。因此，当雇员认为工资不令人满意并开始寻找另一份工作的时候，他们就准备好了要放弃当前的工作。雇主则会发现削减工资是很难的。雇主的搜寻成本在低失业率期间比较高。因此，雇主实际支付的工资比他们愿意支付的工资要高一些，以此来避免耗资大面积搜寻他们想要的新雇员，降低失去现有雇员的风险，要重新雇用这些员工也是花费不菲的。同样的道理也适用于产品市场的价格。当经济运行接近其生产能力，及时获取额外的供给可能很难，因此买方可能愿意支付更高的价格，而不愿意寻找其他供给源。在失业率较高、生产力过剩的时候，卖方会降低价格，因为买主更难找了。

不论我们怎么看，都会得出一致的结论。“充分”就业造就价格和工资的上行；高失业率和生产力过剩的日子带来价格和工资的下移。

该理论的基本论点断言价格和工资变化的方向是对市场松紧的响应。换句话说，就业水平是诱因，价格和工资变化是结果。但是我们不能想当然地认为，充分就业导致通货膨胀，因此通货膨胀带来充分就业。

课堂讨论

假设一个公司在一个 1 万人的小镇上开了一家工厂，雇用 5 000 名工人。为什么你会预计到失业率走低、工资水平上涨，以及住房、劳务等当地出产的商品价格上涨？在这里，小镇的失业率和价格变化之间有何临时性的联系？

六、理解劳动力市场政策

尽管如此，故意提高通货膨胀率的政策还是可能会暂时性地降低失业率的。劳动力人群中的成员失业是因为他们找不到他们认为有足够吸引力的工作机会。蓄意的通货膨胀策略提高了雇主货币工资水平的出价，让工作机会看起来更具吸引力。通货膨胀就是这样降低失业率的。但是工资水平更高的出价只是看起来更加诱人。只要潜在的雇员没有意识到他们现在接受的工作机会实际上不比之前他们拒绝的工作机会好，就业率就会确实上升。但是当雇员发现了事情的真相，即通货膨胀制造了更具吸引力的工资出价的假象，就业率就会回落到之前的水平。失业率的永久性下降是不会发生的，但是经济系统会经历更加决速的通货膨胀。

通货膨胀继续的时间越长，靠通货膨胀的延续（通常是持续加速的通货膨胀率）决定其工作的工人数量就越多——不是因为没有通货膨胀他们就找不到工作，而是因为他们由于通货膨胀被诱入更具吸引力的工作中。但是这种吸引力是暂时性的，通货膨胀减缓或停止之后，这种吸引力就会消失。

通过提高通货膨胀率故意降低失业率的政策需要持续提高通货膨胀率，这样工人的预期总是低于实际的通货膨胀率。这样就能让他们不断地高估提供给他们的货币工资的实际价值。无论如何，该政策假设雇员只关注货币工资水平，而不关注实际的工资水平。这个假设表面上看起来有道理，因为我们知道雇员在确定工资出价是否够高之前，很少有人会查询最近消费价格指数的变化。他们看的是货币工资水平，即名义工资水平。但是一段时间之后，他们还是会发现用工资能买到的东西变少了，他们会调整对工资水平实际价值的认知。

政策是无法建立在工人可以永远被愚弄的假设基础上的，特别是在一个信息充分的社会里。人们从经验中学习，即使他们自己没有密切关注，其他人最后也会告诉他们。20 世纪 70 年代，高失业率和高通货膨胀在美国并存，人们迅速地学会了如何辨别实际的工资增长和仅仅名义上的工资增长。当雇员开始对持续的通货膨胀当真，他们就不会再受假象的蒙蔽，不会再认为货币工资和实际工资是一回事了。

但是假设政府采取了这种办法，然而发现故意制造通货膨胀的政策无法切实地降低失业率，于是决定不再使用这个政策。假设政府已经通过财政和金融等刺激手段制造了通货膨胀，而后决定缓和局面。一段时间之后，总消费可能会非常快地停止增长。制造商们将无法以他们预计的价格出售其商品：存货开始增加，生产减量，失业率上升。最终，销售商们不再预期价格会快速增长，将销售商品的价格下调，同时也将进货价格压低。于是销售又开始复苏，存货下降，生产增量，失业率（缓慢）下降（见图 8-4）。但是这一切不会在一周内或者一个月内发生。试图减缓通货膨胀率而造成的较高的失业率可能是暂时的，但是这种暂时对于下岗的人来说就是很长的一段时间了。

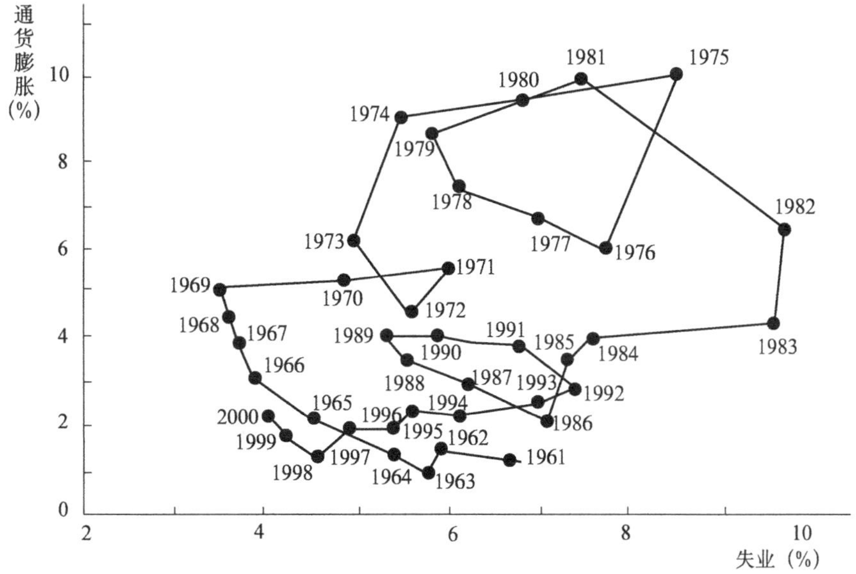

图 8-4　1961 年以来美国的通货膨胀与失业

总的来说，如果持续的失业率接近“正常”失业率，旨在通过提高总需求而提高产量、降低失业率的政府政策就会生效，只要它们能让公众产生错误的预期。这种情况在20世纪60年代后半期曾经出现过。财政和金融扩张政策提高了生产量，降低了失业率，因为公众不知道发生了什么，而且一直低估了成本和价格上涨的速度，这种上涨是当时的政策造成的。但是最终，人们明白了事情的状况，调整了他们的预期和行为：20世纪70年代和80年代初，更多的总需求扩张政策导致了更快速的通货膨胀。但是这次伴随通货膨胀的是高失业率。一旦公众明白了其中的门道。总需求扩张政策带来的只可能是通货膨胀率更快速的增长。

对于政府在抑制或降低失业率方面能做什么和该做什么，经济学家、政治家和普通民众之中有很多争论。很多反对意见源自一个简单事实，即我们无法确实地知道某些政策的后果会是什么样子。反对意见的另一个原因是政府政策带来的往往不只是预期中的后果。

目前政府可以抑制失业率。因为它能够防止或降低商业周期中经济增长率的波动，这个观点得到了人们强烈一致的支持。人们争论的问题是政府官员稳定经济增长率的能力乃至意愿。

政府能够通过适当的劳动力市场政策降低失业率，这个观点也同样得到人们强烈一致的支持。有分歧的问题是，应该实施哪些政策。所有人都支持培训计划，这些计划能够让丢掉工作的人学到相关的技能，让他们找到新的工作。不幸的是，这些能让失业者找到新工作的大规模计划少得可怜，也没有获得多少称赞。

政府可以通过废除失业补偿金来降低失业率，这是一个符合逻辑的假设。这样做会提高每个下岗工人找新工作的成本，因此会缩短他们找工作的周期。对于这种做法，你可能在政治上和伦理上提出你的反对意见。从经济上，反对这种做法的理由是，找工作的周期太短和找工作的周期太长，都会对有价资源造成浪费，且两者造成的浪费一样多。

因为失业，特别是经济衰退造成的失业，大多是错误预期造成的后果，因此，通过改善提供给经济决策制定者的信息的质量，政府可以降低失业率。但是这和我们可以通过改善高校教育质量提高高校学生的毕业率有多大不同呢？也许是不同的，至少多变而又无法预测的政府政策自身对于经济政策制定者来说就是不确定性的主要来源。

我们所说的劳动力市场政策，在国家与国家之间大不相同。失业率也是如此，即使在考虑到不同的计算方法而对其进行了调整之后，也仍是如此。1934年西班牙的失业率，用美国的计算方式粗略计算，得出的结果是24%。部分原因是1991年和1992年的经济衰退。但是大部分原因是政府的政策，比如让西班牙的雇主们几乎无法辞退任何工人，这让他们无法雇用新工人。当前，德国和法国维护受雇工人高工资、长假期和丰厚福利的劳动力市场政策看来深受这些国家选民的推崇。这些政策毫无疑问地降低了这两国雇主所需劳动力的数量，如果所有人都同意这两个国家居高不下的失业率是这些政策造成的，那么关于这些政策的效益和成本，就可以进行一次有建设性的讨论了。但是，很少有重大的经济论战能有明确的结果，一旦你认识到任何能够被顺利解决的问题都不会再带来重大争论，你就不会再对前面这句话感到惊奇了。

课堂讨论

1993 年以来，法国的失业率每年都在 11%以上，而且有时会攀升至接近 13%，尽管这些年来并没有发生过经济衰退。1997 年当选的社会党政府保证实施降低失业率的劳动力市场政策。

（1）新一届政府实施的一项措施要求将每周的工作时间从 39 个小时减少到 35 个小时，但是不降低薪水。超过 20 名雇员的公司必须在 2000 年以前缩短每周工作时间；不足 20 名雇员的公司在 2002 年以前完成该任务。你认为这会降低失业率吗?

（2）政府特别关注年轻人的高失业率，其失业率超过 25%。政府因此实施了一项计划，提供了 35 万个公共机构的职位（在私人机构提供了同样数量的职位，提供职位的雇主可以获得补贴）。所有工人必须至少获得法定的最低工资，即约为平均工资的 65%。为了避免替换掉现有的工人，政府指定了 22 个新兴职业领域，据其所言，旨在填补之前未被满足的需求。这些职位包括房主—租户争议仲裁人、地铁站和学校秩序维持员、警察局接待员等。你认为这会降低年轻人的失业率吗?

七、计算消费者价格指数

消费者价格指数（consumer price index，CPI）是普通消费者所购买的物品与劳务的总费用的衡量标准。在美国，劳工统计局每月计算和公布该数据。当劳工统计局计算消费物价指数和通货膨胀率时，它要使用成千上万物品与劳务的价格数据。为了说明如何编制这些统计数字，我们先考虑消费者只购买两种物品——热狗和汉堡包——的简单经济。下面是劳工统计局所遵循的 5 个步骤。

（1）调查消费者以确定固定的一篮子物品。确定哪些物价对普通消费者是最重要的。如果普通消费者买的热狗比汉堡包多，那么热狗的价格就比汉堡包的价格重要。因此，在衡量社会费用时就应该给热狗更大的权数。劳工统计局通过调查消费者购买的一篮子物品与劳务来确定这些权数。在表 8-1 所列的例子中，普通消费者购买的一篮子物品包括 4 个热狗和 2 个汉堡包。

（2）找出每年每种物品的价格。找出每个时点上篮子中每种物品与劳务的价格。表 8-1 显示了三个不同年份的热狗和汉堡包价格。

（3）计算每年一篮子物品的费用。用价格数据计算不同时期一篮子物品与劳务的费用。要注意的是，在这种计算中只有价格变动，其他保持不变。

（4）选择一年作为基年并计算每年的消费者价格指数。指定（任意）一年为基年，即其他各年与之比较的基准。一旦选择了基年，指数的计算如下：

消费者价格指数=当年一篮子物品与劳务的价格×100/基年一篮子的价格

在表 8-1 的例子中，2008 年是基年。在这一年，一篮子热狗和汉堡的价格的费用是 8 美元。因此，各年的消费者价格指数等于各年的一篮子物品价格除以 8 美元并乘以 100。2008 年的消费者价格指数是 100，2009 年的消费者价格指数是 175，这意味着，基年价值 100 美元的一篮子物品在 2009 年值 175 美元。同样，2010 年的消费者价格指数是 250，表示 2010 年的物价水平是基年物价水平的 250%。

（5）用消费者物价指数计算自上一年以来的通货膨胀率。通货膨胀率是从上一年以来物价指数变动的百分比。这就是说，计算连续两年之间通货膨胀率的方法如下：

第二年的通货膨胀率=（第一年 CPI−第二年 CPI）/第一年 CPI×100%

虽然这个例子通过只包括两种物品把现实世界简化了，但它说明了劳动统计局如何计算消费者价格指数和通货膨胀率。

表 8-1 计算消费者价格指数和通货膨胀率的一个例子

第一步：调查消费者以确定固定的一篮子物品

4 个热狗，2 个汉堡包

第二步：找出每年每种物品的价格

年份	热狗的价格（美元）	汉堡包的价格（美元）
2008	1	2
2009	2	3
2010	3	4

第三步：计算每年一篮子物品的费用

年份	一篮子物品的费用
2008	（每个热狗 1 美元×4 个热狗）+（每个汉堡包 2 美元×2 个汉堡包）=8 美元
2009	（每个热狗 2 美元×4 个热狗）+（每个汉堡包 2 美元×2 个汉堡包）=14 美元
2010	（每个热狗 3 美元×4 个热狗）+（每个汉堡包 4 美元×2 个汉堡包）=20 美元

第四步：选择一年作为基年（2008）并计算每年的消费者价格指数

年份	消费物价指数
2008	（8 美元/8 美元）×100=100
2009	（14 美元/8 美元）×100=175
2010	（20 美元/8 美元）×100=250

第五步：用消费者价格指数计算自上一年以来的通货膨胀率

年份	通货膨胀率
2009	（175−100）/100×100%=75%
2010	（250−175）/75×100%=43%

消费者价格指数不是生活费用的完美衡量指标，这个指数有三个受到广泛承认但又难以解决的问题。

第一个问题称为替代偏向。当价格年复一年地变动时，它们并不都是同比例变动的：一些物品的价格上升得比另一些快。消费者对此的反应是少购买价格上升相对较快的物品，多购买价格上升较慢或者价格下降的物品。如果计算消费者价格指数时假设一篮子物品是固定不变的，就忽略了消费者替代的可能性，从而高估了从某一年到下一年生活费用的增加。

第二个问题是新产品的引进。当引进了一种新产品时，消费者有了更多的选择，这就会减少维持相同经济福利水平的费用。例如，20 世纪 70 年代末，引入录像机后，消费者可以在自己家里看喜欢的电影，这意味着：达到同样福利水平要求的美元量少了。

第三个问题是无法衡量的质量变动。如果一种物品的质量逐年变差，那么，即使该物品的价格保持不变，1 美元的价值也下降了，因为你支付同样的货币量得到的东西变差了。同样，如果一种物品的质量逐年上升，1 美元的价值也就上升了。劳工统计局尽管有相应计算调整，也难以准确衡量。

20 世纪 90 年代发表的几项研究的结论是：消费者价格指数每年高估了 1%的通货膨胀。据此，一些经济学家建议修改美国的社会保障计划。

课堂讨论

解释图 8-5 所示图形中两条曲线的差别。

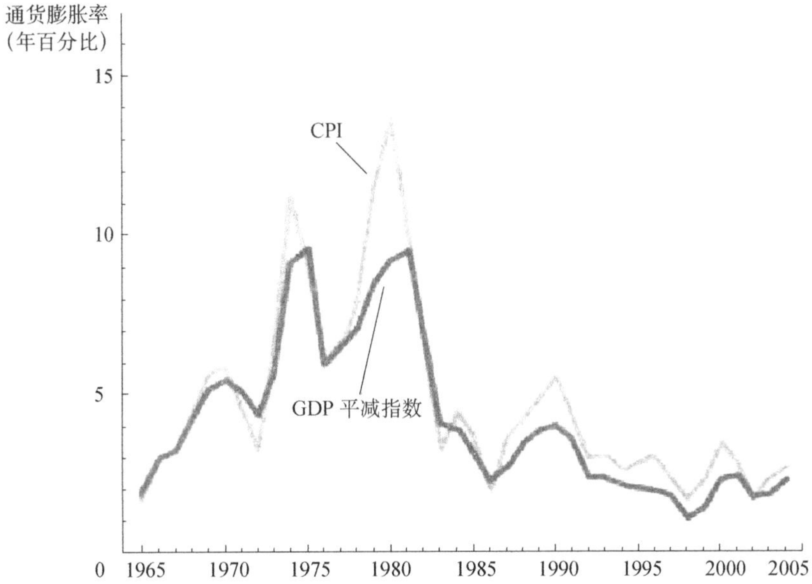

图 8-5 通货膨胀的两个衡量指标

资料来源：U.S. Department of Labor；U.S. Department of Commerce.

注意：名义 GDP 与实际 GDP 的比值为 GDP 平减指数。当年一篮子物品与劳务的价格与基年一篮子物品与劳务的价格的比值为 CPI。

项目小结

1. 很多没有就业的人并不属于劳动力人群，因此他们就不是失业人员。

2. 劳动统计局将所有当前没有就业而且正在积极寻求就业或者等着开始工作或重返工作岗位的人算做失业人口。是决定进入劳动力人群，还是决定不接受某个具体工作机会，都取决于人们对于供选择机会的相对优势的估计。

3. 不同人群的不同失业率不仅仅反映对这些人群劳动力服务的需求不同，也反映不同人群寻找、接受和维持就业的不同成本。

4. 劳动力市场和商品市场有重大区别，其中包括导致劳动力供应量长期高于需求量的一些因素，这主要是由于很多雇主给出的工资水平高于使市场出清的工资水平。

5. 短期内，提高通货膨胀率的政策可以降低失业率。人们的失业应对政策建议并不一致。

6. 消费者价格指数表示相对于基年，普通消费者所购买一篮子物品与劳务的总费用是多少。

7. 由于三个难以解决的问题（替代偏向，新产品的引进，无法衡量的质量变动），消费者物价指数不是生活费用的完美衡量指标。

项目九　分析财政政策和货币政策

学习目标

［知识要求］了解货币的演变历史；了解货币供应量划分。

［技能要求］能够分析财政政策的工具和效果；能够分析货币政策的不足。

［关键术语］财政政策；货币政策；货币供应量。

一、了解货币的演变

从有记载的历史中可以发现，人类个体一直在交易中寻求更多的好处。他们的经验不断地使他们相信稀有的贵金属可以作为最佳的交易媒介。铜、青铜、银和金都经久耐用，既可以分成小块，也可以容易地重新结合，它们的供给有限，而且由于它们的美丽和耐久性，用于其他目的时也是有价值的。它们的一个主要缺点是用贵金属进行支付的人无法轻易确定金属的确实重量和品质。但是政治强权人物在某种程度上解决了这个难题，他们发现将贵金属制作成硬币，能够有利可图。他们获取金条，把它们铸造成特定质量、特定成色的硬币，同时给自己留下一些金属。他们的顾客愿意接受这种克扣，将其称为货币铸造税，因为铸造过的金属拥有确切可知的价值，在交易中比未铸造过的金属更值钱。有些政治人物的头像也在硬币上，相当于免费给自己做广告。在硬币周围轧边（在硬币边上轧出花边）让硬币更合人意，因此也就更值钱，因为轧边让人们很难从流通到自己手里的硬币上刮掉部分金属，从而可以长期确保硬币的价值。

拥有金条或银条的商人或富人开始寻找安全的地方存放金条、银条，大量金条、银条被放到金匠那里，因为金匠有确保贵重物品储存安全的设备。金匠出具的收据可能是纸币的最初形式。买方为什么要不顾麻烦和风险，把金条从金匠的金库里取出来付给卖方呢？反正卖方之后也还是必须要冒着同样的风险和麻烦，再把这些金条存放回金匠那里。为什么不直接把收据给卖方呢？

当商业银行兴起并开始接受金属货币存款时，银行家们很快发现他们可以把存在他们那里的货币借出去一部分，收取利息，因为只有极少数储户会一次性全部提取他们的存款。而且，为什么要借给借款人真实的金币或银币呢？收据一样有用，而且可能还更好用。这就是大部分纸钞的起源。纸钞是一张纸，为了防止伪造，这张纸印刷精美，保证兑给持票人特定数额的金属货币。

如今，很多人会抱怨政府（宣布）把我们所有的货币变成了法定货币。这些人说，我们的纸币根本不是真正的货币，它们是被政府专断地宣布成为货币的纸片。原先私人发行的纸钞不是单纯的法定货币，因为它们是金银的收据，因此有真金实银作为后盾。它们是有价值的。这些反对者们将政府的这种行为视为政府权力的滥用，认为这是一个骗局，政府通过印制钞票供其挥霍，却不顾一个事实，即政府印的钞票越多，公民手上的钞票的价值就越低。

尽管这种说法在某种程度上是正确的，但是它没有看清货币的一个基本事实。没有人，甚至是强权政府，能够仅仅通过法令就能使某种东西变成货币。能使某种东西变成货币的是它实际上作为交易媒介被人们接受并使用。政府确实有权力让它发行的纸币被接受、被使用。例如，它可以宣布，除了自己发行的纸钞，使用任何其他纸钞都是非法的，而且对非法的交易施行重罚。但是一个基本因素没变，任何东西要成为交易媒介，可接受性是其必要条件和充分条件。

真这么简单吗？这里有个小实验，供你思考。假设麦当劳的所有者通知所有的连锁加盟店，给顾客找零时可以用普通硬币和纸币，也可以用巨无霸汉堡券，由顾客自己选择，一张巨无霸汉堡券价值 1 美元，持券者可以在任何一家麦当劳连锁店凭券兑换一个巨无霸汉堡。很多顾客会选择巨无霸汉堡券，因为他们想到以后还会买巨无霸汉堡，而且这种汉堡的价格超过 1 美元。而后，巨无霸汉堡券就会在麦当劳之外进行有限流通。假设你经常在麦当劳吃饭，而我欠你 5 美元。如果我给你 5 张巨无霸汉堡券，你可能会接受。在这种情况下，巨无霸汉堡券的作用就相当于交易媒介。

假设这种汉堡券持续发行很多年，麦当劳从来没有违背一张券换一个巨无霸汉堡的承诺，因此人们对麦当劳完全信任，而这时美元的购买力下降。有些人开始更愿意接受巨无霸汉堡券付款而不是美元付款，因为他们认为巨无霸汉堡券可以长时间保值。这些人当中可能有素食主义者，根本不会去买巨无霸汉堡。然而他们也愿意接受巨无霸汉堡券，因为他们知道其他人愿意接受这种券。足够长的一段时间后，巨无霸汉堡券就会作为交易媒介进行流通，仅仅因为其他人接受它们作为交易媒介，而与其背后的巨无霸汉堡无关了，这是可能的，不是吗？

再假设你要从朋友那里借 20 美元，因为你想买一本新出的小说。他愿意借给你钱，但是刚好手上没有现金。于是他给你写了一张欠条，签上了他的名字。你去学校书店，拿着你想要的书，给收银员递上那张欠条。收银员看了下欠条，认出了你朋友的签名，在收银机上记了账，把欠条放到收银抽屉里，找出零钱递给你。下一位顾客用 50 美元的钞票买 10 美元的东西，收银员对他说："我只有一张 20 美元的欠条，你愿意要这个吗？"随后给这位顾客看你朋友的欠条。他也同样认出了签名，知道你的朋友是个既有钱又有德的人，然后说："当然可以。"这张欠条可以无限期地流通下去，只要看到它的人认识你朋友的签名，了解你朋友的为人，而且知道你的朋友可以随时兑付这张欠条。如果这张欠条足够耐用，在这个社区里流通了很多年，它就可能逐渐被人接受了，仅仅因为每个人都知道它能够被其他人接受。你的朋友制造了一张货币，靠的是人们对他创造的这张纸币的可接受性的信任。

所有这些都是为了引出这样一个真实而重要的论断：我们今天用做交易媒介的东西几乎全部是由有信誉的机构的欠条组成的。美钞，目前是流通货币的较大组成部分，其实都是美国联邦储备银行的欠条——用会计的话来说是负债。联邦储备银行最初建立时，它们的纸钞就被人们接受了，因为它们保证向人们按需支付"合法货币"。

现金有替代品吗？有！在美国，被使用得最广泛的交易媒介不是现金，而是支票存款，即存在金融机构的存款，可以通过写支票的方式转给他人。银行业的人称其为活期存款，因为它可以根据需要随时支取。这些存款也都是欠条或者说负债，是持有存款的特定银行的负债。你的银行欠你的钱，就是你在银行支票存款账户中的钱。美国公司和家庭在大部分交易中都通过支票进行支付，也就是说，告诉他们的银行，银行不再欠他们一定数额的钱了，这部分钱开始欠给支票支付的对象了。整个过程中完全没有货币易手。存入这张支票的银行在其账目上进行登记，支出这张支票的银行也在其账目上进行登记，两者的登记项目数额相等但是性质相反。

美钞和支票存款除了一起构成美国几乎全部的交易媒介之外，两者还有一个共同点，就是它们基本上都是有信誉的机构的负债。为什么这一点这么重要呢？因为这开始显示出在一个社会中控制货币数量的难度。任何一个能够说服人们持有并流通其负债的机构都能够扩大社会中交易媒介的数量。有这种能力的私人机构和公共机构都有能力制造货币。

课堂讨论

密克罗尼西亚雅浦岛上的人们使用巨大的圆形石头作为货币，已经有接近 2 000 年的历史。不同的人拥有自己那部分的石头。

（1）石头破了就没有价值了，而且石头很重，所以人们把较大的石头留在原地，只关心所有权的变更。这和用支票作为支付手段有何类似？

（2）有些石头列队放在村子的“银行”里。假设住在“银行”隔壁的人被委托负责记录谁拥有每块石头的哪个部分。这个人如何利用自己的职位放贷，从而扩大雅浦岛上的货币数量呢？

二、了解货币供应量

货币供应量，是指一国在某一时期内为社会经济运转服务的货币存量，它由包括中央银行在内的金融机构供应的存款货币和现金货币两部分构成。世界各国中央银行货币统计口径不完全一致，但划分的基本依据是一致的，即流动性大小。所谓流动性，是指一种资产随时可以变为现金或商品，而对持款人又不带来任何损失。货币的流动性程度不同，在流通中的周转次数就不同，形成的货币购买力及其对整个社会经济活动的影响也不一样。

一般来说，中央银行发行的钞票具有极强的流动性和货币性，随时都可以直接作为流通手段和支付手段进入流通过程，从而影响市场供求关系的变化。商业银行的活期存款，由于可以随时支取、随时签发支票而进入流通，因此其流动性也很强，也是影响市场供求变化的重要因素。有些资产，如定期存款、储蓄存款等，虽然也是购买力的组成部分，但必须转换为现金，或活期存款，或提前支取才能进入市场购买商品，因此其流动性相对较差，它们对市场的影响不如现金和活期存款来得迅速。

中央银行一般根据宏观监测和宏观调控的需要，根据流动性的大小将货币供应量划分为不同的层次。中国现行货币统计制度将货币供应量划分为三个层次：

1. 流通中现金（M0），指单位库存现金和居民手持现金之和，其中“单位”指银行体系以外的企业、机关、团体、部队、学校等单位。

2. 狭义货币供应量（M1），指M0加上单位在银行的可开支票进行支付的活期存款。

3. 广义货币供应量（M2），指 M1 加上单位在银行的定期存款和城乡居民个人在银行的各项储蓄存款以及证券公司的客户保证金。其中，中国人民银行从2001年7月起，将证券公司客户保证金计入广义货币供应量M2。

银行制造货币并不是靠印制更多的纸币来制造的。假设你从第一国民银行申请了一笔 500 美元的贷款，获得了批准。贷款人员会以你的名字写一张 500 美元的存款单，提款，然后把存款单给出纳，出纳会把 500 美元计入你的支票存款账户。货币存量于是就会增加 500 美元。与大多数人的想法相反，银行并没有从别人的账户里把这500美元拿出来借给你。如果银行这么做，那个人一定会投诉的。银行制造了500美元借给你。

但是这 500 美元真的是货币吗？我们假设你借钱是为了买电脑。如果你去电脑销售商店，给商店写了一张 500 美元的支票，店员会让你带着你想要的电脑走出商店。这就是最有说服力的证据，证明你的存款确实是货币。随后，这家商店的财务人员会拿着你的支票去这家店的银行，将支票存入，这家店的支票存款账户上会多一条增加了500美元的记录。这家银行会把这张支票寄给联邦储备的支票清算系统。这家银行在其所在区的联邦储备银行的存款账户上会多一条增加了500美元的记录，你的银行会从其账户上扣除500美元。联邦储备银行随后会把支票寄到你的银行，抵消它欠你的债务：也就是先前贷入你账户的500美元。但是这些事情在发生的时候，流通中的货币总量没有下降，因为你的银行制造的500美元仍然存在——现在在电脑销售商店的支票存款账户上。

为什么银行愿意制造500美元给你？因为你给了银行你自己的欠条，一个信得过的承诺，保证在未来某个特定日期还给银行500美元外加利息。为什么银行能够制造500美元给你？因为人们愿意接受其活期存款负债，并且愿意将负债用做交易媒介。私人机构有能力说服人们持有并流通其负债，商业银行是最好的例子。这就是它们为什么能够制造货币。

你会说，事情当然不能这么简单。看上去好像你在地下室里有个自己的印钞机。我们都希望能够制造货币，这比努力工作赚钱要容易得多。银行怎么能做成，而你就做不成呢？如果确实如此，流通中的货币数量不会一直增加，直到货币不再有任何价值吗？如果有这等好事，为什么银行不一直这么做呢？

这里有另外一个问题：当你偿还贷款的时候，货币数量有变化吗？假设你已经建立了自己的货币存量，不管是你支票存款账户里的活期存款还是你饼干筒里的钞票，你能在贷款到期的时候偿还本金和利息了。贷款到期的日子到了，你带着 575 美元去了银行，这是欠银行的，以美钞的方式。当你把钱交给银行，流通货币就减少了 575 美元。记住钞票只有在银行系统之外持有时才叫货币。

如果你的支票存款账户里有 575 美元，这是很有可能的，你给银行写了一张 575 美元的支票。银行从你的活期储蓄余额中减掉 575 美元，这时货币存量下降 575 美元。因此银行借出贷款的时候制造了货币，当顾客偿还贷款的时候销毁了货币。所以，在银行借出新贷款的速度比老贷款被偿还的速度快时，流通中的货币总量就会增加，反之，流通中的货币总量就会减少。

如果一个社会里银行的放贷行为没有法律的严格规范，那么对于银行无限制地制造货币的唯一限制就是其保持自己信用的能力了。只要人们对银行的负债有信心，也就是说，只要人们相信银行在被要求的时候愿意而且也能够还债，那么银行就可以通过制造负债来制造货币。如果在某个银行有支票存款账户的人们开始怀疑银行是否能在被要求时还债，他们就会决定要收取债务了。人们会冲进银行，要求支付债款。用什么方式呢？方式就是他们仍然信任的其他机构的负债，比如联邦储备银行。假设你在你的支票存款账户里确实有 237.28 美元。如果你是怀疑者中的一员，你会把这 237.28 美元取出来，换成美钞，237 美元外加 1 枚 25 美分的硬币和 3 枚 1 美分的硬币。记住：你的银行存款是银行的负债，是银行欠你的债。

你的这个行为不会改变流通货币的数量。因为货币供给不包括银行系统内部持有的钞票和硬币。当你关闭了你的支票存款账户，活期存款形式的货币数量会减少 237.28 美元，而流通中的钞票形式的货币数量会增加 237.28 美元。但是如果该银行全部或大部分其他储户都开始怀疑银行按要求还债的意愿和能力，你的行为加上这些人的行为会让银行金库里的钞票被全部取光。迫使银行请求该地区的联邦储备银行给予更多的补给。联邦储备银行为你的银行做的事和你的银行为你做的事一样。联邦储备银行会按照该银行的要求，把相应数量的美钞交给该银行，在你的银行在联邦储备银行持有的存款中减去相应的数额。一种情况是，如果该银行在联邦储备银行的存款足够多，能够得到足够的美钞满足心存疑虑的储户的要求，那么对该银行的“挤兑”就结束了。另一种情况是，如果在联邦储备银行账户里的储蓄都耗尽了，该银行还是没有满足储户的要求，那么储户们的怀疑就被证实了，银行被证明没有能力偿还债务，它将被迫破产。

因此，限制不受管制的银行无限地制造货币的是它维持储户信任的能力，银行需要让储户相信它能够而且愿意按要求将储蓄负债转换成公众更为信任的其他形式的货币，在上面的例子中，是美钞。在其他条件保持不变的情况下，银行制造的货币越多，它满足储户需求的能力就越低。原因很简单，制造货币的过程会给银行带来更多的负债，除非储户把这些钱支付给在其他银行存款的人——就像你在电脑销售商店经历的一样。但是这对银行来说不是好结果，因为，你想想，联邦储备银行“清算”了你的支票，把钱从你的银行账户里取出来，放到了电脑销售商店在另一家银行的账户中。这让你的银行丧失了部分储备，不然的话，这部分储备可以用来满足储户提现的需求。银行制造货币向外出借是想赚取利息。因此，银行必须在获得额外收益的渴求和维持储户信任的需求之间维持平衡。

课堂讨论

任何时候，都有一些印刷好的美钞①在公众的钱包里；②在商业银行的金库和现金抽屉里；③在联邦储备银行的金库里。上述各种情况下的美钞如何进入或者影响货币供给总量？

三、如何控制货币量

（1）公开市场业务

这是目前中央银行控制货币供给最重要也是最常用的工具，是中央银行在金融市场上买卖政府债券来控制货币供给和利率的政策行为，是目前多数发达国家（更准确地说是大多数市场经济国家）中央银行控制货币供给量的重要和常用的工具。

在美国，货币政策是由联邦储备体系中的公开市场委员会决定，由公开市场办公室具体实施的。这些被初次卖出的债券在普通居民、厂商、银行、养老基金等单位中反复不断地被买卖。联储可参加这种交易，在这种交易中扩大和收缩货币供给。当联储在公开市场上购买政府债券时，商业银行和其他存款机构的准备金将会以两种方式增加：如果联储向个人或公司等非银行机构买进债券，则会开出支票，债券出售者将该支票存入自己的银行账户，该银行则将支票交联储体系作为自己在联储账户上增加的准备金存款；如果联储直接从各银行买进债券，则可直接按债券金额增加各银行在联储体系中的准备金存款。

当联储售出政府债券时，情况则相反，准备金的变动就会引起货币供给按乘数发生变动。准备金变动了，银行客户取得信贷变得容易或困难了，这本身就会影响经济，同时，联储买卖政府债券的行为，也会引起债券市场上需求和供给的变动，因而影响到债券价格以及市场利率。有价证券的市场是个竞争性的市场，其价格由供求关系决定。

当中央银行要购买债券时，对债券的市场需求就增加，债券价格会上升，而债券价格的上升，就意味着利率下降；反之亦然。

公开市场业务之所以能成为中央银行控制货币供给最主要的手段，是因为运用这种政策手段有着比用其他手段更多的灵活性。例如在公开市场业务中，中央银行可及时地按照一定的目标来买卖政府债券，从而比较易于准确地控制银行体系的准备金。如果中央银行希望大量地变动货币供给，就可以根据改变量的规模来决定买进或卖出政府债券的数量；如果中央银行只希望少量地变动货币供给，就可以用少量的债券买卖来达到目的。由于公开市场操作很灵活，因而便于为中央银行及时用来改变货币供给变动的方向，变买进债券为卖出债券，立即就有可能使增加货币供给为减少货币供给。中央银行可以连续地、灵活地进行公开市场操作，自由决定债券的数量、时间和方向，而且中央银行即使有时会出现某些政策失误，也可以及时得到纠正，这是贴现率政策和下面即将论述的准备金率政策所不可能有的长处。公开市场业务如图 9-1 所示。

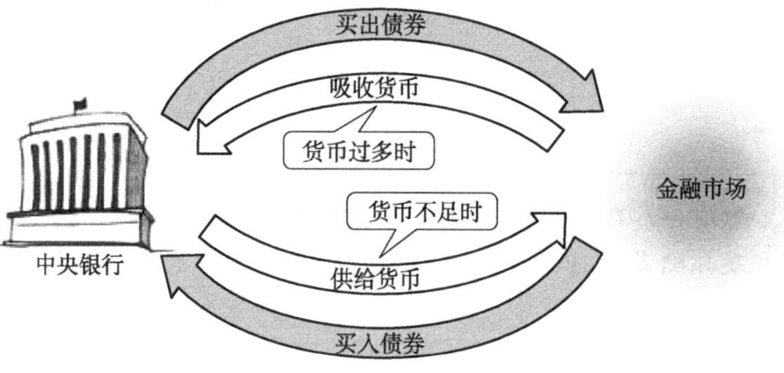

图 9-1　公开市场业务

（2）调整再贴现率

再贴现率是商业银行将其贴现的未到期票据向中央银行申请再贴现时的预扣利率。再贴现意味着商业银行向中央银行申请贷款，从而增加了货币投放，直接增加货币供应量。再贴现率的高低不仅直接决定再贴现额的高低，而且会间接影响商业银行的再贴现需求，从而整体影响再贴现规模。

在美国，当前采用的主要办法是银行用自己持有的政府债券作担保向联邦储备银行借款。所以现在都把中央银行给商业银行的借款称“贴现”。中央银行作为最后贷款者，主要是为了协助商业银行及其他存款机构对存款备有足够的准备金。如果一家存款机构（主要指商业银行）的准备金临时不足，比方说某一银行客户出乎意料地要把一大笔存款转到其他银行时，就会临时出现准备金不够的困难，这时该银行就可用它持有的政府债券或合格的客户票据向当地的联邦储备银行的贴现窗口（办理这类贴现业务的地点）办理再贴现或申请借款。

当这种贴现或借款增加时，它意味着商业银行准备金增加，进而引起货币供给量多倍增加。当这种贴现减少时，会引起货币供给量多倍地减少。贴现率政策是中央银行通过变动给商业银行及其他存款机构的贷款利率来调节货币供应量。

贴现率提高，商业银行向中央银行借款就会减少，从而货币供给量就会减少，贴现率降低，向中央银行借款就会增加，从而货币供给量就会增加。但实际上，美联储并不经常使用贴现率来控制货币供给，因为贴现窗口的主要作用是对临时发生的准备金不足作适当调整。根据美联储的规定，银行不能依赖贴现窗口进行超过一个较短时期的借款，但它们确实需要时也可续借。调整再贴现率如图 9-2 所示。

图 9-2　调整再贴现率

对于超过个较短的时期的借款，银行可以向有超额储备的其他银行去拆借。正因为贴现窗门主要用于满足银行临时准备金不足，因此，目前变动贴现率在货币政策中的重要性和早先相比已大大减弱。事实上。银行和其他存款机构也尽量避免去贴现窗口借款，只将它作为紧急求援手段，平时稍加利用，以免被人误认为自己财务状况有问题。每个储备银行的贴现窗口也执行联储关于银行和存款机构可以借款的数量和次数的规定。还需指出，通过变动贴现率控制货币供给本身也存在一些问题，例如，当银行十分缺乏准备金时，即使贴现率很高，银行依然会从联储贴现窗口借款。可见，通过贴现率变动来控制银行准备金效果是相当有限的。事实上，再贴现率政策往往作为补充手段而和公开市场业务政策结合在一起执行。

此外，再贴现率政策不是一个具有主动性的政策。因为，中央银行只能等待商业银行向它借款，而不能要求商业银行这样做。如果商业银行不向中央银行借款，那么，贴现率政策便无法执行了。

（3）调整法定准备金率

所谓活期存款，是指不用事先通知就可随时提取的银行存款。虽然活期存款可随时提取，但很少会出现所有储户在同一时间取走全部存款的现象。因此，银行可以把绝大部分存款用来从事贷款或购买短期债券等盈利活动，只需要留下一部分存款作为应付提款需要的准备金就可以了。这种经常保留的供支付存款提取用的一定金额，称为存款准备金。在现代银行制度中，这种准备金在存款中起码应当占的比率是由政府（具体由中央银行）规定的。这一比率称为法定准备金率。按法定准备金率提留的准备金是法定准备金。法定准备金部分是银行库存现金，另一部分存放在中央银行的存款账户上。由于商业银行都想赚取尽可能多的利润，它们会把法定准备金以上的那部分存款当作超额准备金贷放出去或用于短期债券投资。正是这种比较小的比率的准备金来支持活期存款的能力，使得银行体系得以创造货币。下面举个例子来说明这一点。

假定法定准备金率为 20%，再假定银行客户会将其一切货币收入以活期存款形式存入银行。在这种情况下，甲客户将 100 万美元存入自己有账户的 A 银行，银行系统就因此增加了 100 万美元的准备金。A 银行按法定准备金率保留 20 万美元作为准备金存入中央银行，其余 80 万美元全部贷出，假定是借给一家公司用来买机器，机器制造厂乙得到这笔从 A 银行开来的支票又全部存入与自己有往来的 B 银行，B 银行得到这 80 万美元支票存款后留下 16 万美元作为准备金存入中央银行，然后再贷放出 64 万美元，得到这笔贷款的丙厂商又会把它存入与自己有业务往来的 C 银行，C 银行留其中 12.8 万美元作准备金存入自己在中央银行的账户上，然后再贷出 51.2 万美元。由此，不断存贷下去，各银行的存款总和是：100+80+64+51.2+…=100/（1−0.8）=500（万美元）。

从以上例子可见，存款总和（用 D 表示）同这笔原始存款（用 R 表示）及法定准备金率（用 rd 表示）之间的关系为：$R/\mathrm{rd}=D$。

上面例子中这笔原始存款假定来自中央银行增加的一笔原始货币供给，则中央银行新增一笔原始货币供给将使活期存款总和（亦即货币供给量）扩大为这笔新增原始货币供给量的 1/rd 倍。上例中就是 5 倍，1/rd 称为货币创造乘数，用 k 表示的话，则 $k=1/\mathrm{rd}$，它是法定准备金率的倒数。若法定准备金率是 0.2，则 $k=5$。调整法定准备金率如图 9-3 所示。

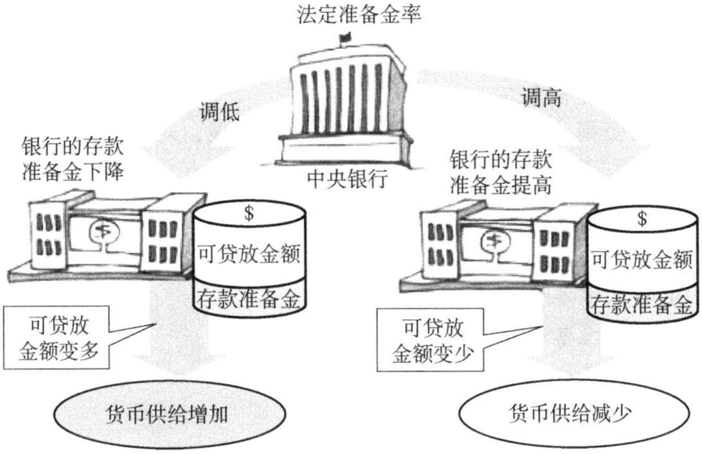

图 9-3　调整准备金率

中央银行有权决定商业银行和其他存款机构的法定准备金率，如果中央银行认为需要增加货币供给，就可以降低法定准备金率，使所有的存款机构对每一笔客户的存款只要留出更少的准备金。反过来说，让每一美元的准备金可支撑更多的存款。假定原来法定准备金率为 20%，则 100 美元存款必须留出 20 美元准备金，可贷金额为 80 美元，这样，增加 1 万美元的准备金就可以派生出 5 万美元的存款。若中央银行把法定准备金率降低到 10%，则 100 美元存款只需 10 美元准备金就行了，可贷金额为 90 美元，这样，增加 1 万美元的准备金就可以派生出 10 万美元的存款，货币供给就因此增加了一倍。

可见，降低法定准备金率，实际上等于增加了银行准备金，提高法定准备金率，就等于减少了银行准备金。从理论上说，变动法定准备金率是中央银行调整货币供给最简单的方法。然而，中央银行一般不愿轻易使用变动法定准备金率这一手段。这是因为，银行去向中央银行报告它们的准备金和存款状况时有个时滞，因此今天变动的准备率一般要过一段日子以后（比方说两周以后）才起作用。再说，变动法定准备金率的作用十分猛烈，一旦法定准备金率变动，所有银行的信用都必须扩张或收缩。因此，这一政策手段很少使用，一般几年才改变一次法定准备金率。如果法定准备金率变动频繁，会使商业银行和所有金融机构的正常信贷业务受到干扰而无所适从。

上述三大货币政策工具常常需要配合使用。例如，当中央银行在公开市场操作中出售政府债券使市场利率上升（即债券价格下降）后，正如上面已经说过的那样，再贴现率必须相应提高，以防止商业银行增加贴现。于是，商业银行向它的顾客的贷款利率也将提高，以免产生亏损。相反，当中央银行认为需要扩大信用时，在公开市场操作中买进债券的同时，也可同时降低再贴现率。

货币政策除了以上三种主要工具，还有一些其他工具，例如道义劝告，是指中央银行运用自己在金融体系中的特殊地位和威望，通过对银行及其他金融机构的劝告，影响其贷款和投资方向，以达到控制信用的目的。如在衰退时期，鼓励银行扩大贷款；在通货膨胀时期，劝阻银行不要任意扩大信用，也往往会收到一定的效果，但由于道义劝告没有可靠的法律地位，因而并不是强有力的控制措施。

课堂讨论

看待美联储改变全国 M1 货币供给能力的一种方式，是看它对整个银行系统中的超额准备金造成的影响。简而言之，任何增加超额准备金的东西都能提高货币供给，任何降低超额准备金的东西都能减少货币供给。按照这种观点，如果联储采取如下措施，银行系统的超额准备金会有什么变化？

（1）降低法定存款准备金比率；

（2）提高法定存款准备金比率；

（3）大量买进美国政府债券；

（4）大量卖出美国政府债券。

四、实践中的货币政策

从货币均衡的角度看，货币政策的目标（联储的任务）应该是保持货币供给数量和货币需求数量的均衡，从而争取货币的中立性。这就会产生大众所谓的价格稳定——即通货膨胀或通货紧缩的零（或非常低的）水平。换句话说，这能保持货币购买力的稳定。同等重要的是，这不会产生相对的价格混乱，导致系统性的货币错误计算、无法持续的繁荣和不可避免的衰退萧条。

需求通常是指人们希望在一个特定时期以不同价格购买一定数量的该事物。以果酱为例，价位高，人们就会购买其他东西作为果酱的替代品；价位低，人们会频频用果酱作为其他商品的替代品。但是，如果我们把上面句子里的“果酱”换成“货币”，会是什么意思呢？如果我们记得以下两点，这些句子就会有很重要的意义：①货币和收入不一样；②对果酱的需求是一种购买和消费的需求，对货币的需求是一种持有资产的需求，不是“消费”的需求。

如果你把货币等同于货币收入，你就无法理解货币需求的概念。货币收入是一种流量，所以必须总是和某段时间放在一起叙述：每小时 8 美元，每个月 1 600 美元，每年 24 000 美元。但是货币自身是一种存量：是存在于某个时间的一定的数量。因为存量的大小每天都会变化，我们只能在某个时间点衡量它。人们持有的货币数量（存量）通常和人们定期获得的货币收入数量（流量）密切相关。但是这两者，一个上升时另一个下降。这肯定是可能的。

现在让我们假设你每周工作 20 小时，报酬每小时 8 美元。也就是每周赚取 160 美元的货币收入。你决定花更多的时间学习，所以你把工作时间缩减到每周 15 小时，你的收入也随之减少到每周 120 美元。如果同时你把每周的开销减少 40 美元以上（为了增加学习时间，你取消了很多娱乐活动），那么即使你的收入减少了，你持有的货币存量也会增加。

我们说货币需求是一种持有货币的需求，而不是消费货币的需求。在这方面，货币不是独一无二的。很多商品通过持有产生效益，例如艺术品、股票和房屋。因此，对这些商品的需求可以被理解成为持有此类商品的需求，而不是要把它们“用掉”。持有艺术品、公司股票或房屋如何能够产生效益，这一点很清楚。但是货币不光在花费的时候产生效益（买到想买的东西），在持有的时候也会产生效益。如果不是这样，就不会有人持有货币了。当持有货币时，我们牺牲了我们花钱购买下来的商品可以给我们带来的效益、政府债券的利息、一部好电影带来的愉悦、一个舒服的扶手椅带来的松弛。如果当前的商品比未来的更有价值，为什么人们不立刻花掉他们货币收入呢？这恰恰意味着持有货币可以产生有价值的效益，其价值足以说服人们持有他们手中的货币。简单地说，这种效益是具有灵活性的。货币是社会中最具流动性的资产。货币需求是对流动性的需求。

公众实际持有的货币数量就是货币供给数量。这一点很简单，但是很重要，一定要记住。根据其定义，不论何时，不论如何衡量，货币存量的大小应该与公众当时持有的货币结余数量相等。但实际货币结余可能与期望货币结余不相等。如果在公众满意现有货币持有量的时候，货币存量上升，有些人就会采取行动，把货币结余减少到他们期望的水平。如果在公众不满意现有货币持有量的时候，货币存量下降，他们会想办法把货币结余提升到之前的水平。他们会改变他们的收入与支出之间的关系，或者改变他们资产的构成，如把公司股票换成货币或把货币换成政府债券，这样就能够完成上述调整。

货币需求的概念意味着，如果公众已经持有期望持有的货币数量，这时把超额的货币供应给他们，他们就会试图将这些超额货币交换成其他商品。这不会提高货币总需求量，而是会提高商品总需求量。只要人们对新商品的购买一直增加，GDP 就会这样持续上升；只要人们持有的货币仍然超过他们期望持有的数量，他们的购买就会持续增加。

注意：个体试图通过增加自己的开销，提高别人的货币持有量，而减少自己的货币持有，这并没有降低货币存量。公众试图降低货币结余，是不可能成功的，因为所有供给的货币一定会被某人持有。让我们假设一对夫妇为了购置新的客厅家具向银行借钱。他们购买家具时，将银行划到他们账上的贷款数额转到家具商店老板那里。家具零售商接着会做什么呢？他们会说：“太好了！我们卖掉了一张躺椅和两把椅子。生意不错。但是我们的家具存货减少了，我们最好用刚挣的这些钱补充存货。”于是他们（高兴地！）把钱给他们的供应商，供应商愉快地接受这些钱，在供应商那里会重复与家具零售商同样的一番推论。

货币需求会随着金融实践的变化而变化，比如更多信用卡的使用，或者电话转账系统的建立，让资金从一种银行存款更方便地转换成另一种。但是金融实践通常发展缓慢，因此大众对于货币结余期望的变化也很缓慢。所有这些都与稳定的货币需求相一致。

有一些事可以打乱这种稳定。假设货币管理部门宣布要快速、大量、持续地增加货币存量。大众立刻会得出这样的结论，货币购买力将要大幅下跌，他们要想办法把货币换成其他资产。当然这会提升其他资产的价格，降低货币的价值，加深人们对持有货币的焦虑感。面对货币管理部门不负责任的言行，货币需求将会下降。家庭决定改变正在考虑中的较大的购买计划。他们会想，如果发生经济衰退，价格会下降，他们就可以花比现在更少的钱买到他们想要的东西。企业也会想：“让我们等等看。我们不想投资失误。”这种在收入没有减少的情况下做出的减少开支的决策带来了货币需求的增长。

如果各种股票价格指数大幅下降，比如道琼斯工业股票价格指数，你预计会对货币需求有何影响？那些特有大笔股票的人会认为自己的财富比原来少了。因此他们可能会更不愿意花钱。他们可能也不愿意把没有花的钱投到股票市场里去，他们怕股市会进一步下跌。在寻找其他替代资产的时候，有些人决定增加持有的货币结余。于是货币需求就可能随之上升。

在所有这些情况下，联储的任务是通过改变货币供给量适应公众货币需求的变化。注意，打个比方，如果在人们对货币持有的需求增长的时候，联储无法提供更多的货币数量，会发生什么情况？那些想要持有更多货币结余的人必须减少开支或者卖掉其他资产，才能获得更多货币。减少开支会减少其他人的收入，那么其他人也必须随之减少开支以维持他们自己的货币结余水平。如果没有更多的货币提供，这种普遍的、持有更多货币的需求会引发人们卖掉股票、房地产等其他资产，增加货币结余，如果大部分人同时想要达到这个目标，可能导致资产价值的严重跳水，使得人们的财富减少，这会说服人们减少开支，避免最后造成上述结果。这种支出螺旋式下降最终将导致经济衰退。程度够深的经济衰退会让人们的财务状况更加恶化，以至他们再也不想增加他们的货币持有量了，这样，这种螺旋式下降就停止了。如果在公众想要持有更多货币的时候，联储增加了可供应的货币，它就在某种程度上为经济系统抵挡了造成产出和价格波动的压力。

如果联储提供的货币多于公众期望持有的数量，或者在货币需求降低时无法减少流通中的货币存量，它就面临引发通货膨胀的风险。公众对于通货膨胀的恐惧很可能比应该有的恐惧大，因为公众通常无法把生活成本的实际上升和货币购买力的单纯下降区分开来。另外，通货膨胀提高了经济政策制定者的不确定性，而不确定性是导致经济衰退的基本因素。因此最好不要让通货膨胀发生。

在财经媒体上，你能够看到“关键利率”一词，这个“关键利率”在美国是联邦基金利率，这是商业银行借给另外商业银行的准备金的利率。美联储无法像制定贴现率那样直接制定联邦基金利率，贴现率是联储借钱给商业银行的利率，联邦基金利率是根据供给和需求制定的。这个供给和需求是指银行准备金的供给和需求，联储可以精确地控制其数量。因此，如果联储决定将联邦基金利率降低 0.25%，它会指令人员买进更多的政府债券。这意味着联储把更多的准备金注入到银行系统中。联储获得更多资产，其表现形式是美国政府债券，接纳新的负债，其表现形式是商业银行在联邦储备银行持有的存款。

这自然会引出一个问题，货币政策影响经济活动，是通过控制货币供给还是通过控制利率？这很难说，因为美联储要通过改变银行准备金、银行放贷、流通货币数量这一步步的程序影响利率。另外，联储要降低联邦基金利率，制造出更多的准备金。这会增加银行信贷供给，减轻银行贷款利率的压力。如果企业或者更小范围内的家庭能够更便宜地借到钱，它们应该会希望借更多钱，花更多钱。这样，降低联邦基金利率可以在不改变货币供给数量的情况下刺激支出。但是由于银行放出的新贷款的总量就是新制造的货币总量，所以较低的利率和较高的货币数量永远不能完全分开。联储希望控制货币数量，但是认识到它无法进行精确控制，于是把联邦基金利率作为最佳的瞄准目标，以瞄准它无法观察到的目标：货币供给量和货币需求量相等。

经济大萧条后的很多年里，经济学家当中的一个压倒性观点是，即使货币政策在阻止通货膨胀方面有效果，在对抗经济衰退方面也大多是无效的。这可以用绳子上的气球来对比。你可以靠拉绳子阻止气球上升，但是你不能靠推绳子让气球上升。

货币管理部门可以增加银行系统的超额准备金，但是无法迫使商业银行增加放贷，从而把准备金转变成货币。另外，如果公众对于制造出的更多货币存量的回应是增加他们的货币结余，那么就不会导致支出增长。在经济衰退期间，大多数人往往更为悲观，更为谨慎。银行在发放贷款前对潜在借款人的审查力度更大，拒绝贷款到期之后的续借。借款人对于申请贷款的渴望减少了，因为短期利润的前景看来不佳。人们找法子增加他们的资产流动性来作为预防手段。对于价格降低的预期也增加了公众对于持有货币的期望，公众不再希望持有价值相对于货币很有可能会下跌的资产。

简而言之，经济衰退会造成信任危机，让人们持有大笔现金的要求激增，从而使经济衰退恶化。货币管理部门会发现自己很难满足人们的这种要求，或者很难诱导人们开支他们的闲钱。在这种情况下，中央银行为了阻止经济衰退或刺激经济恢复做出的努力就很像在推气球的绳子。

五、实践中的财政政策

中央银行或其他政府机构是否有办法说服人们借贷或者支出呢？一个办法是增强家庭和企业决策制定者的信心。这就是为什么政府官员总是喜欢讨论经济的未来，喜欢预测繁荣的延续，只在讨论过去的时候才使用“经济衰退”这个词。政府采取强力措施恢复繁荣的纯粹信念足以恢复信心，即使没有人知道这些措施是什么。任何未来增税的征兆都肯定会打击信心。20 世纪 30 年代，富兰克林•罗斯福一再承诺，只要条件允许就会通过增税来平衡联邦预算，其意图是要确保他的极端保守观点下的商业社会。但是它们被更多地解读为威胁而不是承诺。财政政策的运用如图 9-4 所示。

当与低税收的确定无疑的好处相对时，预算平衡的好处确实显得苍白了。在恐慌和胆怯时增加借贷和支出的一个更直接的办法是政府自己借贷和支出。如果政府借出中央银行通过货币政策制造的准备金，并将其花在值得的项目上，财政政策就会有助于可能无力的货币政策。财政政策就是预算政策。这个词在此处的上下文中是指利用政府预算使总支出达到期望的水平。

财政政策最有影响力的倡导者是英国经济学家约翰•梅纳德•凯恩斯，他生于 1883 年，卒于 1946 年。他的职业生涯丰富多彩，他做过投资家、编辑、教师、作家、政府公务员和重建国际金融系统的设计师。但是直到如今他还能被人们记得，主要是由于他在 1936 年年初出版的一本书，那时正处于经济进入萧条的中期，书的名字是《就业、利息和货币通论》，简称《通论》，但是没有人清楚它的根本信息是什么，至今关于他的意图的争论还在继续。但符合凯恩斯理论的基本政策很快成为补救经济衰退的财政政策，或者说是凯恩斯自己所说的“举债支出”。政府借贷，支出货币。

凯恩斯不强调改变税率。但这是另外一种实施财政政策的方法。由于总支出取决于家庭和企业支付的税款或期望支付的税款。政府可以通过提高或降低税率改变支出水平。这不如举债支出那么直接，它对支出的影响也不那么容易预测。

对很多观察家来说，1940—1944 年的“财政改革”体现了财政政策的力量。家庭和企业支出水平低，政府应对怯懦，导致经济萧条长达 10 年之久，之后，第二次世界大战实际上迫使政府产生巨额预算赤字。政府支出增长的速度比税收增长的速度快得多，经济复苏也令人瞩目。一旦政府的巨额支出恢复了经济繁荣，私人支出就能够在战后政府支出大幅下跌的时候充分发挥作用。至少，这件事是凯恩斯主义者起头的。

图 9-4 财政政策的运用

没有人怀疑货币政策和财政政策的恰当组合能够改变总支出。但是这能够降低总量波动吗？能够防止或减少经济衰退的严重影响和货币购买力的变化吗？这就是疑问的开始。

如果总量需求管理要成为一个有效的稳定手段，掌握时机绝对是至关重要的。但是出于若干原因，对于财政或货币政策来说，要做到适当掌握时机是异常困难的。下面以美国为例说明。

首先，我们总是在很久以后才知道总量需求是升还是降。经济系统没有配备速度计量表，可以告诉我们任何时候它的运行速度。我们只有在一个季度结束时才会知道该季度 GDP 的表现。即使这样，经济分析局提供的数字也是高度不确定的，需要在这个季度结束后一个月甚至更长的时间后更多、更准确的数据可以提供时，进行大幅修订。

更糟糕的是，即使我们可以在任何时候确切地知道我们所处的位置，这也是不够的。那些执行货币和财政政策的人必须知道我们将要处于什么位置，因为今天的行动必须针对弥补将来总量需求的不足或过剩。稳定政策不可避免地要建立在预测的基础上，短期经济预测远非一门精确的科学，甚至连一门靠得住的技术都不是。

其次，我们无法预测一项货币政策或财政政策要花多长时间才能生效。对这些延迟时间的估计从几个月到几年不等，旨在明确生效时间分布的勤奋的研究工作并没有取得可行的一致结果。这些延迟甚至还会变化成我们无法预测的形式，在这种情况下，经济学家想要测量的实际上是没有标准长度的东西。有理由假设货币或财政政策的行动和效果之间的时间延迟不是可以测量和作为依据的常量。

毕竟，这些行动的效果取决于企业和家庭是如何认识其自身的不确定的未来的。政府行动减少了部分不确定性，但是也增加了其他的不确定性：政府行动当然无法让人们带着对未来完全的信心开始做计划。同时，商业银行的经营程序，商业企业的支付行为，家庭和公司对于持有各种形式的资产的好处的理解，国际货币交易，甚至公众对于政府行为效果的预测，所有这些对于政策生效与总支出的时间来说都是决定因素。这些因素会不断变化。它们尤其可能随着我们对它们的预测能力的增强而变化。通过改变用于预测的信息存量，预测自身伪造了自己。有个简单的例子：如果我们确定地知道某支股票的市价在未来一年中的格局，它是不会按照这个格局发展的。这是个悖论，人类行为科学因此悖论而存在。预测未来改变了未来，因为采取行动创造未来的人们读取了这些预测。

再次，预算很难控制。联邦政府的支出计划繁多复杂，没人为了确定年度拨款而从头开始估算所有支出计划。因此，第二年的预算以本年度的预算为基础，另外再做增加。一旦计划落定，就几乎不可能撤销。因为其受益人为了计划的延续组成了信息完备、意志坚定的游说团体，而且国会里没人有时间、经历和兴趣去收集证据，证明应该撤销这个计划。

最后，政策通过时间不确定。财政政策不在总统经济顾问委员会的控制之下，改变政府支出或者联邦税收需要由众议院和参议院进行，在之前，通常是之后，举行委员会会议，最后取得总统签字。通过时间在总量需求管理中是至关重要的。即使国会很快同意对支出或税收做出一定的改变，它还必须决定改变谁的赋税，改变哪些支出。这让事情更为复杂和漫长。牵扯其中的有相互冲突的利益，还有关于每个行动的扩张或紧缩效果的不同理论。因而在措施实施之前，实施措施的时机就已经过了。

少数经济学家提出了一个提议，即国会授权总统单方面行动，例如在总量需求看上去过剩或不足时，在有限范围内提高或降低税率。但由于宪法的权力制衡原则，或者用阿克顿勋爵的话来说，“绝对的权利绝对使人腐败”。所有人都知道行政负责人的这种权力会大大地削减他们自己的权力和影响。因此，结论是，在大多数情况下，财政政策最多是到其使用的最佳时机已经过了以后，才被作为稳定手段。

课堂讨论

如果国会想用财政政策对抗经济衰退，国会应该在何时削减税收？经济衰退还不确定的时候、人们普遍认可经济衰退的时候，还是官方正式宣布经济衰退的时候？文中提到授予总统自行（在国会指定的权限内）改变税率或批准支出的权力，以此方式使财政政策更为灵活，你赞成吗？为什么？

项目小结

1. 货币供应量可以分为M0、M1、M2。

2. 积极的货币政策是中央银行通过货币供给量来调节利率进而影响投资和整个经济的政策。中央银行变动货币供给的政策工具主要有再贴现率、公开市场业务和变动法定准备金率。

3. 货币需求是对流动性的需求。

4. 财政政策在实施中存在一些不足。

项目十　分析国际贸易

学习目标

［知识要求］国际收支平衡表的编制原理；汇率的影响因素。

［技能要求］能够分析汇率决定；能够分析全球化的结果。

［关键术语］国际收支平衡表；汇率；全球化。

一、国际收支平衡表的编制原理

生产社会化与国际分工的发展，使得各国之间的贸易日益增多，从而在国际间产生了货币债权债务关系，这种关系必须在一定日期内进行清算与结算，从而产生了国际间的货币收支。国际收支是一定时期内一国居民与非居民之间的全部经济交易的系统记录，国际收支集中地反映在国际收支平衡表中。

国际收支平衡表是指系统记录一国一定时期内国际收支项目和金额的一种统计表。在其简单摘要中，所有贸易被分为四类：商品贸易、服务贸易、“欠条”贸易和单方转移支付。

商品贸易很容易从字面上理解，服务贸易包括交通服务、保险服务、金融服务和游客在国外旅行时购买的多种服务。但是一个国家的人为另一个国家的人提供的最重要的国际服务是资本。这种服务获得的回报是投资收益，而国外投资收益是国际收支平衡表中“服务”一项里最大的部分。鉴于其重要性，经济分析里把它与其他所有服务区分开，将其进一步分为投资收益收取和投资收益支付。

第二类，“欠条”贸易，包括各种负债证明、股票、公司或政府债券、抵押证明、本票、金融机构存款、纸币等。

单方转移支付是为单向交易创造的术语，指不为获取任何东西的支付，比如赠予（包括政府的对外援助），或者对以前所提供服务进行的支付，比如养老金。每类贸易都为本国获得报酬或者让本国向外支付报酬。出口使本国获得报酬，应放在贷方一栏。进口使本国向外支付报酬，应放在借方一栏。因此，当通用汽车公司把一辆美国制造的别克车卖给一个英国人时，车款支付给了某个美国人，这笔交易在美国国际收支平衡表上记录在贷方一栏。当一家英国博物馆把一幅特纳的画卖给一个美国收藏者，那么这个美国人就要向外支付画款，这笔交易记录则在美国国际收支平衡表上记录在借方一栏：美国放弃了别克车，英国失去了特纳的画，但是国际收支平衡表看的是支付，而不是相应的商品。如果一个国家决定把其所有的艺术品都卖给外国人，那么在其国际收支平衡表上就积累了大量贷方项目。

如果编制国际收支平衡表的数据收集者拥有所有国际贸易完整准确的记录，贷方栏目中的项目总额应该与借方栏目中的项目总额完全相等。但是，因为记录不可能完整，所以两项总额永远也不会相等。然而，记录人员每次都应付自如。他们把差额相加，得出差额的总数，将其标注为“统计误差”，从而强迫贷方和借方相等。

贷方总是希望必须和借方完全相等，因为每笔国际贸易必然伴随着另一笔与之相之抵消的交易。一个简单的赠予例子能够清楚地说明这个过程。假设在纽约工作和居住的路人甲决定把 100 美元赠予他的老朋友——伦敦的路人乙。尽管赠予属于借方，但是路人乙得到的支票是对纽约银行（路人甲的银行）的债权，成为纽约银行 100 美元活期存款的主人。只要路人乙保存着这张支票，她就是投资于美国的外国人。这增加的 100 美元外国投资恰恰平衡了 100 美元的单方转移支付，国际收支平衡表是平衡的。

当路人乙去她的银行兑现这张支票，把它换成英镑，她的银行就变成了这张欠条的主人。当银行把这笔存款推销给一位英国进口商，这个进口商就拥有了这张欠条。他用这 100 美元支付从美国进口来的商品的货款时，外国人持有的美国“欠条”就减少了，这时，在美国国际收支平衡表上计入了一笔借方项目。配平这笔借方项目的是价值 100 美元的出口到英国的商品，这样必然会有货款支付到美国，这会作为贷方项目计入美国国际收支平衡表。

要理解国际收支平衡表如何持续维持平衡，最简单的方法是关注“欠条”的国际贸易。如果美国所有的人——家庭、企业和政府——在一段时间内进口的商品和服务的价值比这段时间内出口的商品和服务的价值高，如果这种差额不是由单方转移支付造成的，那么美国人就欠外国人的钱，数额相当于这个差额。这意味着美国人出口“欠条”给外国人，也就是说外国人增加了他们在美国的投资，数额恰恰能够填补这个差额。

总是有人在担心“贸易逆差”，而且警告说如果我们不减少逆差，灾难就要降临了。如果一个国家的国际收支平衡表不可能有顺差或逆差，那么是什么让这些人烦恼呢？如果他们知道贷方总是和借方相等，他们的担忧会消失吗？也许不会。他们担心的是其他的东西，他们担心的东西被称为国际收支不均衡。

课堂讨论

一个美国人寄了 5 张 20 美元共计 100 美元的钞票给一个维也纳的亲戚作礼物。这个行为在美国国际收支平衡表中计入借方，这位维也纳亲戚获得 100 美元，在美国的外国投资增加了，这就是配平的贷方项目。如果发生下列事件，配平的贷方项目会出现在什么地方？

（1）这位亲戚在一家维也纳银行把美元兑换成了欧元，银行持有这笔美元，因为其顾客经常想要用欧元买美元。

（2）这家维也纳银行把这笔美元卖给了奥地利中央银行，换取欧元。

（3）奥地利中央银行用美元跟德国中央银行交换德国中央银行持有的欧元。

（4）德国中央银行把美元卖给大众汽车公司，换取欧元。

二、国际收支不均衡分析

在经济学理论中，不均衡是指正在发生的事和人们希望发生的事，现实和意图之间的差异。比如，小麦的不均衡价格不是显示实际买卖之间的差价，买卖价格一定是一致的，不均衡价格是显示销售者和购买者的意图之间的差距，即计划之间的差距。比如，农场主计划出售的数量高于或低于消费者计划购买的数量，项目九分析的货币供给数量和货币需求数量之间的差距。公众实际持有的货币数量必然和货币系统供给的数量一致。但是公众可能希望持有更多或更少的货币。如果这种情况发生，就会出现货币不均衡。

不均衡意味着事情不会继续原来的样子，调整马上就会进行，因为相关方面没有实现他们的意图。比如，小麦价格会上涨，因为消费者无法按照期望买到足够数量的小麦，他们会把价格抬高。或者再如，耐用商品存货开始增加，这是因为公众想要比现在持有更多的货币结余，这意味着人们会推迟购买耐用商品。

在这一切之后，我们就无法使用均衡或不均衡的概念了，除非我们可以明确哪些是当前没有实现的意图。那些担心或抱怨国际收支不均衡的人一般不会是那些没能成功实施其计划的人。我们不应该对此感到惊讶。国际收支不均衡的概念十分模糊。我们放弃这个概念可能情况会更好。有太多种类的意图大量参与到国际贸易总量之中，人们无法认定预期的贷方大于还是小于预期的借方——这就是不均衡的意义。总而言之，我们将均衡概念运用于越大的世界，它的含义就越模糊、越不确定。而且它越有可能让我们正在思考的问题更为混乱而不是更为明确。

声称美国国际收支不均衡，实际上是声称出现了无法维持的状况，因为人们不能做他们想做的事情。但是这句话是从谁的角度说出来的呢？进口商不想购买想买的东西吗？银行不想借出想借出的贷款吗？政府、企业或个人不想提供送给国外的赠予或转让吗？对谁来说，国际贸易的结果与他们的意图不一致？那些声称国际收支不均衡的人总是被问到一个简单的小问题："你怎么知道了？"。如果追究到底，答案将告诉你讲话的人担心的是什么。

假设有些人拥有充分的信息且关注美国的贸易收支，他们会指出，从 1976 年起，美国每年进口商品的价值都高于出口商品的价值。他们担心这种进程不可持续。由于商品贸易逆差不是由服务和转移支付的收支构成的，其不可避免的结果是外国人持有的美国"欠条"大量增加。很多美国人对此的反应是惊恐，就好像外国人能够取消美国的抵押赎回权而且希望这么做一样。这是很荒谬的想法。借贷方还在继续还贷的时候，放贷方是不会取消抵押赎回权的。因为他们认为在美国投资与其他投资相比是笔更好的买卖。他们看好美国的前景，所以他们希望拥有美国的"欠条"。他们乐意做美国的债权人，因为他们预计这会使他们获利。如果美国在国际收支平衡表中的所有其他项目整体呈现赤字的话，那么只有可能是外国人在美国的投资多过美国人在外国的投资。外国人借给美国钱是因为美国从外国买的比卖给外国的多，事情并非如此。换一种方式来说，美国从外国买的比卖给外国的多，是因为外国人想扩大对美国的贷款。

也许美国中的那些歇斯底里的担忧者会关心美国人必须为这些贷款支付的利息，但是"美国人"不会支付这些利息。这是那些借钱人的义务，如果他们是明智的人，在计算出贷款收益很可能会超过利息成本之后，他们会很聪明地去借钱。如果那些自寻烦恼的人认为他们是愚蠢的借贷者，他们怎么会有这样的洞察力呢？人们当然偶尔会在借钱的时候犯傻，但是放贷者通常都会进行充分的监控。

很多外国人借给美国的未偿贷款是不需要任何人支付任何利息的，这值得注意。美钞是无须对持有者支付利息的负债，但是很多外国人仍然选择持有。因为他们对美元的未来价值有信心，希望在交易中使用美元。他们从美国人手里购买美元，必须以有价资产为回报，不论是商品、服务，还是营利性金融资产。如果美国不愿意进口多于出口。外国人就无法获得他们想要的美元，他们也就无法为美国提供免收利息的贷款。对于外国人的这种慷慨之举，美国人忧心忡忡，而且还试图通过缩减进口加以阻挠，这似乎是愚蠢之举。

对于众多在 20 世纪 80 年代就开始担心美国国际收支的人来说，他们最根本的顾虑是：他们担心美国人作为消费者和纳税人的挥霍行径。目前美国人愿意用于储蓄和纳税的钱似乎比他们希望花在投资项目和政府计划上的钱少得多。按照这些人的说法，不断增长的对外负债就是美国大众目光短浅、自私、放纵、缺乏自律、缺乏自我管理能力的证据。

所有这些都可能是真的，但是它们都不构成国际收支不均衡。国际收支平衡表与一国大众的目光短浅、自私等是相符的。国际收支平衡表反映一国大众的状况，然而一国大众的状况并不是它导致的。如果一国大众实际上正在遭受某种全国性的萎靡不振，他们不可能在国际收支平衡表中找到药方。20 世纪 80 年代和 90 年代，外国人迫切地在美国投资，这实际上对美国大有好处。1998 年以前，联邦政府一直拥有巨额赤字，某些人必须拿出大量可以借出的资金。外国人做了美国家庭和企业不愿意做的事：存了足够多的钱负担联邦预算赤字。没有他们的帮助，利率会更高，美国股本总额的增长会慢得多。

另一方面，如果外国人停止大方地借给美国人钱，美国人就会开始觉察自己恶行的后果。也许美国人应该改改美国人的行为方式了。但是如果你我决定过着超过自己收入的生活，还指责愿意借给我们钱的人。这合适吗？20 世纪 80 年代和 90 年代对于美国国际收支中商品和服务贸易逆差的大量关注，似乎是对联邦政府长期的预算赤字和美国家庭低储蓄率的一种变相关注。使用国际收支不均衡的概念掩饰国内政策评判，会导致不良的政策后果。它会混淆视听，这是当然的，它还会让国内政策问题难以得到负责的解决。它也为所有特殊利益打开方便之门，为那些给特殊利益服务的政策打起“公众利益”的大旗。

所谓的国际收支逆差被用来作为下列行为的正当理由：实施进口关税和配额、限制制造厂更换厂址、补贴存在疑问的研究和发展计划、得到反托拉斯法的豁免、威胁外国政府、向出口商发放可疑的纳税人贷款、制造对特殊利益来说有利的一系列其他政府特权。其中，有些也许是英明、谨慎的政策。但是，如果它们是英明、谨慎的政策，它们应该得到公开无疑的维护，而不是打着并不存在的国际收支问题的旗号。

如果声称不均衡的存在不是一种变相的政策评判，那么它就预言着有些事情即将要发生变化了。小麦价格将要上升，耐用品库存将要增加，等等。声称一个国家的对外贸易处于不均衡状态的人，他是在预言什么呢？是什么导致不能再继续现在的样子呢？

这是一个很好的问题，对于那些在谈论国际贸易问题的时候仍决定使用不均衡概念的人，这个问题可以让他们头疼一阵子。那些担心目前美国“不均衡”的人很可能会针对外国人增加他们手中持有的美国欠条的意愿。“他们不会永远借给我们钱”，事实并非如此，因为美国借贷人的偿还能力没有明确的限制。但是这对于没那么大、没那么繁荣、没那么稳定的国家来说确是事实，那么如果这是事实呢？

当放贷人认为潜在的借贷人状态不佳，他们会要求还款，或者取消进一步的信贷，或者要求更多担保，或者更加仔细地审查项目，或者坚持要求更高的利率。不论何时，一旦美国借贷人开始让外国放贷人紧张。外国放贷人都会让美国人更难借到钱。所有放贷人不会同时做出反应，所以没有理由预计危机会出现。过多借贷也会自正其名——至少在像美国这样的国家，会让它在还款方面建立起良好的国际声誉。但是，对于在上一段提到过的没那么大、没那么繁荣、没那么稳定的国家来说，情况就不同了。

课堂讨论

讨论下列政策的优缺点。里根政府期间，美国经济面临的两大难题是：贸易收支逆差和财政赤字。面对不断增加的贸易和服务赤字，要保持美国的国际收支平衡，有两种方法：

（1）让美元贬值，通过扩大出口、减少进口来减少经常项目赤字。

（2）借款或吸引国外资本进入，以资本项目的盈余来弥补经常项目的赤字。

三、汇率分析

汇率，用最简单的说法来说，是把各种相对价格联系在一起的相对价格。两种货币在任何时候的现行汇率都能粗略地体现两种货币的相对购买力。买 1 欧元要用 67 美分，而买 1 日元只用 0.67 美分，通过初步估算，你可以设想 1 美元、1.5 欧元、150 日元在美国、德国和日本大概可以买到同等数量的商品。因此，汇率调节创造各国货币间的购买力平价。

要了解事情为何会如此，最简单的方法是想想如果事情不是这样的话，会发生什么。如果 1 美元兑换 150 日元，但是 150 日元在日本买到的商品多于 1 美元在美国买到的商品。那么美元持有者就会希望用美元购买日元，这样用钱可以买到更多的东西。美元持有者对日元需求的提高将与日元供应增加量出现差异。因为日元持有者不愿意为了仅仅换取 1 美元而放弃 150 日元。于是，日元的美元价格就会上升。美元持有者不得不开始用 1.05 美元获得 150 日元。从另一个角度看，日元持有者现在能够用 143 日元购买 1 美元了。

但是，我们想要知道为什么各国货币是以如此的外汇率相互兑换，购买力平价只是初步估计。首先，汇率永远不可能使两种货币的购买力对等，因为任何两种货币不能买到完全等量的商品：有些商品，比如富士山附近的度假，是根本无法用美元在美国或者用欧元在德国购买到的。另外，汇率对于参与国际贸易的商品（农产品、机械、石油、汽车）的相对价格的反映速度快于很少进口或出口的商品（住房、理发）的相对价格。

但是，更重要的是，在货币的相对购买力即将发生变化时，汇率就不能表现货币当前的购买力了。加拿大在来年将要经历比美国更快速的通货膨胀，这种想法意味着加元在来年将比美元损失更多的价值。这种想法会使当前的美元需求相当于加元需求有所增加，导致美元价值相对于加元价值升高。一方面，持有美元游览加拿大的游客会发现加拿大的食宿很便宜，直到加拿大的物价升高到人们预计的水平为止。另一方面，游览美国的加拿大人会发现他们边境以南地区的食宿让他们的钱包吃紧。

全球经济不断发生着变化。环境和预期不断变化，导致外汇率升升降降，让国际贸易的风险更大。这种不确定性让生产者更难预测他们产品的未来需求；甚至他们不进行出口销售，也必须和进口产品竞争，相对于他们自己产品的价格，进口产品的价格根据汇率的变动可能产生迅速、大幅的变化。外国投资者的眼睛紧紧盯着汇率。如果欧元价值在当年意外下跌，一个美国人借了一年期的贷款，他用欧元还贷，就能够停止在这笔交易中受到损失。因此，汇率波动增加了让生产者和投资者担心的不确定性，特别是在这个全球化程度不断提高的经济系统内。于是，出现了更多带来极大代价的错误，而植根于错误预测的经济衰退则变得更加频繁、更加严重。如果汇率固定、稳定的话，情况是不是会好得多？

西方国家在第二次世界大战后建立了国际货币基金组织，主要是为了建立稳定的汇率。国际货币基金组织应该帮助货币面临贬值的成员国，并在成员国现有汇率严重夸大其货币价值的时候，向其提议货币贬值。每个国家的经济增长率和国内通货膨胀率各不相同，汇率也必须不定期地变动。布雷顿森林体系（根据新罕布什尔州的一个镇的名字命名，1944 年国际货币体系协议在此商定）的目标是固定的汇率。在此体系下，每个国家买卖其货币都应该是为了将其固定在官方制定的对美元的汇率上，美元是全世界的基准货币。美元则是固定在黄金兑换率上的。通过所有这一切，人们希望带来更多的确定性，为创造财富的国际贸易带来稳定的增长。

该体系成功了。国际贸易确实在布雷顿森林体系上有所增长，其增长速度大概是全球 GDP 增长率的两倍。国际专业化的优势对提高实际收入水平贡献良多。但是固定汇率的国际货币体系在实施不同国内政策的政府之间很难维持。这些国内政策不可避免地带来不同的工业和农业生产增长模式，带来国家间相对价格结构的不同变化，带来不同的通货膨胀率，从而带来对不同国家货币的国际需求的大幅波动。在这种情况下，为了防止货币贬值或增值，政府通常必须持续地大力干涉外汇市场。

如果某国的货币有增值趋势，该国政府必须买进外国货币。举一个最有名的例子，德国统一前，西德的中央银行为了防止马克的外汇价值升高，用自己的货币马克购买外国货币。这导致更多的马克在西德进入流通，这让马克的价值降低，也就是说，导致国内通货膨胀。德国人对于 20 世纪 20 年代的恶性通货膨胀及其对经济、社会带来的巨大破坏记忆犹新，还有旨在阻止通货膨胀的那些政令。但是中央银行实施无通货膨胀的货币政策是不可能的，中央银行必须阻止其货币在外汇市场的增长。德国马克有升值倾向，因为在固定汇率下，它的价值被低估了，而被低估是因为西德政府和中央银行在控制国内通货膨胀率方面的工作做得比其他国家的政府和中央银行好。而这一切的结果是，通过国内政策控制通货膨胀的国家受到国际压力的敦促，要求它们加速其通货膨胀率。

如果某国由于高于平均值的实际或预期通货膨胀率，其货币有贬值倾向，在布雷顿森林体系下该国政府通常被要求购买它们自己的货币，防止其价格下跌。但是用什么买呢？当然是用其他国家的货币，特别是美元。但是它们的货币贬值，就是因为美元和其他货币的供给数量持续低于需求数量。那么中央银行从哪里获取美元来购买自己的货币，然后让其价格升高呢？

答案是加入国际货币基金组织。国际货币基金组织可以把外汇储备金借给想要停止和扭转本国货币外汇价值下降的中央银行。但是，这显然只能是权宜之计。如果造成货币贬值压力的国内政策不改变，货币贬值不可避免。其中典型的国内政策是政府支出超过税收收入，通过制造新的货币维持支出费用，而最终结果是通货膨胀。因此，当国际货币基金组织发放贷款时，它总是有一个附加条款，即政府要减少预算赤字，减缓制造新货币。但是这通常只是无力的建议。带来预算赤字的国内压力不会消失，因为国际货币基金组织说过，赤字是不会听话的。

在 20 世纪 70 年代初期，美国基本不再努力将美元价值固定在黄金兑换率上。其他国家或多或少不情愿地放弃了他们维持本国货币和美元之间固定汇率的承诺。汇率被放松了，用行话说，是可以根据供应者和需求者不断变化的预期浮动了。一些专家立刻宣布国际货币系统崩溃了，全球货币危机马上就要临门了。全球各国中央银行的管理者们召开紧急会议，要在贸易陷入混乱之前创造一个新的体系，恢复秩序。

在学术圈之外，特别是在为中央银行工作的经济学家当中，不论受欢迎与否，不论可行与否，浮动汇率总是被视为不可行的。理由是，它们会为外国商人和投资者增加不确定性。它们同样也会为国内生产者和投资者增加不确定性，因为对于生产可能与进口产品相竞争的产品以及生产出口产品的行业来说，汇率的变化能快速、彻底地改变它们的潜在盈利率。另外，一个重要贸易国的货币突然贬值，造成预料之外的进口激增或者威胁业已确立的出口市场，这时，政府不可能持续被动。政府很可能使用贸易和投资控制手段或使用人为使其货币贬值等手段进行反击，这一切有可能很快造成国际贸易的崩溃。

浮动汇率的拥护者主要出现在 20 世纪 70 至 90 年代。各国冲突的国家利益阻止了各国政府就构建新的固定汇率体系达成一致。多数国家不允许它们的货币自由浮动，但是试图在其货币与另一种主要货币或一系列主要货币之间维持较为宽松的关系。为了降低汇率波动，至少在有广泛贸易关系的国家之间降低汇率波动，各种有限的国际协议得以制定。有些小国的主要国际贸易对象是一个大得多的经济体，这些小国试图在其自身货币与主要贸易伙伴的货币之间维持严格的固定汇率。这种在固定汇率系统崩溃后发展起来的系统存在自身的缺点和地方性的危机，但是它在很大程度上是可行的。浮动汇率没有带来中央银行管理者们预言的灾难。1975 年以后，全球国际贸易量的增长速度是全球 GDP 增速的两倍多。

但是现有的国际体系是不牢固的，1997 年开始的“亚洲金融危机”凸显出它的一些严重缺陷。此次事件的背景是，20 世纪 90 年代东亚各国经济增长表现突出。外国投资对此增长是有帮助的，而这种增长又鼓励外国银行和其他投资者借出更多的贷款。外国人把钱借给像泰国、马来西亚或印度尼西亚这样的国家，希望最后用它们自己的货币偿还。一家美国银行借 1 000 万美元给一个印度尼西亚的工程，只有银行预计在这笔贷款期间卢比将维持对美元的相对价值，或者双方同意的利息能够弥补预计的卢比相对价值的下跌值，银行才会同意接受用卢比归还利息和本金。以当地货币计算的外国贷款收取的利率，会结合当地货币预期的贬值率——就像一个国家国内的名义利率反映了用于还贷的货币的预期价值下降率。如果外国投资者认为以卢比计算的贷款利率不足以抵消卢比贬值的风险，他们就不会再愿意借钱给印度尼西亚，如果他们能的话，他们会收回已经发放出去的短期信贷。

因此政府和中央银行应向外国投资者担保，他们不需要担心货币贬值。减少担心的最好办法是，在任何时候其货币出现下滑的讯号，就立刻用美元或其他“硬通货”（所有人都预计能够保值的货币）购买他们自己的货币，从而支撑住它们的货币。但是如果货币价值实际上是被高估了，像在国际贸易中使用卢比的人经过深思熟虑所判断出的那样，那么需求量会持续低于供给量。中央银行就必须不断用硬通货购买自己的货币，最终银行会用光它们的硬通货。

那么接着会发生什么呢？有几种可能。一种可能是中央银行放弃维持固定价格，让其货币下跌到保证市场供求平衡的水平，但是这会造成外国投资者的损失，且提高进口价格，因为现在必须用更多的国内货币来购买一个单位的外国货币；另一个可能是提高利率。如果利率高到可以抵消汇率下跌的风险，外国人就会希望购买而不是出售国内货币，国内货币就会停止贬值，但是高利率会提高获取资本的成本，会让经济增长减速；第三个可能是从国际货币基金组织借贷。但是这只是权宜之计，必须采取一些行动，扭转贬值的趋势。国际货币基金组织会根据申请援助的国家的意愿帮助它们进行改革，这些改革有可能阻止该国货币下跌。货币供给增长过速的时候，投资者就会有货币贬值预期；而货币供给持续大量地增长是通过印刷货币负担政府赤字，这些赤字又是政府的开支多于其税收收入的后果。由于这些原因，国际货币基金组织要求改革的主要目的是降低政府开支、提高利率、降低补贴以及提高税收，之后才会同意把外汇借给这个国家，使其能够用这些外汇支撑其货币。不论国际货币基金组织建议什么，都不会是受欢迎的建议，如果是受欢迎的建议，被建议的人早就采用了。

现在让我们假设建议没有被采纳，或者建议被实施得太慢，因此国际货币基金组织的帮助被耽搁了。外国投资者更加紧张，将会停止向该国发放贷款，而且试图收回已经发放的信贷。一旦这种动向开始出现，就会迅速加速，因为当所有人都怀疑一个国家没有足够的准备金偿还其债务的时候，每个人都希望最先把自己的钱从这个国家弄出来。

这个现象类似于 20 世纪 30 年代在美国很普遍的银行挤兑。对某种货币价值暴跌的担心，导致了此种货币的价值暴跌。因为每个人都想卖掉这种货币和以这种货币计算的金融资产，换取其他的东西。由此发生的“资本外逃”会促使受影响国家的政府选择上述第一种可能，作为最简单、也确实是最“自然”的摆脱困境的办法，让需求和供给做主，让货币下跌到市场进程选择的水平：问题突然间解决了，至少是短期内解决了。不必削减受欢迎的政府支出，不必征收不受欢迎的税收，可以维持受欢迎的补贴和对特殊利益的保护，不必提高利率。外国放贷人当然会暴跳如雷，他们可能不会再借钱给这个国家。但这是长期问题。

一个国家汇率的暴跌会促使外国投资者重新评估他们在其他国家的投资，这些国家的情况与这个国家的情况相似。当泰铢下跌的时候，印度尼西亚卢比也不会落后。卢比的暴跌导致马来西亚的资本外逃，因此马来西亚林吉特接着下跌，韩元还能坚持多久呢？菲律宾比索呢？台币呢？投资者开始进一步将目光转向这个突然间风险加剧的世界，开始质疑巴西雷亚尔的稳定性。甚至像阿根廷等货币紧盯美元的国家也被列入怀疑之列。为了让其货币紧盯美元，阿根廷中央银行必须支配足够的美元供给，满足所有想卖掉比索买进美元的人的需求。全世界的投资者突然开始寻找风险更小的投资而非高回报的投资，面对这些投资者的恐惧，阿根廷的外汇储备能维持多久？为了吸引其需要的美元，阿根廷中央银行会冒着对国内经济活动水平产生负面影响的风险提高利率吗？

政府官员应该优先考虑哪一项？外国投资者的利益还是本国经济的兴旺？如果两者的关系不是如此密切，选择起来就容易了。国外投资撤回有严重的长期后果，但是对于经济增长一直主要依靠持续的国外资金注入的国家来说，这也会带来严重的短期后果。当资金枯竭的时候，重要的发展项目不得不被搁置，工人不得不被解雇。另外，货币贬值意味着生活消费品和生产资料的进口突然变得贵多了，超出了人们赖以生活的收入。

课堂讨论

故事发生在美国和墨西哥边界，一名游客在墨西哥一边的小镇上，用 0.1 比索买了一杯啤酒，他付了 1 比索，找回 0.9 比索。当他到美国一边的小镇上，发现美元和比索的汇率是 1 美元 : 0.9 比索。他把剩下的 0.9 比索换了 1 美元，用 0.1 美元买了一杯啤酒，找回 0.9 美元。回到墨西哥的小镇上，他发现比索和美元的汇率是 1 比索 : 0.9 美元。于是，他把 0.9 美元换为 1 比索，又买啤酒喝，这样在两个小镇上喝来喝去，总还是有 1 美元或 1 比索。换言之，他喝到了免费啤酒。问题是：谁付了钱呢？

四、共同货币分析

固定汇率的支持者和浮动汇率的支持者都有依据。固定汇率体系比较理想。试想，如果在美国的 50 个州里，每个州的美元价值都不同，而且不断变化，那会发生什么呢？你知道这会给商家带来多少额外成本、增加多少不确定性吗？美国的财富主要来自于广泛的专业化，因为在广袤的国土上，低成本、低不确定性的贸易是可行的，州与州之间的固定汇率，在促进专业化和贸易的过程中起着重大作用。

但是浮动汇率的支持者也是正确的。美国各州与世界各国有两大不同之处：美国宪法禁止各州限制商品、服务和金融资产的自由运转。禁止各州限制人们跨越州界，各州也不能实施独立的货币政策。各州政府因此没有能力制造相应的条件，让一个地区的美元相对于另一个地区的美元在价值上有所改变。各州州政府确实有动机使用这些货币政策，而这些政策的使用不可避免地会导致各州货币的购买力以不同的速度变化。在各国经济政策完全不同的世界里，想要维持固定的汇率，很容易造成弊大于利。这会鼓励有时甚至是要求政府干预国际贸易，这是它们在预先确定汇率的情况下协调政治上恰当的国内政策的唯一途径。

德国和法国政府长期致力于减少西欧人民国际通行和商品国际运转的壁垒，它们把减少和消除这些壁垒看成迈向政治和经济一体化的重要一步，而政治和经济的一体化将减少未来战争的威胁，提高整个欧洲的效率。迈向这个目标的主要步伐是欧洲的共同货币。1989 年 1 月 1 日，欧元成为想要加入欧洲货币联盟以及满足加入欧洲货币联盟标准的 11 个国家的共同货币。标准基本要求每个想成为新欧盟货币体系的国家表明能够让其政府支出控制在政府财政收入范围内。欧元的支持者希望欧元最终能够取代德国马克、法国法郎、意大利里拉以及所有其他不同国家的货币，正是这些不同的货币让欧洲范围内的国际贸易变得更加麻烦。

但是政府放弃了自己国家的货币，也就放弃了安抚其选民的一个强有力工具。用最简单、最直接的话说：没有自己货币的政府，就没有能力拥有经费负担选民要求的计划，而这些计划是选民对政府提出的维持其当权的条件。人们盼望欧元运转良好，可是人们仍然想知道，当货币联盟的一个成员国遭受经济衰退，而经济衰退未波及其他国家时，会发生什么。没有自己的货币，它就无法转向使用较为宽松的货币政策。没有能力制造更多的货币负担赤字，它就必须为负担扩张的财政政策支付高额利息。它无法加紧对进口的限制而保住工人的工作。阻止其实施这些政策，也许是件好事。但是还剩下什么调节措施呢？失业工人能够迁居到工作岗位更充裕的国家去吗？欧洲人不像美国人那么乐于迁居，他们尤其不愿意迁居到一个语言不同文化不同的地方。当欧洲公民发现，由于加入欧元体系，他们的政府放弃了实施某些政策的权力，这些政策长期看来是不明智的但确实一直受人欢迎，这些欧洲公民会如何反应？欧元将成为一次有趣的试验。

课堂讨论

你如何分析英国脱欧的事件，你如何看欧元的未来？

五、自由贸易和全球化分析

有时，我们太专注于寻找问题的解决办法，以至于忘记了问题是什么。人们能够跨越国家边境筑起的障碍，更加自由地协作，这是我们的目标吗？人们参与的国际贸易妨碍了政府的目标，这是问题所在吗？

更大范围的公众利益要求对国际贸易有所限制，这当然是可能的。但是善于思考的人会想知道为什么国家利益总是要求更多的放弃而不是收取回报，宁可要工作而不要商品，限制效率高的生产者，防止他们利用自己的优势伤害效率低的生产者，总体上说，防止人们通过自由交易增加财富。结论是，公众利益和国家利益存在一些差异，国家利益通常是由那些制定国际经济政策的人定义的。

在 19 世纪初，比较优势原则首次被明确提出，用以解释国际贸易的获利。“每个人”都知道进口会给国内农场带来危害且减少工作岗位，而出口则会为国内生产者带来利润且制造更多的工作岗位。于是，旨在限制进口和补贴出口的政策在数百年来都有很强的政治吸引力，但是当经济衰退破坏销售并且增加了失业率的时候，情况就不再如此了。进口会减少工作岗位的观点有一半是事实，是个有吸引力的说法。当美国人买日本车的时候，他们没有买一样多的国产车。因此，汽车进口的增加会导致国内汽车产业减产、减员。因此汽车制造厂的老板和员工显然很关注对于进口的限制。当他们去国会要求对汽车进口征税或者实施汽车进口配额制度的时候，他们手里的标语显示他们主张的这种保护政策是对国家有利的，标语上写着：保住美国人的饭碗，但是这种观点是一种误导。

首先，出口商品生产制造工作岗位，进口替代商品生产也同样如此。如果不允许外国人在美国进行销售，美国工厂也不可能在国外进行销售。贸易基本上是一条双行线。另外，不应像对待商品那样机械地对待工作。有些工作无疑本身就很令人满意，无须考虑这些工作产生的产品和服务，它们本身就值得做。但是这种情况是相当少的。做一份工作的理由通常是这份工作为工人带来收入，以及这份工作为其他人带来相应的效益，这种效益的体现形式是有用的商品。“保住美国人的饭碗”的观点忽视了专业化带来的实际收益。如果日本人能比美国人造出更好的汽车，汽车的售价更低，为什么要强迫美国消费者购买美国制造商生产的汽车呢？如果美国汽车制造商的汽车生产无法做到像日本人一样高效，为什么他们不该停业？为什么消费者要交税支持他们在比较优势上的欠缺？当然，正如我们所发现的，美国汽车制造商已经学会了在外国竞争的刺激下用更低的成本制造更好的汽车。如果他们能够从政府那里得到他们要求的保护。他们也许就不会改变做法了。

其次，保护效率低的生产者能够保住工作岗位，从这个立场上证明保护效率低的生产者的合理性是很荒谬的。为什么不把这个观点再推进一步，比方说，美国人消费的所有咖啡都由美国自己生产？美国的土壤、气候和地理条件不如巴西和哥伦比亚那么适合种植咖啡树。但是想想，如果为了复制这些国家适宜植物生长的条件，美国人建造和运行巨型的温室，那会带来多少工作岗位！为什么停止当前商品的进口？想想，如果宣布电话业使用自动化设备不合法，我们能带来多少新的工作岗位。

200 多年来，经济学家一直在这些问题上与限制进口的支持者争论，但是一直没有取得什么成功。1845 年，法国经济学家弗雷德里克•巴斯夏写了一篇讽刺文章，文章采取蜡烛制造商请愿书的形式，蜡烛制造商们申请保护，对抗来自太阳的不公平竞争。他们要求下议院立法禁止房屋有窗户，这样才能保住蜡烛制造工人的工作。这充分暴露了保护逻辑的荒谬性。巴斯夏的讽刺文章再版多次，但是他所嘲笑的观点并没有消失。

部分答案应在得到特殊利益团体对纯逻辑的抗拒中寻找。人们乐意相信他们想要相信的观点，很难理解与他们的利益背道而驰的观点。更重要的是，政治进程几乎保证了，坚持认为从限制国际贸易能够获益的人比持相反观点的人在政治改革中发出的声音更大。交易成本让汽车购买者无法有效地组织起来对抗国内汽车制造商，外国制造商显然对国内政策没什么影响。当政府官员到了在美国汽车购买者和美国汽车制造商之间做出选择的时候，他们肯定会屈服于制造商的大声疾呼，而几乎听不到消费者的任何声音，政府官员希望保住自己的职位，对这种压力倍加关注。

从变化成本的角度，一个行业由于无力对抗外国竞争而面临衰落，这为这个行业内的企业业主和雇员带来了损失。被取代的资源，专业化越强，损失越严重。在这种环境下，实施保护政策的情形是存在的。但是，注意这种论点既可以适用于行业由于国内竞争遭受损害的情形，也可以适用于行业由于国外竞争遭受损害的情形。国内竞争者当然有政治影响力，因此更难以被专门立法排除出去。但是，如果资源被吸引到某个产业是由于政府限制进口，那么突然撤销这种保护政策就不公平了。因此维持从前对进口长期持续限制的情况是存在的，至少是用很慢的速度减少限制。出于对公平的考虑和政治现实，建议实施一种过渡补贴政策，旨在减少工人和企业业主的损失，帮助他们找到新的机会。但是这种论点不能用于支持新的进口限制或额外限制的实施。另外，民主政策制定的偏好是集中效益、分散成本，我们必须警惕企业战略性地利用政府保护它们自己免于竞争。

支持进口限制的论点可以无限地涌现，想要抢先或者相互驳斥对方的论点都是徒劳无功的。在大多数这样的论点中都有一个有效核心，这让这些论点的分析变得更为复杂。也许抓住比较优势理论，对提高这个领域的公众讨论质量来说，是最有用的。比较优势理论说明了为什么交易创造财富，以及交易是如何创造财富的。该理论认为交易的成本是被放弃的价值，收益是被获取的价值，因此，主张一个国家通过出口多于进口能够增加财富，是无稽之谈。从效率的定义来看，这种说法在逻辑上显然不可能，效率是被生产出来的东西和由此未被生产出来的东西之间的比率，获得的商品和必须牺牲的商品之间的比率。比较优势原则关注参与到生产和贸易中的实际因素，从而驱散了在货币语境中单独讨论贸易政策时很容易产生的混淆。

遗憾的是，很多人都希望产生这种混淆，从而从中获取利益。这些人发明了贸易逆差，把国内的问题怪罪于外国政府的阴谋，总是发现他们的外国竞争者在从事不公平的贸易活动。在政治经济学的世界中，这种观点是很有势力的。全球化的批评者的主要观点有：

（1）全世界的收入不平等加剧，因为富国和穷国差距加大了。

（2）环境政策方面的“向下竞争”，因为大型的资本主义企业想要迁址到环保制度成本低的地方，从而为欠发达国家的环境带来损害，而这些欠发达国家为了吸引投资被迫让其环保规定有利于商业发展。

（3）劳动力政策方面的“向下竞争”，因为大型资本主义企业想要迁址到工资和工作场所制度成本低的地方。

为什么认为全球化伤害世界贫穷地区的观点仍然如此普遍呢？当然，每个人都有对全球化发表自己意见的权利——正反两方面意见。我们要关注的是人们用于支持其意见的分析。

公众意见通常关注公众政策的明显后果，但是好的经济学不仅关注公共政策即时明显的后果，而且还试图阐明其无意后果，这些后果是长期的，而且通常是隐蔽的。没有人，包括经济学家，怀疑全球化具有变革的作用，因而某些传统的生活方式在全球一体化的进程中分崩离析。这种“创造性破坏”带来的贸易和生产模式越来越普遍。我们必须一直牢记，人们实际收入的增加不是货币的作用。实际收入的增加只来自于实际生产力的提高。实际生产力的提高有三个来源：①劳动技能的进步；②技术知识的增加；③经济事务组织的改进。全球化把这三个来源从发达世界带入到欠发达世界，由此带来的变革力量可以让成百上千万的人摆脱贫困，摆脱注定让他们贫困的生活方式。政治容易在决策制定过程中表现出目光短浅和关注效益的偏向，这种偏向在统治时间不确定的政府里更加严重。如果统治者的地位相对稳固（即军事政变的可能性低），那么很有可能该统治者会采纳“共荣利益”——这意味着他会采用带来长期经济增长的政策，而不是实施只能增加其自身财富和权力的短期政策，仅仅追求“狭隘利益”。

课堂讨论

蒂娜·罗森伯格（Tina Rosenberg）在发表于《纽约时报》的一篇文章中是这样说的：全球化和被它取代的冷战一样造成两极分化。人们努力与这个经济力量妥协，与此同时，全球化的支持者和反对者之间的界限不仅存在于国家之间，而且存在于国家之中。这场讨论根本是场争吵比赛，讨论双方描述的似乎是两股完全不同的力量。一个新的动态体系最终能让世界上的穷人摆脱落后贫穷，全球化正在被跨国集团聚合到这个体系中？还是跨国集团在追求新利润的过程中压迫一个又一个国家的穷人，普通人现在变成了无情的公司统治的牺牲者？

项目小结

1. 一个国家的国际支付平衡表中的贷方总额总和借方总额相等；出现任何差异，都是记录错误的表现。

2. 汇率是联系每个国家各自货币相对价格的价格。国家间的货币汇率反映供需的力量，这是由此种货币的相对国内购买力支配的。特别是在国际贸易商品方面，根据所持有的各类货币或资产的未来价值预期调整。

3. 只有能够对商品、服务和金融资产的国际贸易汇率实施独断禁令的政府才能独断地制定汇率。

4. 固定汇率降低了不确定性，从而促进了贸易，因此创造了财富。但是货币间的固定汇率要有适宜的国内经济政策为先决条件。一个国家让其汇率紧跟另一种货币，这样是会带来问题的。

5. 政府决定支持无法维持的汇率，这导致了 1997—1998 年的“亚洲经济危机”，人们担心其他发展中国家即将不得不让它们的货币贬值，这种担心让经济危机传播开来。

6. 在各个国家国内经济政策互不协调的情况下，浮动汇率也许能比固定汇率带来更少的不确定性和更多的贸易，在实际中，它经常被修订。浮动汇率赋予政府更大的政策自由度，无论政策好坏。

7. 欧洲国家想要通过实施共同货币欧元，实现固定汇率的优势，除非这些国家的政府愿意放弃它们现在实施不同国内政策的部分自由，否则它们的想法无法实现。

8. 大部分支持限制国际贸易的观点忽视了基本的比较优势原则。对全球化的争论，是自由贸易原则和有组织的贸易保护主义利益之间的新一轮辩论。如果我们深入研究这个问题，我们可以发现，全球化再次证明了国际贸易可以使双方获利。

项目十一　国富论——国民财富的性质和原因（选编）

学习目标

［知识要求］理解分工的原因和影响因素；理解一国财富的来源

［技能要求］能够分析分工的好处；能够分析工商农业之间的关系。

［关键术语］分工；市场；货币；都市。

第一章　论分工

劳动生产力上最大的增进，以及运用劳动时所表现的更大的熟练、技巧和判断力，似乎都是分工的结果。（见图 11-1）

著名的针厂分工

在一些大的工场中，其分工很容易被旁观者感受到。相比较而言，一些小行业的分工就不那么明显。但制针业作为一个不起眼的行业，它的分工之精细引起了斯密的注意，并被他用来作为论证分工对提高劳动生产力有好年的观点的特殊例子。

斯密敏锐地看到制针业在经过分工后，生产率比原来没有分工时提高了数十倍。而但凡生产力程度较高的国家，其分工程度也达到了一定的高度。

图 11-1　亚当·斯密的分工论图示[①]

为使读者易于理解社会一般业务分工所产生的结果，我现在来讨论个别制造业分工状况。一般人认为，分工最完全的制造业，乃是一些极不重要的制造业。不重要制造业

---

① 亚当·斯密（原著），宗裕民（编著），图解国富论 大国崛起的财富之路[M]，南海出版公司，2008 年，下面图示来源相同，本项目选编部分内容，尽量保留原文的翻译。

的分工，实际上并不比重要制造业的分工更为周密。但是，目的在于供给少数人小量需要的不重要制造业，所雇用的劳动者人数，必然不多，而从事各部门工作的工人，往往可集合在同一工厂内，使观察者能一览无遗。反之，那些大制造业，要供给大多数人的大量需要，所以，各工作部门都雇有许许多多劳动者，要把这许许多多劳动者集合在一个厂内，势不可能。我们要同时看见一个部门以上的工人，也不可能。像这种大制造业的工作，尽管实际上比小制造业分成多得多的部分，但因为这种划分不能像小制造业的划分那么明显，所以很少人注意到。

扣针制造业是极微小的了，但它的分工往往唤起人们的注意。所以，我把它引来作为例子。一个劳动者，如果对于这职业没有受过相当训练，又不知怎样使用这职业上的机械，那么纵使竭力工作，也许一天也制造不出一枚扣针，要做二十枚，当然是绝不可能了。但按照现在经营的方法，不但这种作业全部已经成为专门职业，而且这种职业分成若干部门，其中有大多数也同样成为专门职业。一个人抽铁线，一个人拉直，一个人切截，一个人削尖线的一端，一个人磨另一端，以便装上圆头。要做圆头，就需要有两三种不同的操作。装圆头，涂白色，乃至包装，都是专门的职业。这样，扣针的制造分为十八种操作。有些工厂，这十八种操作，分别由十八个专门工人担任。固然，有时一人也兼任两三门。我见过一个这种小工厂，只雇用十个工人，因此在这一个工厂中，有几个工人担任两三种操作。像这样一个小工厂的工人，虽很穷困，他们的必要机械设备，虽很简陋，但他们如果勤勉努力，一日也能成针十二磅。从每磅中等针有四千枚计，这十个工人每日就可成针四万八千枚，即一人一日可成针四千八百枚。如果他们各自独立工作，不专习一种特殊业务，那么，他们不论是谁，绝对不能一日制造二十枚针，说不定一天连一枚针也制造不出来。他们不但不能制出今日由适当分工合作而制成的数量的二百四十分之一，就连这数量的四千八百分之一，恐怕也制造不出来。

就其他各种工艺及制造业来说，虽有许多不能作这样细密的分工，操作也不能变得这样简单，但分工的效果总是一样的。凡能采用分工制的工艺，一经采用分工制，便相应地增进劳动的生产力。各种行业之所以各个分立，似乎也是由于分工有这种好处。一个国家的产业与劳动生产力的增进程度如果是极高的，则其各种行业的分工一般也都达到极高的程度。未开化社会中一人独任的工作，在进步的社会中，一般都成为几个人分任的工作。在进步的社会中，农民一般只是农民，制造者只是制造者。而且，生产一种完全制造品所必要的劳动，也往往分别由许多劳动者担任。试以麻织业和毛织业为例，从亚麻及羊毛的生产到麻布的漂白和烫平或呢绒的染色和最后一道加工，各部门所使用的不同技艺是那么多啊！

农业由于它的性质，不能有像制造业那样细密的分工，各种工作，不能像制造业那样判然分立。木匠的职业与铁匠的职业，通常是截然分开的，但畜牧者的业务与种稻者的业务，不能像前者那样完全分开。纺工和织工，几乎都是个别的两个人，但锄耕、耙掘、播种和收割，却常由一人兼任。农业上种种劳动，随季节推移而巡回，要指定一个人只从事一种劳动，事实上绝不可能。所以，农业上劳动生产力的增进，总跟不上制造业上劳动生产力的增进的主要原因，也许就是农业不能采用完全的分工制度。

现在最富裕的国家，固然在农业和制造业上都优于邻国，但制造业方面的优越程度，必定大于农业方面的优越程度。富国的土地，一般都耕耘得较好，投在土地上的劳动与费用也比较多，生产出来的产品按照土地面积与肥沃的比例来说也较多；但是，这样较大的生产量，很少在比例上大大超过所花的较大劳动量和费用。在农业方面，富国劳动生产力未必都比贫国劳动生产力大得多，至少不像制造业方面一般情况那样大得多。所以，如果品质同样优良，富国小麦在市场上的售价，未必都比贫国低廉。就富裕和进步的程度来说，法国远胜于波兰，但波兰小麦的价格，与品质同样优良的法国小麦同样低廉。与英格兰比较，论富裕，论进步，法国可能要逊一筹，但法国产麦省出产的小麦，其品质之优良完全和英格兰小麦相同，而且在大多数年头，两者的价格也大致相同。可是，英格兰的麦田耕种得比法国好，而法国的麦田，据说耕种得比波兰好得多。贫国的耕作，尽管不及富国，但贫国生产的小麦，在品质优良及售价低廉方面，却能在相当程度上与富国竞争。但是，贫国在制造业上不能和富国竞争；至少在富国土壤气候位置适宜于这类制造业的场合，贫国不能和富国竞争。法国绸之所以比英国绸又好又便宜，就是因为织绸业，至少在今日原丝进口税很高的条件下，更适合于法国气候，而十分不适合于英国气候。但英国的铁器和粗毛织物，却远胜于法国，而且品质同样优良的英国货品，在价格上比法国的低廉得多。据说，波兰除了少数立国所需的粗糙家庭制造业外，几乎没有什么制造业。

有了分工，同样数量的劳动者就能完成比过去多得多的工作量，其原因有三：

第一，劳动者熟练程度的增进，势必增加他所能完成的工作量。分工实施的结果，各劳动者的业务，既然终生局限于一种单纯操作，当然能够大大增进自己的熟练程度。惯于使用铁锤而不曾练习制铁钉的普通铁匠，一旦因特殊事故，必须制钉时，我敢说，他一天至多只能做出二三百枚针来，而且质量还拙劣不堪。即使惯于制钉，但若不以制钉为主业或专业，就是竭力工作，也不会一天制造出八百枚或一千枚以上。我看见过几个专以制钉为业的不满二十岁的青年人，在尽力工作时，每人每日能制造二千三百多枚。可是，制钉绝不是最简单的操作。同一劳动者，要鼓炉、调整火力，要烧铁挥锤打制，在打制钉头时还得调换工具。比较起来，制扣针和制金属纽扣所需的各项操作要简单得多，而以此为终生业务的人，其熟练程度通常也高得多。所以，在此等制造业中，有几种操作的迅速程度简直使人难以想象，如果你不曾亲眼见过，你绝不会相信人的手能有这样大的本领。

第二，由一种工作转到另一种工作，常要损失一些时间，因节省这种时间而得到的利益，比我们看到时所想象的大得多。不可能很快地从一种工作转到使用完全不相同工具而且在不同地方进行的另一种工作。耕作小农地的乡村织工，由织机转到耕地，又由耕地转到织机，一定要花费许多时间。诚然，这两种技艺，如果能在同一厂坊内进行，那么时间上的损失，无疑要少得多，但即使如此，损失还是很大。人由一种工作转到另一种工作时，通常要闲逛一会儿。在开始新工作之初，势必难立即精神贯注地积极工作，总不免心不在焉。而且在相当时间内，与其说他是在工作，倒不如说他是在开玩笑。闲荡、偷懒、随便这种种习惯，对于每半小时要换一次工作和工具，而且一生中几乎每天必须从事二十项不同工作的农村劳动者，可说是自然会养成的，甚而可说必然会养成的。这种种习惯，使农村劳动者常流于迟缓懒惰，即在非常吃紧的时候，也不会精神勃勃地干。所以，纵使没有技巧方面的缺陷，仅仅这些习惯也一定会大大减少他所能完成的工作量。

第三，人类把注意力集中在单一事物上，比把注意力分散在许多种事物上，更能发现达到目标的更简易、更便利的方法。分工的结果，各个人的全部注意力自然会倾注在一种简单事物上。所以只要工作性质上还有改良的余地，各个劳动部门所雇的劳动者中，不久自会有人发现一些比较容易而便利的方法，来完成他们各自的工作。唯其如此，用在今日分工最细密的各种制造业上的机械，有很大部分，原是普通工人的发明。他们从事于最单纯的操作，当然会发明比较便易的操作方法。不论是谁，只要他常去观察制造厂，他一定会看到极像样的机械，这些机械是普通工人为了要使他们担当的那部分工作容易迅速地完成而发明出来的。最初的蒸汽机，原需雇用一个儿童，按活塞的升降，不断开闭汽锅与汽筒间的通路。有一次担任这工作的某儿童，因为爱和朋友游玩，他用一条绳把开闭通路的舌门的把手，系在机械的另一部分，舌门就可不需人力自行开闭。原为贪玩想出来的方法，就这样成为蒸汽机大改良之一。

可是，一切机械的改良，绝不是只由机械使用者发明。有许多改良，是出自专门机械制造师的智巧；还有一些改良，是出自哲学家或思想家的智能。哲学家或思想家的任务，不在于制造任何实物，而在于观察一切事物，所以他们常常能够结合利用各种完全没有关系的物力。随着社会的进步，哲学也像其他各种职业那样，成为某一特定阶级人们的专门工作。这种工作也分成许多部门，每个部门，又各成为一种哲学家的行业。哲学上这种分工，像产业上的分工那样，增进了技巧，并节省了时间。各人擅长各人的特殊工种不但增加全体的成就，而且大大增进科学的内容。

在一个政治修明的社会里，造成普及到最下层人民的那种普遍富裕情况的，是各行各业的产量由于分工而大增。各劳动者，除自身所需数的以外，还有大量产物可以出卖；同时，因为一切其他劳动者的处境相同，各个人都能以自身生产的大量产物，换得其他劳动者生产的大量产物，换言之，都能换得其他劳动者大量产物的价格。别人所需的物品，他能予以充分供给；他自身所需的，别人也能予以充分供给。于是，社会各阶级普遍富裕。

考察一下文明而繁荣的国家的最普通技工的日用物品，你就会看到，用他的劳动的一部分（虽然只是一小部分）来生产这种日用品的人的数目，是难以数计的。例如，日工所穿的上衣，就是许多劳动者联合劳动的产物。为完成这种朴素的产物，必须有牧羊者、剪羊毛者、梳羊毛者、染工、粗梳工、纺工、织工、漂白工、裁缝工，以及其他许多人，联合起来工作。加之，这些劳动者居住的地方，往往相隔很远，把材料由甲地运至乙地，该需要多少商人和运输者啊！染工所用药料，常须购自世界上各个遥远的地方，要把各种药料由各个不同地方收集起来，该需要多少商业和航运业，该需要雇用多少船工、水手、帆布制造者和绳索制造者啊！为生产这些最普通劳动者所使用的工具，又需要多少种类的劳动啊！复杂机械如水手工作的船、漂白工用的水车或织工用的织机，姑且不论，单就简单器械如牧羊者剪毛时所用的剪刀来说，其制造就须经过许多种类的劳动。为了生产这极简单的剪刀，矿工、熔铁炉建造者、木材采伐者、熔铁厂烧炭工人、制砖者、泥水匠、在熔铁炉旁服务的工人、机械安装工人、铁匠等等，必须把他们各种各样的技艺联结起来。同样，要是我们考察一个劳动者的服装和家庭用具，如贴身穿的粗麻衬衣，脚上穿的鞋子，就寝用的床铺和床铺上各种装置，调制食物的炉子，由地下采掘出来而且也许需要经过水陆运输才能送到他手边供他烧饭的煤炭，厨房中一切其他用具，餐桌上一切用具，刀子和叉子，盛放食物的器皿，那种透得过光线并能遮蔽风雨的玻璃窗，等等。总之，我们如果考察这一切东西，并考虑到投在这每样东西上的各种劳动，我们就会觉得，没有成千上万的人的帮助和合作，一个文明国家里的微不足道的人，即便按照他一般适应的舒服简单的方式，也不能够取得其日用品的供给。

第二章　论分工的原由

产生许多利益的分工，原不是人类智慧的结果，尽管人类预见到分工会产生普遍富裕并想利用它来实现普遍富裕。它是一种人类倾向逐渐造成的结果，这种倾向就是互通有无，互相交易。这种倾向，为人类所共有，亦为人类所特有，在其他各种动物中是找不到的。两只猎犬同逐一兔，有时也像是一种协同动作。它们把兔逐向对手的方向，或在对手把兔逐到它那边时，加以拦截。不过，这种协同动作，只是在某一特定时刻，它们的欲望对于同一对象的偶然的一致，而并不是契约的结果。我们从未见过甲乙两犬公平审慎地交换骨头，也从未见过一种动物，以姿势或自然呼声，向其他动物示意说：这为我有，那为你有，我愿意以此易彼。一个动物，如果想由一个人或其他动物取得某物，除博得对方的欢心外，没有别种说服手段。小犬要得食，就向母犬百般献媚；家狗要得食，就做出种种娇态，来唤起餐桌上主人的注意。我们人类，对于同胞，有时也采取这种手段。如果他没有别的适当方法，叫同胞满足他的意愿，他会以种种卑劣阿谀的行为，博取对方的厚意。不过这种办法，只能偶尔为之，想应用到一切场合，却为时间所不许。一个人尽毕生之力，亦难博得几个人的好感，而他在文明社会中，随时有取得多数人的协作和援助的必要。别的动物，一到壮年期，几乎全都能够独立，自然状态下，不需要其他动物的援助。但人类几乎随时随地都需要同胞的协助，要想仅仅依赖他人的恩惠，那是一定不行的。他如果能够刺激他们的利已心，使之有利于他，并告诉他们，给他做事，是对他们自己有利的，他要达到目的就容易得多了。不论是谁，如果要与旁人做买卖，首先就要这样提议："请给我以我所要的东西吧，同时，你也可以获得你所要的东西"。这句话是交易的通义。我们所需要的相互帮忙，大部分是依照这个方法取得的。我们每天所需的食料和饮料，不是出自屠户、酿酒家或烙面师的恩惠，而是出于他们自利的打算。我们不说唤起他们利他心的话，而说唤起他们利己心的话。我们不说自己有需要，而说对他们有利。社会上，除乞丐外，没有一个人愿意全靠别人的恩惠过活。而且，就连乞丐，也不能一味依赖别人。诚然，乞丐生活资料的供给，出自善人的慈悲。虽然这种道义归根到底给乞丐提供了他所需要的一切东西，但没有，也不可能，随时随刻给他提供他所需要的东西。他的大部分临时需要和其他人一样，也是通过契约、交换和买卖而得到供给的。他把一个人给他的金钱拿去购买食物，把另一个人给他的旧衣拿去交换更合身的旧衣，或交换一些食料和寄宿的地方；或者，先把旧衣换成货币，再用货币购买自己需要的食品、衣服和住所（见图 11-2）。

交换是人的天性发展的结果

交换只存在于人类社会之中

人既有自然利益需求，也有社会利益需求。他们之间的关系是目的与手段的关系。人们在社会制度的制约下参与社会分工协作，通过媒介分工的货币换取生命利益，满足生存需求。这样做比直接从自然中获取生命利益的成本要低得多。对比而言，其他动物还没有表现出这种倾向。

斯密说，当一只动物想要从人或另一只动物那里得到什么东西时，除了向人或动物提供好感之外，没有其他的说服手段。

斯密认为，人也可以使用某种卑躬屈膝的姿态博取同情，但他绝对不会每次都这么做，人在多数时都是凭借自己的劳动挣得工资，然后利用自己的工资去购买自己想要吃的食物，想要穿的衣服等。

人类社会的3次大分工

人类在社会化的进程中有过3次较大的分工合作，这对人类的历史产生了深远的影响。

有生育能力的女人主内，看护住所和哺育幼儿。强壮的男性主外，采摘和携带食物。这种分工方式一直延续到原始的农业社会。

随着农业社会的发展，当土地成为人类生存活动的最大利益时，对土地争夺引发的战争使体力和权力主导了社会分工。

在商业社会来临后，金钱与权力共同主导了社会分工。

图 11-2　分工的原由

由于我们所需要的相互帮忙，大部分是通过契约、交换和买卖取得的，所以当初产生分工的也正是人类要求互相交换这个倾向。例如，在狩猎或游牧民族中，有个善于制造弓矢的人，他往往以自己制成的弓矢，与他人交换家畜或兽肉，结果他发觉，与其亲自到野外捕猎，倒不如与猎人交换，因为交换所得却比较多。为他自身的利益打算，他只好以制造弓矢为主要业务，于是他便成为一个武器制造者。另有一个人，因长于建造小茅房或移动房屋的框架和屋顶，往往被人请去造屋，得家畜兽肉为酬，于是他终于发觉，完全献身于这一工作对自己有利，因而就成为一个房屋建筑者。同样，第三个人成为铁匠或铜匠，第四个人成为硝皮者或制革者。这样一来，人人都一定能够把自己消费不了的自己劳动生产物的剩余部分，换得自己所需要的别人劳动生产物的剩余部分。这就鼓励大家各自从事一种特定业务，使他们在各自的业务上，磨炼和发挥各自的天赋资质或才能。

人们天赋才能的差异，实际上并不像我们所发觉的那么大。人们壮年时在不同职业上表现出来的极不相同的才能，在多数场合，与其说是分工的原因，倒不如说是分工的结果。例如，两个性格极不相同的人，一个是哲学家，一个是街上的挑夫。他们间的差异，看来是起因于习惯、风俗与教育，而不是起因于天性。他们生下来，在七八岁以前，彼此的天性极相类似，他们的双亲和朋友，恐怕也不能在他们两者间看出任何显著的差别。大约在这个年龄，或者此后不久，他们就从事于极不相同的职业，于是他们才能的差异，渐渐可以看得出来，往后逐渐增大，结果，哲学家为虚荣心所驱使，简直不肯承认他们之间有一点类似的地方。然而，人类如果没有互通有无、物物交换和互相交易的倾向，各个人都须亲自生产自己生活上一切必需品和便利品，而一切人的任务和工作全无分别，那么工作差异所产生的才能的巨大差异，就不可能存在了。

使各种职业家的才能形成极显著的差异的，是交换的倾向；使这种差异成为有用的也是这个倾向。就天赋资质说，哲学家与街上挑夫的差异，比猛犬与猎狗的差异，比猎狗与长耳狗的差异，比长耳狗与牧畜家犬的差异，少得多。但是，这些同种动物，并没有相互利用的机会。猛犬的强力，绝不能辅以猎狗的敏速，辅以长耳狗的智巧，或辅以牧畜家犬的柔顺。它们因为没有交换交易的能力和倾向，所以，不能把这种种不同的资质才能，结成一个共同的资源，因而，对于同种的幸福和便利，不能有所增进。各动物现在和从前都须各自分立，各自保卫。自然给了它们各种各样的才能，而它们却不能以此得到何种利益。人类的情况，就完全两样了。他们彼此间，哪怕是极不类似的才能也能交相为用。他们依着互通有无、物物交换和互相交易的一般倾向，好像把各种才能所生产的各种不同产物，结成一个共同的资源，各个人都可以以这个资源随意购取自己需要的别人生产的物品。

第三章　论分工受市场范围的限制

分工起因于交换能力，分工的程度，因此总要受交换能力大小的限制，换言之，要受市场广狭的限制。市场要是过小，那就不能鼓励人们终生专务一业。因为在这种状态下，他们不能用自己消费不了的自己劳动生产物的剩余部分，随意换得自己需要的别人劳动生产物的剩余部分（见图 11-3）。

分工与市场范围的关系

斯密认为，很多产业，即使是很低级的一种，往往也只能在大城市中进行。以搬运工为例，在大城市搬运工的职业是很固定的。但在一个村庄或一个普通的集市，以它为固定职业的人却很少。可见，市场范围小，分工也小。市场范围大，分工才有可能趋于精细。

小市场的分工

市场要是过小，那就不能鼓励人们终生专务一业。因此在小村庄里很难找到铁匠和木匠的铺子。

大市场的分工

在一个富裕的国家或大城市，人们会叫来各种工人来干各种活，需求的旺盛使得分工不断精细下去。左图是中国北宋的都城在清明时的繁荣场景。图中人流熙熙攘攘，茶楼、酒馆、当铺、作坊、杂货店等商铺林立，其手工业分工之精细让人叹为观止。

图 11-3　分工与市场范围的关系

有些业务，哪怕是最普通的业务，也只能在大都市经营。例如搬运工人，就只能在大都市生活。小村落固不待言；普通集市亦小，不能给他以不断的工作。散布在荒凉的苏格兰高地一带的人迹稀少的小乡村的农夫，不论是谁，也要为自己的家属兼充屠户、厨师乃至酿酒人。在那种地方，要在二十哩内找到二个铁匠、木匠或泥水匠，也不容易。离这班工匠至少有八九哩之远的零星散居人家，只亲自动手作许多小事情；在人口众多的地方，小事情一定会雇请专业工人帮忙。农村工人都是一个人兼营几种性质类似、使用同一材料的行业。农村木匠要制造一切木制的物品；农村铁匠要制作一切铁制的物品。农村木匠不仅是木匠，同时又是细工木匠，家具师、雕刻师、车轮制造者、耕犁制造者，乃至二轮四轮运货车制造者。木匠的工作如此繁杂，铁匠的工作还更繁杂。在苏格兰高地那样僻远内地，无论如何，总维持不了一个专门造铁钉的工人。因为他即使一日只能制钉一千枚，一年只劳动三百日，也每年能制钉三十万枚。但在那里，一年也销不了他一日的制造额，就是说销不了一千枚。

水运开拓了比陆运所开拓的广大得多的市场，所以从来各种产业的分工改良，自然而然地都开始于沿海沿河一带。这种改良往往经过许久以后才慢慢普及到内地。现在，以御者二人马八匹，驾四轮运货车一辆，载重约四吨货物，往返伦敦和爱丁堡间，计需六星期日程。然而，由六人或八人驾驶船一艘，载重二百吨货物，往返伦敦和利斯间，也只需同样日程。所以需一百人，四百匹马和五十辆四轮运货车搬运的货物，可借水运之便，由六人或八人搬运。而且，把二百吨货物由伦敦运往爱丁堡，以最低陆运费计算，亦需负担一百人三个星期的生活费和四百匹马五十辆四轮运货车的维持费，以及和维持费几乎相等的消耗。若由水运，所应负担的，充其量也不过是六人至八人的生活费，载重二百吨货船的消耗费，和较大的保险费，即水运保险费与陆运保险费之间的差额。所以，假若在这两都市间，除陆运外，没有其他交通方法，那么除了那些重量不大而价格很高的货物而外，便没有什么商品能由一地运至另一地了。这样，两地间的商业，就只有现今的一小部分，而这两地相互间对产业发展提供的刺激，也只有现今的一小部分。假使世界上只有陆运，则各僻远地区间的商业，一定会无法进行。有什么货物，负担得起由伦敦至加尔各答的陆上运费呢，即使有这种货物，又有什么输送方法能使货物安然通过介在两地间的许多野蛮民族的领土呢，然而，现今这两个都市，相互进行大规模的贸易，相互提供市场，并对彼此的产业发展，相互给予很大的鼓励。

由于水运有这么大的便利，所以工艺和产业的改良，都自然发生在水运便利的地方。这种改良总要隔许久以后才能普及到内地。由于与河海隔离，内地在长期间内，只能在邻近地方，而不能在其他地方，销售其大部分生产物。所以，它的货品销量，在长时间内，必定和邻近地方的财富与人口成比例。结果，它的改良进步总落在邻近地方的后面。我国殖民北美所开发的大种植园，都沿着海岸和河岸，很少扩展到离此很远的地区。

根据最可靠的历史记载，开化最早的乃是地中海沿岸各国。地中海是今日世界上最大的内海，没有潮汐，因而除风起浪涌外，也没有可怕的波涛。地中海，由于海面平滑，岛屿棋布，离岸很近，在罗盘针尚未发明，造船术尚不完全，人都不愿远离海岸，而视狂澜怒涛为畏途的时候，对于初期航海最为适宜。在古代，驶过世界的尽头，换言之，驶过直布罗陀海峡西航，就被视为最危险的企图。就连当时以造船航海事业著名的腓尼基人和迦太基人，也是过了许久才敢于尝试。而且，在他们尝试过了很久以后，别国人民才敢问津。

在地中海沿岸各国中，农业或制造业发达最早改良最大的，要首推埃及。上埃及的繁盛地域，都在尼罗河两岸数哩内。在下埃及，尼罗河分成无数支流，大大小小，分布全境；这些支流，只要略施人工，就不但可在境内各大都市间，而且在各重要村落间，甚至在村野各农家间，提供水上交通的便利。这种便利，与今日荷兰境内的莱茵河和麦斯河，几乎全然一样。内陆航行，如此广泛，如此便易，无怪埃及进步得那么早。

东印度孟加拉各省，以及中国东部的几个省，似乎也在极早的时候已有农业和制造业上的改良，关于这种往古事迹的真相，欧洲权威历史学家尚未确证。印度的恒河及其他大河，都分出许多可通航的支流，与埃及的尼罗河无异。中国东部各省也有若干大江大河，分成许许多多支流和水道，相互交通着，扩大了内地航行的范围。这种航行范围的广阔，不但非尼罗河或恒河所可比拟，即此二大河合在一起也望尘莫及。但令人奇怪的是，古代埃及人、印度人和中国人，都不奖励外国贸易。他们的财富似乎全然得自内陆的航行。

非洲内地，黑海和里海以北极远的亚洲地方，古代的塞西亚，即今日的鞑靼和西伯利亚，似乎一向都处于野蛮未开化状态。鞑靼海是不能通航的冰洋，虽有若干世界著名大河流过鞑靼，但因彼此距离太远，大部分地区不利于商业和交通。在欧洲，有波罗的海与亚得里亚海；在欧亚两大陆间，有地中海与黑海；在亚洲，有阿拉伯、波斯、印度、孟加拉瓜及退罗诸海湾。但在非洲，却是一个大内海也没有，境内诸大河又相隔太远，因此不能有较大规模的内地航行。此外，一国境内，纵有大河流贯其间，但若毫无支流，其下游又须流经他国国境始注于海，这国也就仍然不能有大规模的商业，因为上游国能否与海洋交通，随时都要受下游国的支配，就巴伐利亚、奥地利和匈牙利各国来说，多瑙河的效用极为有限，但若此河到黑海的全部航权，竟为三国中任何一国所独有，效用就不可同日而语了。

第四章　论货币的起源及其效用

分工一经完全确立，一个人自己劳动的生产物，便只能满足自己欲望的极小部分。他的大部分欲望，须用自己消费不了的剩余劳动生产物，交换自己所需要的别人劳动生产物的剩余部分来满足。于是，一切人都要依赖交换而生活，或者说，在一定程度上，一切人都成为商人，而社会也成为商业社会。

但在刚开始分工的时候，这种交换力的作用，往往极不灵敏。假设甲持有某种商品，自己消费不了，而乙所持有的这种物品，却不够自己消费。这时，甲当然乐于出卖，乙当然乐于购买甲手中剩余物品的一部分，但若乙手中，并未持有甲目前需要的物品，他们两者间的交易，仍然不能实现。比如，屠户把自己消费不了的肉，放在店内，酿酒家和烙面师，固然都愿意购买自己所需要的一份，但这时，假设他们除了各自的制造品外，没有别种可供交易的物品，而屠户现时需要的麦酒和面包，已经得到了供给，那么，他们彼此之间，没有进行交易的可能。屠户不能作酿酒家和烙面师的商人，而酿酒家和烙面师也不能作屠户的顾客。这样，他们就不能互相帮助（见图 11-4）。

货币的诞生和演变

货币的诞生

我们也许很难追溯货币的诞生时间，但是通过对一些具体的事情进行推理，我们也许可以推测。正是由于在交易中存在一方不需要对方的产品的情形而使交易的成功率大为降低。所以人们逐渐推举出一些物品公认的价值物，货币由此就诞生了。

布匹老板国成有足够的布匹，而馒头师春江有足够的馒头，尽管他们都具备交换能力，但交换仍然不能实现。原因就在于国成不需要春江的馒头。

馒头师春江想到羊是大家都能接受的产品。于是他用一篮子馒头换了一头羊，再牵着这头羊与布匹老板国成交换，交易终于成功了！

货币的种类

货币按其是否具有内在价值可以分为商品货币与法定货币两种，按历史出现的早晚，又可分为实物货币、金属货币、纸币和信用货币。

实物货币——将作为货币用途的价值与其非货币用途的商品价值相等的倾向。龟壳、海贝、蚌珠、皮革、米、布帛、农具等都曾作为实物货币被使用过。

金属货币——将以金属为材料并铸成一定形状的货币。分金币、银币、和铜币等多种。

纸币——国家发行和强制流通的价值符号。中国是世界上最早使用货币的国家。11世纪，北宋的交子是典型的纸币。其后元、明、清发行的宝钞，也属于典型的纸币。

信用货币——广义能充当支付手段和流通手段的各种信用凭证，包括银行券、汇票、期票、银行支票等。狭义指银行货币，即银行券和银行支票。

图 11-4 货币的诞生与演变

有思虑的人，为了避免这种不便，除自己劳动生产物外，随时身边带有一定数量的某种物品，这种物品，在他想来，拿去和任何人的生产物交换，都不会见拒绝。为这目的而被人们先后想到并用过的物品可有种种。未开化社会，据说曾以牲畜作为商业上的通用媒介。牲畜无疑是极不便的媒介，但我们却发现了，古代往往以牲畜头数作为交换的评价标准，亦即用牲畜交换各种物品。荷马曾说：迪奥米德的铠甲，仅值牛九头，而格罗卡斯的铠甲，却值牛一百头。据说，阿比西尼亚以盐为商业变换的媒介；印度沿海某些地方，以某种贝壳为媒介；弗吉尼亚用烟草；纽芬兰用干鱼丁；我国西印度殖民地用砂糖；其他若干国家则用兽皮或鞣皮。据我所闻，直到今日，苏格兰还有个乡村，用铁钉作媒介，购买麦酒和面包。

然而，不论在任何国家，由于种种不可抗拒的理由，人们似乎都终于使用金属而不使用其他货物作为媒介。金属不易磨损，具有很大的耐久性，还能任意分割，分割了也可再熔成原形。这性质却为一切其他有耐久性商品所没有。金属的这一特性，使金属成为商业流通上适宜的媒介。例如，假设除了牲畜，就没有别种物品可以换盐，想购买食盐的人，一次所购价值，势必相当于整头牛或整头羊，他所购买的价值，不能低于这个限度，因为他用以购买食盐的物品，不能分割，分割了就不能复原。如果他想购买更多的食盐，亦只有依同一理由，以牛或羊二三头，购入两倍或三倍多的分量。反之，假如他用以交易的物品，不是牲畜，而是金属，他的问题就容易解决了，他可只按照他目前的需要，分割相当分量的金属，来购买价值相当的物品。

各国为此目的而使用的金属，并不相同。古斯巴达人用铁，古罗马人用铜，而一切富裕商业国的国民却使用金银。最初用做交换媒介的金属，似乎都是粗条，未加何种印记或铸造。换言之，这些粗条，就是当时当作货币使用的东西。在这样粗陋状况下，金属的使用，有两种极大的不便。第一是称量的麻烦；第二是化验的麻烦。贵金属在分量上有少许差异，在价值上便会有很大差别。但要正确称量这类金属，至少需备有极精密的法码和天平。金的称量，尤其是一种精细的操作。诚然，贱金属称量稍差，在价值上不会发生大的影响，因此，没有仔细称量的必要。但若一个穷人，买卖值一个铜板的货物，也需每次称量这一个铜板的重量，就不免令人觉得麻烦极了。化验金属的工作，却更为困难，更为烦琐。要不是把金属的一部分放在坩埚里，用适当的熔解药熔解，检验的结果就很不可靠。在铸币制度尚未实施以前，除非通过这种又困难又烦琐的检验，否则就很容易受到极大的欺骗。他们售卖货物的所得，可能是表面上很像一磅纯银或纯铜，而其中却混有许多最粗劣最低贱的金属。所以，进步国家，为避免此种弊害、便利交易、促进各种工商业发达起见，都认为有必要，在通常用以购买货物的一定分量的特定金属上，加盖公印。于是就有了铸币制度和称为造币厂的官衙。这种制度的性质，类似麻布呢绒检查官制度。这些检查官的任务是，通过加盖公印，确定这市上各种商品的分量，划一它们的品质。

最初盖在货币金属上的公印，其目的似乎都在于确定，那必须确定而又最难确定的金属的品质或纯度。当时的刻印，与现今银器皿和银条上所刻的纯度标记很相似。在金块上刻印，但只附在金属一面而不盖住金属全面的西班牙式标记，亦与此相似。它所确定的，只是金属的纯度，不是金属的重量。据说，舍克尔是当时商人流通的货币。可是，那时金属货币的流通，和今日金块银条一样，都不论个数，只论重量。在古代，撒克逊人入主英格兰，不是征取货币，而是征取实物，即各种食粮。以货币缴纳的习惯，是征服王威廉第一创始的。不过，当时纳入国库的货币，在很长的一段时期里，是按重量而不按个数计收的。

要称量金属而毫无差误，是很麻烦和很困难的。这便引出了铸币制度。铸币的刻印，不仅盖住金属块的两面，有时还盖住它的边缘。这种刻印，不但要确定金属的纯度，还要确定它的重量。自此以后，铸币就像现在那样，全以个数计，没有称重量的麻烦了。

那些铸币的名称，看来原要表明内含的重量或数量。罗马铸造货币，始于瑟维阿斯·图利阿斯时代，当时罗马币阿斯（AS）或庞多（Pondo）含有纯铜一罗马磅。阿斯或庞多分为十二盎司，每盎司含有纯铜一盎司。在爱德华一世时代，一英磅含有纯银一陶尔磅。一陶尔磅似比一罗马磅多些，而比一特鲁瓦磅少些。特鲁瓦磅，到亨利八做第十八年，才由英国造币厂采用。特鲁瓦是法国东北部香槟省的一个城市，在那时候，欧洲各国人民时常出入它的市场，大家因此都熟悉并尊重这个有名市场所用的权衡。在查理曼大帝时代，法币利弗（Livre）含纯银一特鲁瓦磅。苏格兰币一磅，自亚力山大一世至布鲁斯时代止，都含有与英币一镑同重量同纯度的银一磅。英格兰、法兰西和苏格兰的货币一便士，最初都含有重一便士的银，即一盎司的二十分之一的银，或一磅的二百四十分之一的银。先令最初似亦系重量名称。亨利三世当时的法律规定：小麦一夸特值二十先令时，值一个铜板的上等小麦面包，须重十二先令四便士。不过，先令对便士或先令对磅的比例，似乎不像便士对磅的比例那么稳定。法国古时的苏（Sou）或先令，有时含五便士，有时含十二便士，有时含二十乃至四十便士。在古代撒克逊人间，一先令在某一个时期似只含五便士，其含量的变动，与其邻国人即法兰克人的先令大抵很类似。法国自查理曼大帝时代以来，英格兰自征服王威廉第一时代以来，镑、先令或便士的价值，虽有很大变动，但彼此间的比例，似和现今一样，没有多大变动。我相信，世界各国的君主，都是贪婪不公的。他们欺骗臣民，把货币最初所含金属的真实分量，次第削减。在罗马共和国后期，罗马的阿斯，减到原价的二十四分之一，含量名为一磅，实只半盎司。英格兰的镑和便士，现今价值大约相当于当初的三分之一；苏格兰的镑和便士，大约相当于当初的三十六分之一；法国的镑和便士，大约相当于当初的五十六分之一。通过采用这些办法，君王和国家就能以较小量的银，表面上偿还债务，并履行各种契约。实际上，政府的债权人因此被剥夺了一部分应得的权利。政府允许国内一切其他债务人，都有和君王相等的特权，他们同样能以新的贬值币，偿还货币改铸前借来的金额。所以，这种措施，常有利于债务人，而有损于债权人；有的时候，这种措施产生了比公共大灾祸所能产生的大得多、普遍得多的个人财产上的革命。

但货币却就在这情况下，成为一切文明国商业上的通用媒介。通过这媒介，一切货物都能进行买卖，都能相互交换。

第五章　论财富的自然发展

文明社会的重要商业，就是都市居民与农村居民通商。这种商业，有的是以原生产物与制造品直接交换，有的是以货币或纸币作媒介交换。农村以生活资料及制造材料供给都市，都市则以一部分制造品供给农村居民。不再生产亦不能再生产生活资料的都市，其全部财富和全部生活资料都可说是得自农村。但我们不要根据这点，就说都市的利得即是农村的损失。他们有相互的利害关系。这里，分工的结果，像其他方面的分工一样，对双方从事各种职业的居民都有利益。农村居民，与其亲自劳动来制造他们需要的制造品，毋宁作这种交换，因为由这种交换，他们可用较小量的自身劳动生产物购得较大量的制造品。都市是农村剩余产物的市场，农民用不了的东西，就拿到都市去交换他们需要的物品。都市的居民愈多，其居民的收入愈大，农村剩余产物的市场愈广阔。这种市场愈广阔，对广大人民愈有利。在离都市一哩远处生产的谷物，与在离都市二十哩远处生产的谷物，在市上的售价都一样。但后者所得的售价，一般地说，不但要补偿其生产费用和上市费用，而且要对农业家提供农业的普通利润。所以，都市附近的农业家和耕作者，从谷物售价所得的，不仅是农业的普通利润，而且包括自远地运来出售的谷物的运费全部价值。此外，在他们购买的东西的买价上，他们还节省这些东西的远途运费的全部价值。试一比较都市附近各农村和远离都市各农村的耕作事业，你就知道都市商业是怎样有利于农村的。就连所有宣传贸易差额的各种谬说，也没有一种敢妄说城乡通商对城市或对乡村有损的。

按照事物的本性，生活资料必先于便利品和奢侈品，所以，生产前者的产业，亦必先于生产后者的产业。提供生活资料的农村的耕种和改良，必先于只提供奢侈品和便利品的都市的增加。乡村居民须先维持自己，才有剩余产物维持都市的居民。所以，要先增加农村产物的剩余，才谈得上增设都市。但因都市生活资料，不一定依赖于附近的农村，甚至不一定要依赖于国内的农村，而可以从远方运来，所以，这虽然不是一般原则的例外，却使各时代各国家进步繁荣的过程，因而有所差异。

农村先于都市的事态，在大多数国家，是由需要促成的，但在所有国家，又有人类天性促其实现。只要人为制度不压抑人类天性，境内土地尚未完全开垦改良以前，都市的增设，绝不能超过农村的耕作情况和改良情况所能支持的限度。如果利润相等或几乎相等，多数人必宁愿投资以改良土地开垦土地，不愿投资于工业及国外贸易。投在土地上的资本，可受到投资人自身更直接的监察；与商人资本比较，他的财产不易遭遇意外。商人的财产，不但常须冒狂风巨浪的危险，而且由于商人常须对远郊的人贷给信用，还要冒人类的愚蠢与不正当行为的危险。反之，地主的资本，却可固定在土地改良物上，相对安全。而且，乡村风景的美丽，乡村生活的愉快，乡村心理的恬静，以及乡村所提供的独立性，只要这独立性不受到人为的迫害的话，这些实具有吸引每一个人的巨大魅力。耕作土地既为人的原始目标，所以，在有人类存在的一切阶段，这个原始的职业将为人类所永远爱悦。

没有工匠的帮助，农耕必大感不便，且会时作时辍。农民常常需要锻工、木匠、轮匠、犁匠、泥水匠、砖匠、皮革匠、鞋匠和缝匠的服务。这类工匠，一方面因为要互相帮助，另一方面又因为不必要像农民那样有固定地址，所以，自然而然地聚居一地，结果，就形成了一种小市镇或小村落。后来，又有屠户、酒家、面包师，以及许多就供给临时需要那一点说对他们是必要的或有用的其他工匠及零售商人加入，于是市镇日益扩大起来。乡民和市民是互相服务的。市镇是乡民不断前往把原生产物交换制造品的市集或市场。就是依着这种交换，都市居民才取得了工作材料和生活资料的供给。他们售给乡村居民的制成品的数量，支配他们所购的材料及食料的数量。所以，他们的材料及食料的增加，只能按照乡民对制成品需要增加的比例而增加，而这种需要，又只能按照耕作及改良事业发展的比例而发展。所以，假设人为制度不扰乱事物的自然倾向，那就无论在什么政治社会里，都市财富的增长与规模的扩大，都是乡村耕作及改良事业发展的结果，而且按照乡村耕作及改良事业发展的比例而增长扩大（见图 11-5）。

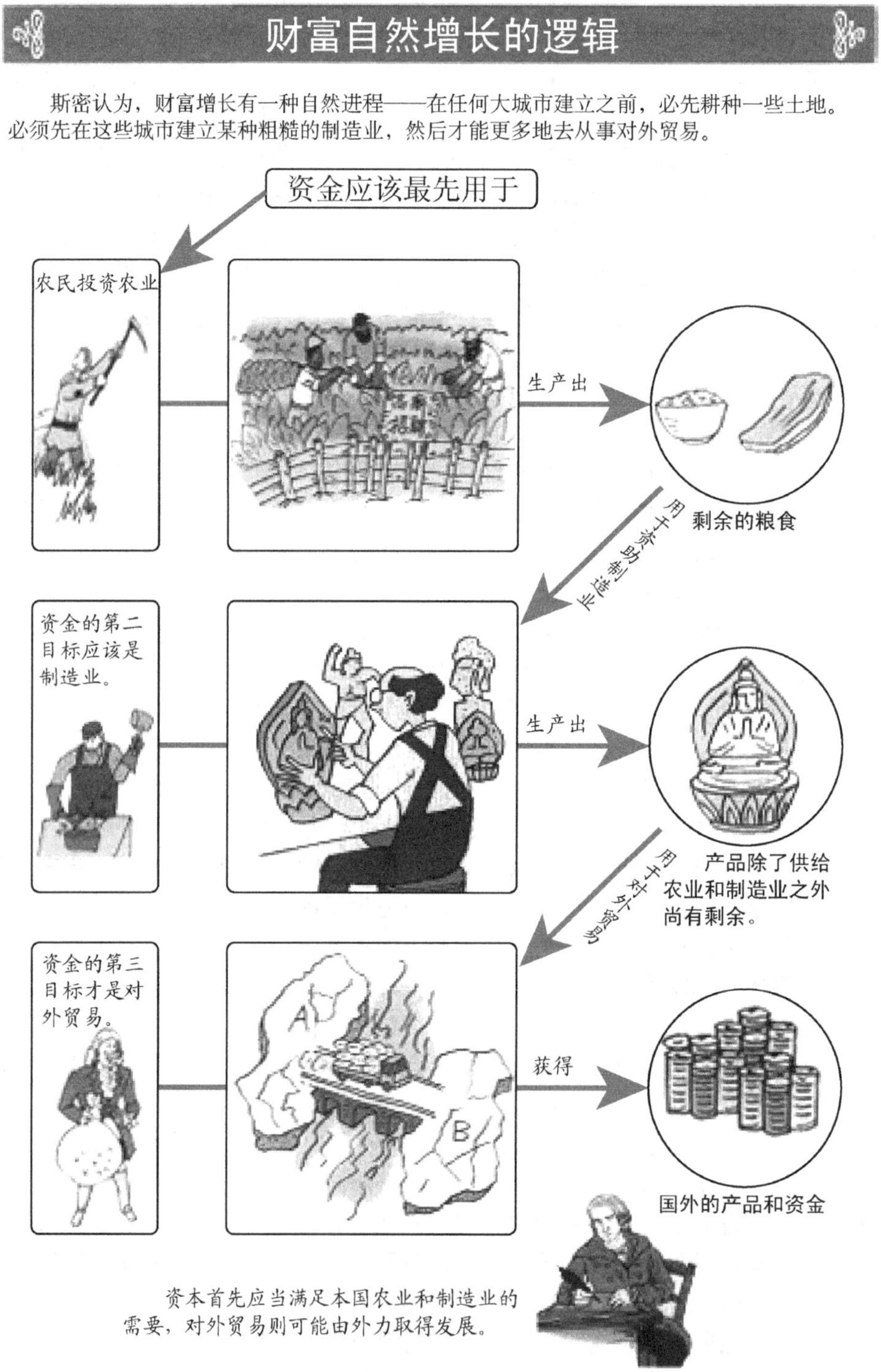

图 11-5　财富自然增长的逻辑

在土地极易获得的我们北美殖民地，为销售于远方而兴办的制造业，在任何市镇都还不曾有过。在北美洲，当工匠获得的资本，超过他所经营的、以供给邻近乡村为职志的事业所需要的数额时，他不会想办一家工厂来做销售远方的生意。他一般宁愿用多余的资财，来购买或改良未开垦的土地，由技工一变而为农业家。当地付给技工的高昂工资，对于技工所提供的舒畅生活，都不足以诱使他为他人工作，他总情愿为自己工作。他觉得，技工是顾客的仆役，依赖生活于顾客；至于耕作自己的土地，从自己家庭的劳力取得衣食之资的农业家，则是真正的主人翁，独立于世界。

反之，在土地全已开垦或不易购得的国家，技工所获资本，如果已经不能全数投在邻近地区随时需要的事业上，其有余部分，就会用来扩张营业，准备销售远方。锻工将建立铁厂，织工将建立麻织厂毛织厂。随着时间的推进，这各种制造业，将慢慢地进行精密的分工，用各种方法加以改进。这是大家容易想得到的，用不着细选。

在利润相等或几乎相等的条件下，人们选择投资途径时，在制造业与国外贸易业两者中，自宁愿选择制造业，其原因正如在农业与制造业中，宁愿选择农业一样。与制造商的资本比较，地主或农业家的资本更为稳当。同样地，与国外贸易的资本比较，制造商的资本更为稳当，因为随时都在自己监察之下。诚然，随便什么时代，随便什么社会，剩余原生产物及制造品，或者说，国内无人需要的原生产物及制造品，都必须送往外国，以交换国内需要的其他物品。但输运剩余产物到外国去的资本，为本国所有，成为外国所有，却是无关重要的。如果本国的资本，不够我们同时耕作一切土地，并完完全全地制造一切原生产物，那么，由外国资本来输运本国剩余原生产物到外国去，亦对本国有很大的利益。因为，有了这种资本，本国的资本，便可全部投在更有利的用途上。中国、印度、古埃及的富裕，充分证明了一种事实，即是，纵使本国输出业，有大部分为外国人经营，这国国民的富裕，仍可达到极高的程度。北美殖民地、西印度殖民地，设若除了本地所有的资本，没有外国资本替它们输出剩余产物，它们的进步，会慢得多吧。

按照事物的自然趋势，进步社会的资本，首先是大部分投在农业上，其次投在工业上，最后投在国外贸易上。这种顺序是极自然的；我相信，在所有拥有多少领土的社会，资本总是在某程度上按照这种顺序投用。总得先开垦了一些土地然后才能成立很多城市；总得在城市里先有了些粗糙的制造业，然后才会有人愿意投身于国外贸易。

这个自然的顺序，虽然在所有进步的社会里都已在某种程度上发生，但就今日欧洲各国的情状而言，这个顺序却就许多方面说，似乎完全相反。它们的精制造业或适于远地销售的制造业，多由国外贸易引出。农业大改良，也是制造业和国外贸易所产生的结果。这种反自然的退化的顺序，乃是风俗习惯迫成的。他们原来的统治的性质使他们的风俗习惯变成了这个模样。后来，这种统治大大改变了，他们的风俗习惯却仍没有多大改变。下面以图示的方式展示斯密的一生及贡献，如图 11-6～图 11-9 所示。

亚当·斯密和他的时代

影响斯密的重要人物

斯密能够成为一代经济学大家，这和他的博学多识是分不开的。熊彼特在《经济分析史》的第一卷中说："斯密被授予'创立者'的称号，而他之前的经济学家则成了'前驱者'。"

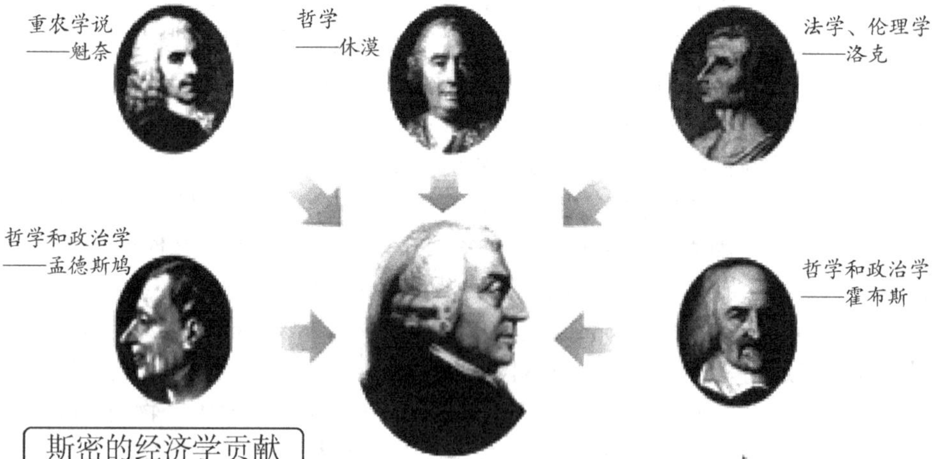

斯密的经济学贡献

图 11-6　亚当·斯密和他的时代

斯密奇特的一生

斯密从小就显露出好深思的理性精神，逐渐形成深厚的学术素养。又拥有休漠这样的良师益友。斯密终身未娶，把自己的一生献给了学术。终其一生都在以道德哲学来考虑经济学问题。

图 11-7　亚当·斯密传奇的一生

认识《国富论》的内在结构

《国富论》的主线

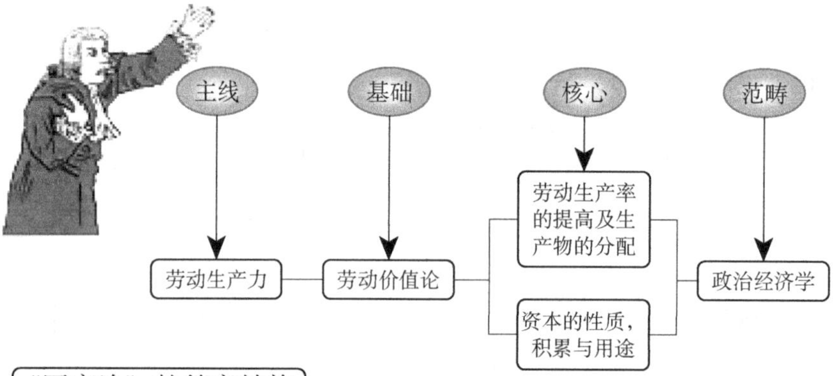

《国富论》的篇章结构

第1篇	分工、货币、价值以及3阶级的基本收入。斯密强调分工的重要性，认为分工是国民财富增长的重要原因之一。他系统地提出了古典学派中的分工学说。
第2篇	斯密分析了资本的构成、资本积累的条件和资本的用途，同时分析了资本的几种形态。
第3篇	从经济史的角度，论述了不同国家的财富的不同发展途径和结果。斯密指出只有资本主义关系是促进国民财富增长的自然关系。
第4篇	研究的是经济思想史，对重商主义和重农主义进行了分析和批判。
第5篇	斯密在这里论述了国家的支出、收入和公债，并提出了资产阶级财政学史上著名的“公平、确定、便利、经济”四大税收原则。

图 11-8　国富论的内在结构图示

自利、利他和互利的辩证统一

自利：市场经济的基础

亚当·斯密认为自利是市场经济的基础。所谓“自利”(self-love)即基于个人利益的利己主义人类交换倾向。人的自利行为就是个人对自身利益的追求过程。在“看不见的手”的指引下，经济人追求自身利益最大化的同时也促进了社会公共利益的增长。自利积累到一定量就会出现利他。而自利与利他在市场竞争的过程中又逐渐形成互利。承认自利，尊重他利，发展互利，构筑了整个西方经济学经济发展原则的基础。

证明一：马斯洛的需求理论

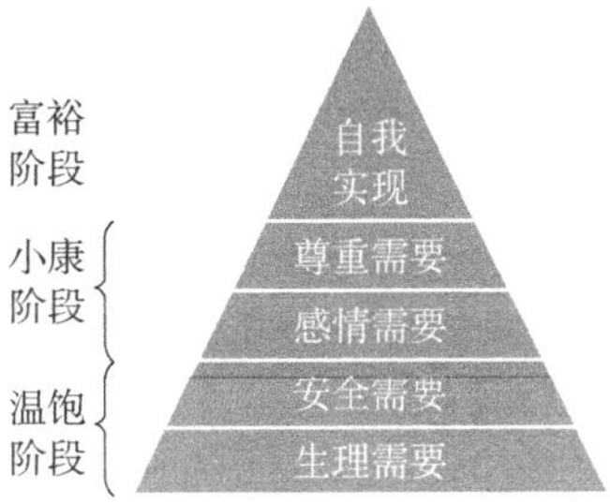

美国人对于需求种类的变化

需求种类	1935年	1995年
自我实现需要	3%	26%
尊重需要	7%	30%
感情需要	10%	24%
安全需要	45%	15%
生理需要	35%	5%

证明二：马克斯·韦伯的新教伦理理论

德国思想家韦伯试图证明，新教的宗教伦理是许多资本主义国家经济繁荣兴旺的核心动力。他发现，加尔文教获得广泛传播和接受以后，对资本主义的经济发展有着直接的促进作用。

积极入世

新教认为，财富是上帝赐予人的礼物、工作是人的天职，人们要用不懈的努力来增加财富。并且，占有的财富越多，其向上帝承担的责任也就越大。这种责任感的唯一目的就是荣耀上帝。这种宗教观使人们获得了参与经济的不竭动力。

理性禁欲

新教又主张“禁欲主义”，对勤劳、节俭、守诺、诚信等品行给予了积极的道德肯定，同时又摒弃所有对感官享乐的崇拜。这样必然能为经济活动的繁荣提供必需的资金积累。

图 11-9　自利、他利和互利的辩证统一

项目十二　就业、利息和货币通论（概述和点评）

学习目标

[知识要求] 熟悉通论的基本思想；萨伊定律；边际消费倾向。

[技能要求] 能够分析通论的结论；能够对比其他学派观点。

[关键术语] 通论；萨伊定律；充分就业。

第一章　全书概述

约翰·梅纳德·凯恩斯（1883—1946）是英国著名经济学家，1905 年毕业于剑桥大学，当时主修的是数学和文学。其后的一年间，他继续留在剑桥，师从经济学大师马歇尔和庇古攻读经济学。此后，他除在剑桥大学执教外，还长期担任英国政府部门的要职。1919 年第一次世界大战结束后，他以英国财政部首席代表身份参加巴黎和会，并以《和约的经济后果》一文抨击了凡尔赛和约中要求德奥战败国赔款等有关条款，一时名声大噪。1929 年资本主义经济大危机爆发后，他担任英国财政经济顾问委员会主席。第二次世界大战期间，凯恩斯任职于英国财政部，并担任英格兰银行的董事，是英国经济政策的主要制定者。1944 年，他率领英国代表团参加了布雷顿森林会议，接着又出任国际货币基金组织和国际复兴开发银行的董事，对战后经济的复兴做出了重大贡献。

凯恩斯的著作较多，较重要的有：《印度的通货和财政》（1913 年）、《和约的经济后果》（1919 年）、《货币改革论》（1923 年）、《货币论》（1930 年）和《劝说集》（1932 年）等。但凯恩斯的最重要、影响最大的著作，则是 1936 年出版的《就业、利息和货币通论》（以下简称《通论》）。

20 世纪 30 年代以前，在西方经济学界占统治地位的是以马歇尔等为代表的传统古典经济学理论，认为资本主义经济能够借助于市场供求力量自动地达到充分就业的均衡状态。凯恩斯早年曾受马歇尔和庇古等经济学家的熏陶，赞同古典经济学派的观点，并一直致力于货币理论的研究。这一点从他 20 世纪 30 年代以前出版的各部著作中可以看出。

第一次世界大战结束后，英国遭遇了长期的经济失调和严重的失业，凯恩斯认为这是经济紧缩导致的。因而他极力攻击恢复以前的金本位制，认为此举会导致通货紧缩及国内外相对价格的失衡，从而使英国的出口产品价格太高，不利于竞争，而这正是英国经济困境的根源所在。因此，他主张政府采取通货管理政策，通过价格控制（通货膨胀而非通货紧缩）来调整经济。这时，凯恩斯已开始有点脱离传统经济学的路线了。20 年代的失业使他觉得自由经济并非完全能够自我调节，自由放任也不足以带来经济的复兴，但他的这种脱离仍非常有限，其对经济的分析及其政策主张仍是以传统的古典经济学理论为基础。不过，面临长期的失业现象，他主张增加公共工程开支，以此来增加就业机会，减少失业，这可以说是第一次冒出“凯恩斯革命”的火花。1929—1933 年爆发了资本主义历史上最严重、最持久、最广泛的经济危机，经济萧条，失业严重，传统的经济理论已无法解释大萧条中出现的各种经济现象，更不能为摆脱危机提供“有效的”对策。就是在这种状态下，凯恩斯为了医治资本主义经济病症、寻求摆脱危机的措施，潜心于经济理论的研究，并于 1936 年发表了《通论》，此书问世根本动摇了传统经济理论，引起了经济理论上的一场革命。《通论》的出版，标志着凯恩斯完成了从传统的古典经济学理论向自己创立的新经济体系的过渡，标志着凯恩斯学说已发展成为一个独立的理论体系。

在《通论》中，凯恩斯否定了传统经济学的观点，他指出，以往传统经济学中所谓的均衡，是建立在供给本身创造需求这一错误理论基础上的充分就业均衡。他说，这只适合于特殊情况，而通常情况下则是小于充分就业的均衡，因而他自称他的就业理论才是一般理论，即通论，既可解释充分就业的情况，也可解释小于充分就业的情况。凯恩斯认为，导致这种情况的根源在于有效需求不足，而一国的就业水平是由有效需求决定的。有效需求是指商品总供给价格与总需求价格达到均衡时的总需求，而总供给在短期内不会有大的变动，因而就业水平实际上取决于总需求或有效需求。

凯恩斯认为，之所以出现有效需求不足，是因为“消费倾向”、“对资本未来收益的预期”以及对货币的“灵活偏好”这三个基本心理因素的作用。他指出，总需求是消费需求与投资需求之总和，总需求或有效需求不足是消费需求与投资需求不足的结果。心理上的消费倾向使得消费的增长赶不上收入的增长，因而引起消费需求不足。心理上的灵活偏好及对资本未来收益的预期使预期的利润率有偏低的趋势，从而与利息率不相适应，这就导致了投资需求的不足。凯恩斯还认为，心理上对资本未来收益的预期即资本边际效率的作用在三个基本心理因素中尤为重要，危机的主要原因就在于资本的边际效率突然崩溃。

凯恩斯认为，资本主义不存在自动达到充分就业均衡的机制，因而主张政府干预经济，通过政府的政策，特别是财政政策来刺激消费和增加投资，以实现充分就业。消费倾向在短期内是相对稳定的，因而要实现充分就业就必须从增加投资需求着手。凯恩斯指出，投资的变动会使收入和产出的变动产生一种乘数效应，因而他更主张政府投资，以促使国民收入成倍地增长。《通论》的出版，在西方经济学界和政界引起了巨大反响。一些经济学家把《通论》的出版称为经济理论上的“凯恩斯革命”，并把它与斯密的《国富论》及马克思的《资本论》并列为经济学说史三本同样伟大的著作。此后，凯恩斯理论逐渐取代了传统经济学成为西方经济学的正统理论，资本主义各国政府也纷纷采用凯恩斯的需求管理政策，并将凯恩斯的理论及建议作为制定政府经济政策的指导思想。20 世纪 60 年代末以前，通过其追随者的不断补充和完善，凯恩斯及其追随者的经济理论已基本上被西方经济学界看成是现代宏观经济学的同义词。所以，某些经济学家将从《通论》出版开始直到 60 年代中期这一时期称为“凯恩斯时代”。

然而，自《通论》出版以来，西方经济学界关于《通论》一书的基本思想及其政策主张的争论，也始终没有停止过。一方面，在凯恩斯学派内部，以英国罗宾逊为首的凯恩斯派和以美国萨缪尔森为首的凯恩斯派一直在进行论战，另一方面，新奥地利学派、货币学派等不停地从外部抨击凯恩斯主义；特别是，包括货币经济周期学派（曾被称为理性预期学派）和实际经济周期学派在内的新古典宏观经济学对凯恩斯主义的理论和政策主张进行了全面的攻击，严重地动摇了凯恩斯主义在西方宏观经济学中的统治地位。凯恩斯主义在理论上缺乏微观基础，不能同传统的微观经济学保持一致。在实践上无法解释经济停滞和通货膨胀同时并发的现象，在滞胀面前束手无策，因而陷入了严重的危机之中。为了挽救凯恩斯主义，80 年代形成的新凯恩斯主义经济学为凯恩斯主义提供微观基础，并重新表述了凯恩斯主义的理论和政策主张。由于新凯恩斯主义的出现，目前西方宏观经济学形成了新古典宏观经济学和新凯恩斯主义经济学对峙的格局。

《通论》一书不仅在历史上对西方经济学和资本主义国家的经济政策产生过巨大影响，而且它的理论和政策观点今天仍在发生作用。因此，研究《通论》不仅有历史意义，而且也有实际意义。

考虑到该书比较难以读懂，这里给大家提供了高鸿业老师对本书的解读。

第二章　《通论》前的观点

1. *萨伊定律*

在凯恩斯生活的前一段时期，资本主义处于相对稳定发展的阶段，而相对稳定的发展使当时的西方学者对资本主义采取比较乐观的看法。这就是说，对资本主义的种种事物，传统的西方经济学总是从良好的方面加以解释，用英国著名经济学家罗宾逊的话来说，就是把资本主义制度“说得可爱，使它能为人们接受”。由于这一原因，对于经济危机，传统的经济学者使用了萨伊定律加以辩解。

让·巴蒂斯塔·萨伊是法国经济学家。他于 1803 年发表了《政治经济学概论》一书。虽然该书被认为是对亚当·斯密《国富论》的法文阐述，然而，它却发展了斯密不正确的说法并且在很大程度上夹杂了自己的错误论点。他的错误论点之一便是被以后的西方学者称为萨伊定律的销售论。

什么是萨伊定律？西方学者最简单的说明是：供给创造自己的需求。用萨伊自己的话来说：“单单一种产品的生产，就给其他的产品开辟了销路。”他的意思是：生产者进行生产的目的（除了自己使用的部分外），是为了拿自己的产品和其他生产者进行交换，以便得到他自己需要的东西，正像农民把多余的粮食拿到集市来交换日用品那样。当然，萨伊知道，粮食和日用品往往并不是直接交换的，而是通过货币来进行的，即：农民先把粮食换成钱，再用钱来购买日用品。然而，按照萨伊的说法，这一点并不会造成问题，因为，“在以产品换钱，钱换产品的两道交换过程中，货币只一瞬间起作用。当交易最后结束时，我们将发觉交易总是以一种货物交换另一种货物”。萨伊用这种事例来表明：只要社会上存在着一种供给（在这里为粮食），就会自动地存在着一种相应的需求（在这里为农民所需要的日用品）；换言之，粮食的供给会创造出相应于自己的对日用品的需求。因此，按照萨伊把这一事例普遍化的说法，社会上一切产品都能被卖掉，从而不会出现生产过剩的现象。不仅如此，据说由于每个生产者都想享用品种最多和数量最大的各种物品，所以每个生产者都尽量制造出最大数量的产品和别人交换。这就是说，社会不但没有生产过剩的现象，而且还能使生产达到最高的水平，即达到充分就业的状态。很显然，萨伊定律所描述的现象只能存在于一个物物交换的社会，根本与资本主义社会无关。

然而，在凯恩斯生活的前一段时期中，为了从良好的方面来解释资本主义，他的父辈们仍然用萨伊定律来否定资本主义生产过剩的危机的存在。例如，凯恩斯的老师，当时居于传统经济学统治地位的剑桥大学教授马歇尔同意穆勒对萨伊定律的表述。马歇尔在他的流行于全世界的西方经济学教科书《经济学原理》中写道："正如穆勒所说的那样，'偿付商品的手段就是商品。每一个人偿付给别人产品的手段是他自己所持有的产品。因此，一切的卖者同时也是买者'。"

上面所引用的是萨伊定律最简单的表述方式。这种方式仅能适用于物物交换的社会，而当时的西方学者所面临的却是一个高度商品化、使用雇佣劳动和进行资本积累的资本主义社会。这两种社会的差别是显而易见的，也是为西方学者所承认的。虽然如此，西方学者仍然认为，适用于前一种社会的萨伊定律也同样适用于后者。为了说明这一点，传统的西方学者使用了三种相互关联的理论，即就业论、利息论和货币数量论。

2. 就业论

按照西方学者的说法，就业量的大小取决于两种因素的共同作用，即：对劳动的需求和劳动的供给。资本家之所以要雇用劳动者是因为劳动所取得的成果，这种劳动成果被西方学者称为劳动的边际生产率；另一方面在雇用劳动者时，资本家必须支付工资，以工资所能购买到的实物量来表示的工资被称为实际工资；它代表资本家由于雇用劳动者所必须支付的代价。因此，只有劳动的边际生产率（给资本家带来的利益）至少与实际工资（资本家所支付的代价）相等时，资本家才会雇用一定数量的劳动量。按照西方学者的说法，由于收益递减规律的作用，所以劳动的边际生产率会随着劳动量的增加而持续降低，因此，资本家支付的实际工资会随着雇用的劳动量的增加而持续降低。

西方学者认为，劳动者出卖劳动的原因是获得实际工资（给劳动者带来的利益），但是，他也必须为此付出代价，即劳动时的辛苦和受累；这种辛苦和受累被称为劳动的边际负效用。对劳动者而言，只有当实际工资至少等于（能补偿）劳动的边际负效用时，他才愿意出卖劳动。

按照他们的定义，充分就业并不指一切能够劳动的人都已就业的情况，而是指一切愿意为现行工资而愿意出卖劳动的人都已就业便算是充分就业。在充分就业的情况下，还存在着两种类型的失业。第一种类型被称为摩擦失业，即由于转业、迁居等的原因而暂时失业的人群。第二种类型被称为自愿失业，即嫌现行工资太低，低到不足以补偿他们的劳动的边际负效用，从而不肯"为五斗米而折腰"，以致失业。

根据以上论述的就业论，传统的西方学者得到了他们的结论，即：资本主义不会出现长期存在的失业问题，因为，既然一切愿意接受现行工资的人都已就业，那么，未能就业的人只能属于摩擦失业或自愿失业的类型。前者是由于转业、迁移等原因所造成的暂时的现象，而转业、迁移又是任何经济制度都必然出现的事物，从而与资本主义制度无关。后者的原因在于劳动者劳动的边际负效用太大，即过分的懒惰或好逸恶劳，以致不能从现行的工资中得到足够的补偿，从而，自愿失业是咎由自取，也与资本主义无关。总之，传统西方经济学的就业论企图说明：即使在雇佣劳动存在的情况下，萨伊定律仍然有效。

3. 利息论

萨伊定律所指的是物物交换的情况。如果用一物所换取到的另一物不被用于消费，而被用于投资，那么，萨伊定律是否仍然有效？对此，传统西方学者的答案是肯定的。为了说明这一点，他们提出了利息论。

在利息论中，传统的西方学者认为，利息率的高低取决于投资的需求和供给，如图 12-1 所示。

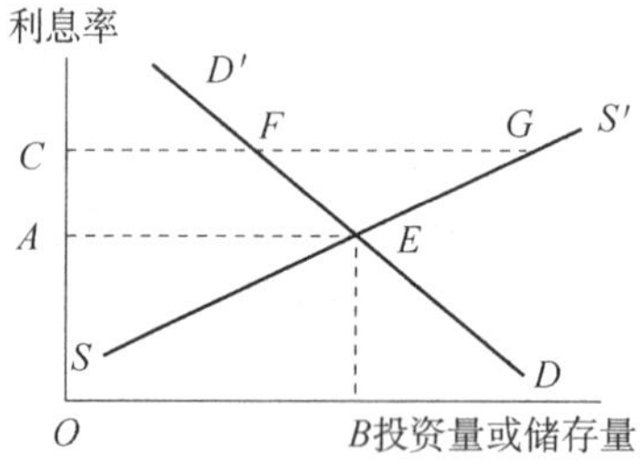

图 12-1　利息率的决定

在图 12-1 中，DD' 代表投资曲线。该曲线表明：利息率（投资所支付的代价）越高，投资量越小；反之，则越大。因此，DD' 向右下方倾斜。SS' 代表投资的供给，即代表社会的储蓄量，因为，用于投资的款项终必来源于储蓄。利息率（储蓄带来的收益）越高，储蓄量越大；反之，则越小。因此，SS' 线向右上方升起。DD' 和 SS' 相交于 E 点。在 E 点，投资者为了进行一定量的投资而愿意支付的利息率（投资的代价）正好等于人们为了获取利息率（储蓄的收益）而愿意提供的储蓄量。此时，利息率为 OA；投资量等于储蓄量，它们都等于 OB。

然而，在社会中，投资和储蓄的行为是由不同的人来做的。某些人进行投资，某些人进行储蓄，而某些人可以同时进行投资和储蓄。在如此的情况下，如何能保证投资量和储蓄量的相等？传统的西方学者认为，利息率的变动可以做到这一点。他们声称，如果出现储蓄大于投资的情况，即该图的 CG 大于 CF 的情况，那么，由于储蓄者找不到足够的投资者，所以储蓄的收益 OC（或储蓄的价格）即利息率便会降低，一直降低到 OA 的水平，使储蓄等于投资时为止。读者可以自行设想储蓄小于投资的情况。当这种情况出现时，利息率便会自动上升，使储蓄和投资再度相等。所有这一切表明，通过利息率的自动下降和上升，社会的储蓄量总是和它的投资量相等。

运用上述的利息论，传统的西方经济学企图说明，在储蓄和投资存在的资本主义社会，萨伊定律仍然适用，因为，根据它的利息论，储蓄会创造出自己的需求。就本章第一节农民用多余的粮食来换取日用品的例子来说，即使该农民不把多余的粮食用于换取日用品，而把它储蓄起来，那么，社会上的另一些人（投资者）也会利用这些粮食当作工资来支付给修筑堤坝的工人（即进行堤坝投资）。

4. 货币数量论

上面的内容表明：人们的储蓄量必须和他们的投资量相等。这一结论意味着人们必须把他们的储蓄全部用于投资。为什么如此？传统的西方经济学使用货币数量论来加以说明。

货币数量论在西方由来已久，休谟、斯密、李嘉图等都持有货币数量论。到了凯恩斯生活的年代，该论存在意思大致相同的两种表达形式：一种为美国费雪教授的交换方程，另一种是剑桥大学的现款存量说。由于后者比较容易和凯恩斯自己的货币学说相对照，我们在这里以后者作为当时的货币数量论的代表。现款存量说可以用下列的公式表达出来：$M=\rho P Y$。该公式中的M是一社会全部居民（包括企业）所持有的现款（货币）量的总和；P 为它的价格水平，用价格指数加以表示；Y 为它的实际国民收入；ρ 为一个常数，其数值取决于该社会的风俗习惯和经济运行的情况。

该公式企图说明，为什么一个社会的居民总是把他们收入的一部分以现款（货币）的形式保留在手中。假设 Y=100 亿元，$P=1.2$，$\rho=0.1$，那么，$M=12$ 亿元。这就是说，该社会居民把他们货币收入的 1/10 以现款的形式保持在手中。为什么如此？对此，凯恩斯的老师马歇尔解释道：

“人们需要货币主要并不是为了货币本身，而是为了使他们能以便利的方式持有的随时能使用的一般购买力。”既然如此，他们应该持有多少这种货币形式的一般购买力？对此，马歇尔又写道：

“在社会的任何情况下，人们都认为，有必要把他们收入的一个比例部分以现款（货币）的形式保存在手中。这一比例可以是五分之一，或十分之一，或二十分之一。较大比例的存放在手中的现款可以使他们在进行经济活动时更加容易、更加方便以及更加处于有利地位；但是，与此同时，这样做又使他们把收入置于无利可图的形式。如果他们把这笔钱用于购买一件家具，那么，他们可以得到更多的乐趣；如果用之于机器或畜牧方面的投资，他们可以获得更多的货币收入。”

由此可见，根据传统学者的说法，人们需要在手中存放一定量的货币仅仅是为了它的购买力，从而，能使交易更加方便地进行。换言之，货币只能起着交易媒介的作用。因此，“合乎理性”的人，即寻求最大利益的人，不会在手中存放多余的货币。因为，这种货币既不会给他带来由于购买消费品到的效用（享受），也不会给他带来由于进行投资而得到的收益。这就是说，人们把销售产品而得到的货币不是用于消费，便是用于投资，或者对二者同时进行。换言之，即使在使用货币的情况下，萨伊定律所指的供给创造自己的需求的说法依然适用。

为了论证资本主义可以存在危机和大量失业的现象，凯恩斯必须一方面推翻萨伊定律普遍适用的说法，另一方面又要建立起与之相应的学说。由于凯恩斯认为，传统学者所论证的萨伊定律仅适用于特殊的情况，而他自己的理论具有普遍适用的性质，所以《通论》被定名为“就业、利息和货币通论”。

第三章 《通论》的观点

经典学派的就业理论有两大基本前提：①工资等于劳力之边际产物；②当就业量不

变时，工资之效用等于该就业量之边际负效用。凯恩斯赞同第一个假设。认为第二个假设是错误的，即实际工资并不等于劳动的边际负效用。原因有以下两个。

第一，实际工资是货币工资除以物价指数后所得到的结果，即货币工资所能购买到的东西。在现实的劳动市场上，企业家和工人之间通过协议而决定的只能是货币工资。凯恩斯认为，即使人们承认，当企业家减少货币工资时，工人便辞职不干，那也并不能证明实际工资和劳动的边际负效用的相等。因为，事实表明：当货币工资不变而物价上涨时，工人们是绝对不会辞职不干的。物价不变时货币工资的下降和货币工资不变时的物价上涨，二者都代表实际工资的降低，而劳动者却可以做出辞职与不辞职的不同反应。此外，凯恩斯以美国在 1932 年间大量失业为例，说明劳动者不是嫌工资太低而失业，而是根本找不到工作。由此可见，实际工资并不等于劳动的边际负效用。

“货币的幻觉”意味着劳动者受了货币的欺骗，即他们只关心货币在量上的多寡而没有去考察货币的购买力的高低。利用这种说法，西方学者便有可能把传统的劳动市场论和凯恩斯的反对意见加以调和。传统的论点还是对的。换言之，传统和凯恩斯之间的分歧仅在于假设条件的不同，而不是原则上的差异。

第二，劳动者所要求的只能是货币工资，而对物价的涨落，他们是无法控制的。由于实际工资取决于上述的物价和货币工资的相互作用，所以劳动者难于知道他们所要求的实际工资为多少，从而更谈不到它与劳动边际负效用的相等。这一点被凯恩斯认为是他反对传统的劳动供给曲线的主要理由，因为，作为决定实际工资的两个因素之一的价格的涨落取决于一系列的因素，而这一系列的因素正是《通论》所要阐明的。

根据上面的两个理由，凯恩斯宣称，传统的劳动市场论是错误的，因而根据这种理论得出的资本主义只可能存在自愿和摩擦这两种类型的失业的结论也是错误的。他认为，除了这两种类型的失业以外，还存在着第三种类型的失业，即非自愿失业。非自愿失业大致的定义是：如果有人愿意接受现行的工资而仍然找不到工作，那么，此人便属于非自愿失业的类型。

对于 1929 年危机所引发的大量失业，当时居于统治地位的传统学者必须加以解释并提出解决的方案，而他们这样做的主要理论根据只能是传统的劳动市场论。他们认为，大量失业的原因在于工会的垄断力量抬高了实际工资，而不是资本主义制度，解决的办法当然是实际工资的削减。

凯恩斯在《通论》中提出的反对意见也包括两点：

第一，削减实际工资的办法行不通。因为，这样做必然会遭受劳动者的抗拒或抵制。凯恩斯假设，工资具有不易下降的“刚性”或“黏性”。时至今日，这一假设仍然处于西方学者争议之中。

第二，削减实际工资必须通过货币工资的削减。如果仅仅削减一家企业的员工的货币工资，那么，由于涉及的范围较小，价格水平将会保持不变。这样，该企业实际工资的削减可以完成而不会对整个社会经济起负面作用。但是，如果整个社会员工的货币工资都遭受削减，那么，由于涉及面的广泛，货币工资的下降会引起全社会购买力的下降，从而导致物价做出成比例的下降。如此一来，全社会的实际工资仍将保持原有的水平。因此，削减实际工资是无法实现的。必须使用其他的办法来解决失业问题，而在理论上对这些办法加以论证就是《通论》的主旨。

在抨击传统的劳动市场论的同时，凯恩斯似乎也提出了他自己的说法。但是，对于他自己的劳动市场论，除了明确指出实际工资不应该是劳动供给的“唯一自变量”以外，他的论述是含糊不清的。根据西方学者的解释，他的劳动市场论如图 12-2 所示。

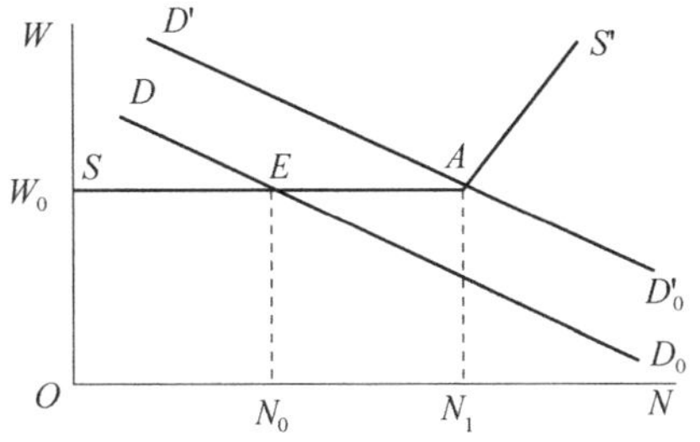

图 12-2 凯恩斯的劳动市场论

图 12-2 的需求曲线 DD_0 与古典的完全相同，因为凯恩斯已经表明他对此完全赞同。图中的 *SS* 曲线应该是他的供给曲线。该线折断于表示充分就业的 *A* 点。在 *A* 点以前，*SA* 为一条水平线；在其后则为一条迅速上升的线段。*SAS′* 线的意思是：在充分就业（*A* 点）到达以前，在既定的实际工资之下，劳动者愿意提供任何数量的劳动；而只有在充分就业到达以后，实际工资才会随着劳动供给量的增加而迅速上升。因此，就业量取决于劳动的需求而不是供给。如果需求处于图中 DD_0 的位置，那么，它与 *SA* 相交于 *E* 点；此时的实际工资为 W_0，就业量为 N_0，而非自愿失业数量为差额 N_0N_1。这些人愿意为现行的工资 W_0 而工作，但却找不到工作。

根据凯恩斯的劳动市场论，失业问题（非自愿失业）存在的原因是需求 DD_0 处于非充分就业的位置，以致使 DD_0 与 *SA* 相交于非充分就业的 *E* 点而不是 *A* 点。因此，解决失业问题的办法便是设法使 DD_0 移动到 $D'D'_0$ 的位置。这时，它与 *SA* 相交于充分就业的 *A* 点；*A* 点所表示的实际工资和就业量顺次为 W_0 和 N_1。

《通论》的主要目的在于说明为什么对劳动的需求处于 DD_0 的位置以及如何把它从 DD_0 的位置移动到 $D'D'_0$ 的位置，以便解决资本主义的失业问题。

传统的学者之所以用他们的劳动市场论来否定失业问题（非自愿失业）的存在，原因在于他们相信萨伊定律。该定律声称，供给创造自己的需求。用一般的语言来说，这句话的意思是：卖掉全社会生产的商品而应该得到的售货款的总额总会回过头来再次购买全社会的商品；其中卖掉商品而应该得到的售货款总额被凯恩斯称为总供给价格，而回过头来再次购买的款项总额被凯恩斯称为总需求价格。他认为，传统的学者所相信的认为二者总是相等的萨伊定律是错误的。

换言之，资本主义可以经常处于小于充分就业状态，而充分就业只是偶然的情况。由于有效需求原理可以同时说明充分就业和小于充分就业的情况，而传统的说法只能解释其中的一个，即充分就业的特例。在这里，可以具体地看到《通论》中的“通”字的意义所在。

目前西方流行的教材中所使用的总供给曲线和总需求曲线系指价格水平（或价格指数）与国民收入之间的关系。它们的含义不同于这里的总供给和总需求函数。对此，读者应加注意。

在第三章，凯恩斯把《通论》的理论体系总结为 8 点。

第一，在既定量的资源和机器设备的情况下，当就业量增加时，国民收入会因之而增加。在这个意义上，二者是可以相互替代的名词。

第二，需求分为消费需求 D_1 和投资需求 D_2。随着就业 N 的增加，国民收入也会增加，但整个社会的居民并不会把他们增加的全部收入都花在消费上。社会总消费量与国民收入之比被称为消费倾向。换言之，当就业 N 增加时，消费需求 D_1 以越来越小的比例增长，即消费倾向的数值越来越小。

第三，投资需求 D_2 代表社会全部企业的新投资，即用于购买新的机器设备等事物的款项。

第四，社会总消费量是就业量 N 的函数，该函数的具体数值主要取决于消费倾向。

第五，由以上几点，现实社会的就业量取决于 3 个因素，即：总供给；以消费倾向为代表的消费需求和投资需求。这就是《通论》的基本内容。

第六，根据凯恩斯所赞同的劳动需求曲线，相应于每一个 N 的数值，都存在着一定值的劳动边际生产率。由这一生产率所决定的实际工资决不能小于劳动的边际负效用。换言之，上述第五点所决定的 N（就业量）只适用于实际工资大于和等于劳动的边际负效用的范围。

第七，传统的萨伊定律或就业论的错误之处在于：它认为在一切 N 的数值下，总供求都相等，而企业家寻求最大利润的动机又会把 N 扩大到充分就业的数值。换言之，资本主义总会处于充分就业的水平。

第八，消费需求 D_1 未能随着 N 的增加而做出同比例的增加被认为是具有关键性的作用。凯恩斯认为，由于这一原因，当 N 增加时，总供求之间的差距越来越大。除非像传统学者所相信的那样，投资需求 D_2 会随着消费需求 D_1 的不足而自动加以弥补，资本主义会处于小于充分就业的状态。

根据以上 8 点，凯恩斯宣称，失业问题来源于消费需求 D_1 和投资需求 D_2 的不足，而不是像传统的学者所说的那样，来源于实际工资。事实上，凯恩斯认为，情况恰恰相反，决定实际工资的是就业量。

他接着做出了著名的论断，即：他的理论可以对“丰裕之中的贫困这一矛盾现象”加以解释。社会越丰裕，人们对物品的欲望被满足的程度越大，从而消费不足的现象越严重，以致丰裕社会必须用失业来减少物品的生产。更不幸的是：在丰裕社会中，由于资本的积累已经达到比较足够的程度，对投资的诱导相对微弱，从而投资需求 D_2 也会相对不足。投资的诱导取决于两个因素，即：资本边际效率和利息率。这样，为了解决“丰裕之中的贫困”的问题，必须具备更多的关于消费倾向、资本边际效率和利息率这三个方面的知识。

第四章 《通论》对四个重大问题的见解

1. 经济周期

一个合格的解释经济周期的理论至少应该具备以下 3 个条件：第一，指出造成经济周期的主要因素和次要因素；第二，根据这些因素说明 4 个阶段的行进过程；第三，根据这些因素对经济周期持续进行的时间加以解释。结合这 3 个条件，《通论》对经济周期的解释可以被述之如下：

第一，经济周期的主要和次要因素。经济周期是经济活动的波动的表现，而凯恩斯的理论体系的核心内容是用消费倾向、资本边际效率和利息率这 3 个因素来对经济波动加以解释。在这 3 个因素中，凯恩斯认为，造成经济周期的主要因素是资本边际效率，而消费倾向和利息率则为次要的因素。因为，他认为，投资的变动是导致经济波动的决定性原因，而资本边际效率的变化又是造成投资量变动的主要因素。资本边际效率之所以被认为是主要因素，原因在于：它的数值可以发生剧烈的变动，而消费倾向和利息率则具有相对的稳定性。

为什么资本边际效率的数值可以发生剧烈的变动？因为，它的数值取决于两个因素，即：机器设备的市场价格和预期收益，而预期收益又取决于人们对前途的预期。人们对前途的预期并没有多少可靠的依据，从而他们对他们的预期并没有多大的信心，因此，他们的预期往往建立在社会对前景的一般见解上，而这种见解又会发生剧烈的变化。由于信心的剧烈变化，所以预期（收益），也会发生剧烈的变化，以致使资本边际效率的数值具有大幅度的上下波动。这种大幅度的资本边际的波动再加上相对稳定的利息率，使得投资量易于做出巨大的变化。

作为经济波动的指标的国民收入是由消费和投资两个部分组成的。由于消费取决于相对稳定的消费倾向，所以国民收入的波动主要来自投资的波动，而投资的波动又主要取决于资本边际效率的变化。因此，作为经济波动的表现的经济周期，其形成的主要因素是资本边际效率。

第二，对经济周期 4 个阶段的解释。为了论述的方便，我们从繁荣阶段开始。我们知道，按照《通论》的说法，资本边际效率取决于两个因素，即：机器设备的市场价格和预期收益。处于繁荣阶段，人们对经济前景具有非常乐观的态度，从而使预期收益存在于较高的水平。较高水平的预期收益使得人们开始竞相购买机器设备。虽然机器设备的市场价格由于竞相购买而略有上升，但上升的幅度有限。因此，资本边际效率处于很高的数值。这一很高的数值，再加上相对稳定的利息率促进了投资的高涨。高数量的投资通过投资的乘数作用，使得国民收入和就业大量提高，而大量提高的国民收入和就业量又会提高消费。消费品的畅销反过来再度使资本边际效率和投资量上升。消费和投资之间的这种相互促进导致国民收入和就业量持续上升，造成了经济周期中的繁荣阶段。

繁荣阶段给自己埋下了危机的种子。持续的繁荣使人们对经济前景的预期过于乐观，从而使资本边际效率的数值升高到与现实脱离的水平。过高的资本边际效率造成了过度的投资，而过度的投资所生产出来的产品已经在市场上大量出现。另外，随着国民收入和就业量的增加，边际消费倾向的数值会持续下降，并由此而使乘数的数值下降。因此，投资的增加所能引起的消费量的增加越来越少。这种生产与消费之间的矛盾日益严重，被积压起来的滞销产品大量出现。与此同时，机器设备的市场价格则持高不下，这使资本边际效率的数值下降。对经济前景持观望或惶恐的人数大为增加。处于这种状态，一遇风吹草动，如股市的剧烈下降，人们的信心立即崩溃，从而使资本边际效率的数值剧烈下降，甚至下降负数，即人们认为任何投资必将亏本。资本边际效率的下降再加上相对稳定的利息率，促使投资减少。投资的减少，通过乘数的反作用又使消费减少。特别应当指出的是：由于边际消费倾向随着国民收入的下降而提高，所以当投资下降时，乘数对国民收入所施加的负面影响越来越大。上述的这些原因使得国民收入和就业量剧烈下降的危机终于到来。

在危机之后的萧条状态，人们的信心低下，从而资本边际效率的数值非常微弱，甚至变为负数。这种状态再伴随着相对稳定的利息率和流动性陷阱的现象使得人们难以进行投资，而大多数的人仅能维持过得去的消费水平。处于萧条阶段，百业萎缩，整个社会必须缓慢地消耗掉繁荣时期所造成的过剩的投资品和消费品。然而，萧条阶段也给下一次的繁荣铺设了道路。当萧条阶段把上一次繁荣阶段所造成的过剩的投资品和消费品消耗净尽或接近于消耗净尽时，商店的存货已经为数不多，而工厂的机器设备则由于老化或磨损而存在着更换的需要。与此同时，消费品和机器设置的价格仍然较为便宜。因此，市场上对消费品和投资品的需求开始上升。需求的上升使得人们对经济前景的信心复苏，从悲观转变为乐观，而信心的复苏又提高了资本边际效率的数值。这样，复苏的资本边际效率再度把经济社会引导到繁荣阶段。

第三，对经济周期持续的时间加以解释。凯恩斯认为，在经济周期的 4 个阶段中，危机和复苏主要取决于人们信心的转变，即由乐观转变为悲观或由悲观转变为乐观。这种信心的转变所需要的时间虽然难以捉摸，然而大体说来，却是比较迅速的。关于繁荣阶段持续的时间很难加以估计，因为，它取决于较多的外界因素，如是否存在新的科学技术的发明以及突发的对投资品和消费品的需求，等等。

但是，凯恩斯认为，萧条阶段存在的时间却是可以加以估算的。这一阶段存在的时间取决于两种因素：

（1）机器设备被磨损掉或被老化掉所需要的时间。在正常的使用下，机器设备被磨损掉的寿命往往是可知的。除了磨损寿命以外，还必须考虑由于技术的改善，使用原有的设备不再有利的老化时间。总的来说，磨损或老化时间的长和短部分地决定了萧条持续时间的长短。

（2）消除掉积压存货的时间。把商店和工厂积压的存货给销售掉或处理掉需要一定的时间。它取决于社会的购买力和存货被积压起来的成本，如仓库费用和折旧费用等。购买力和费用越高，消除的时间越快。考虑到所有的因素，凯恩斯认为，对一个现代的经济社会而言，萧条持续的时间大致为 3 到 5 年。

总之，关于经济周期，凯恩斯认为，造成它的决定性因素是资本边际效率。根据这一因素，他解释了经济周期的 4 个阶段和持续的时间。

2. 重商主义

重商主义是流行于 15 世纪到 17 世纪之间的西方经济学说，这一期间大致相当于资本主义的原始积累时期。重商主义含有两个主要观点：第一，认为只有贵金属（金和银）才是财富的代表。第二，在国际贸易上，一国应该争取贸易顺差，也就是使一国的出口量大于其进口量，以便使别国由于偿付该国的贸易顺差而支付给该国的贵金属增加。换言之，由于贵金属代表财富，所以一国要想增加财富，必须在国际贸易上争取贸易顺差，以便得到更多的贵金属。

在资本主义的原始积累时期以后，特别是由于亚当·斯密的《国富论》对它的批判，重商主义在西方被认为是错误的经济思想。在《通论》中，凯恩斯根据自己的理论体系对重商主义做出了新的评价。他认为，重商主义虽然就其总体方面而论是错误的，但是，它仍然含有两个值得重视之点。

凯恩斯对重商主义重新评价的重要性在于：它一方面把他的理论体系扩大到了国际经济领域，另一方面也成为建立世界银行和国际货币基金的一个理论根据，而这两个国际经济组织目前仍在发挥其作用。

在本节中，我们将对上述两个方面的内容顺次加以说明。

就理论体系扩大到国际领域而论，凯恩斯认为，重商主义所追求的贸易顺差对于提高一国的国民收入或就业量具有“一箭双雕”的功效。其原因在于：首先，贸易顺差代表一国的出口大于其进口的部分，也就是一国向外国出口的消费和投资品大于外国向该国进口的消费和投资品的部分。因此，在该国的消费和投资之外，贸易顺差代表该国由于对外贸易而造成的额外的消费和投资。按照凯恩斯的理论，这笔额外的消费和投资不但会直接增加国民收入或就业量，而且还会通过乘数的作用使增加的国民收入或就业量得以扩大。其次，具有贸易顺差的国家会使其国内的货币数量增加。因为，为了偿付顺差，外国必须向该国输入贵金属，而在重商主义的时代，贵金属就是货币。按照凯恩斯的理论，货币数量的增加可以降低利息率；在资本边际效率不变的条件下，利息率的降低可以提高投资量，从而提高国民收入或就业量。当然，贸易逆差会造成相反的后果。把贸易的顺差和逆差顺次看成是一国总消费量和投资量的增加和减少，凯恩斯因之而把国际贸易纳入他的理论体系之中。

根据以上的理由，凯恩斯认为，重商主义的可取之处在于：它看到了问题的存在。因为，处于重商主义时代，任何国家都无法控制货币数量和利息率，从而，获取贸易顺差成为解决失业问题的唯一手段。

但是，他同时也认为，重商主义却没有找到正确解决问题的手段，因为，争取贸易顺差必将遭到贸易保护主义的报复，如通货贬值、关税壁垒、外汇管制，等等。由于这些报复手段的使用，虽然每一个国家都企图获取贸易顺差，但没有任何国家能够达到这一目的。其后果往往是两败俱伤、各受其损；各国不但达不到获取顺差的目的，反而使整个的国际贸易量萎缩。

为了解决争取顺差和保护主义之间的矛盾，凯恩斯倡导并协助成立了所谓布雷顿森林体制，它主要包含两个国际经济组织，即目前仍然存在的国际货币基金和世界银行。

这两个国际经济组织的成立与《通论》所阐明的理论有关。按照《通论》所阐明的凯恩斯的理论，各国的失业问题可以通过各自的货币和财政政策得以解决。因此，通过顺差来解决失业问题既无必要，也不可能。但是，国际贸易的现实表明，各国间的贸易确实会存在短期的不平衡现象。这种现象首先应该由有关国家自行解决；在特殊情况下，可以由国际货币基金的贷款予以解决。该基金的成立即是为了达到解决各国间短期贸易的不平衡问题。世界银行成立的宗旨在于解决各国长期经济发展的问题，它成立时的主要任务是复兴“二战”后西方各国遭受战争创伤的经济。

为了成立上述两个国际经济组织，包括英、美在内的 44 个国家于 1944 年 7 月 1 日在美国新罕布希尔州的布雷顿森林举行了会议。会议的主要议题之一就是讨论代表美国意见的怀特计划和代表英国意见的凯恩斯计划。虽然由于美国国力的强大，怀特计划占有上风，但在基本思路上，凯恩斯的理论仍然发挥了一定程度的影响。

3. 节俭的是非论

节俭是一种美德，还是一种弊端？这个问题，对促进资本主义的形成发生巨大作用的清教徒教会而言，答案当然是美德，而且这一答案是不容置疑的。为了说明这种答案的正确性，传统的西方经济学对它予以进一步的阐述。他们认为，归根结底，节俭是储蓄，从而也是资本积累的来源，而资本积累又会促进社会物质生产的增加，因而使整个社会获得利益。

然而，按照凯恩斯在《通论》中阐明的理论，传统学者的答案有失于简单化，因为，他们在做出答案时，没有把失业问题考虑在内。

根据凯恩斯的理论，消费是国民收入或就业量的组成部分。节俭意味着消费量的减少，因而使国民收入或就业量降低。如果把就业问题考虑在内，节俭是否为美德还要看就业是否达到充分就业的状态而定。在充分就业的状态下，节俭当然是一种美德；但是，当失业问题存在时，节俭未必就是一种美德。有时甚至是一种弊端，因为，它可以带来加重失业的后果。

为了说明节俭的是非论，凯恩斯举出曼德维尔的著作《蜜蜂的寓言》作为例证。伯纳德·曼德维尔（1670—1733）生于荷兰，定居于英国。他的《蜜蜂的寓言》第一版于1714 年出版。该书使用了勤劳的蜜蜂的生活作为例子来说明下列观点："由于被某些人称为储蓄的这种谨慎节约的行为是私人增加财富的最肯定的方法，所以有些人就设想，不论一国生产能力是小还是大，如果普遍使用（这些人认为是现实可行的）相同的方法，那么，整个国家会得到相同的结果。例如，如果英国人像其某些邻国的人那样节约，那么，他们可以比现在远为富有。我认为，这一点是错误的。"

该书的结论是："使一国处于我们称之为繁荣的康乐状态之道就是向每一个人提供就业机会。为了实现这一目的，政府应该第一，促进尽可能多的不同类型的制造业、技术业和手工艺业，多到人类的智慧可以发明的程度。第二，奖励农业和渔业以及其各种分支行业，从而，迫使整个地球和人各尽其力。正是这种政策，而不是微不足道的对奢侈和挥霍的限制，才能使国家达到伟大和幸福的目标。因为，不论金和银的价值是上升还是下降，一切社会所享受之物总是取决于土地的果实和人的劳动；二者结合在一起，相对于秘鲁的金和玻利维亚的银而言，是一种更加肯定、更加难于枯竭和更加真实的财富。"

该书出版后，在当时的英国被列为禁书。凯恩斯使用该书作为例证，一方面在于说明节俭是美德的说法在传统经济思想中已经达到根深蒂固的程度；另一方面也企图指出，早在《通论》出版以前，已经有人提出，在决定节俭是否为美德时，必须把失业问题考虑在内。

4. 对资本主义和传统的西方经济学的评价

凯恩斯对资本主义和传统的西方经济学的评价大体上可以被区分为 5 个问题，即：收入的不平等、食利者阶层的消亡、传统西方经济学的评价、国际经济交往以及《通论》在思想上的作用这 5 个问题。对这 5 个问题，下面将依次加以说明：

第一，收入的不平等。凯恩斯一方面认为，收入的不平等使得消费倾向的数值低微，而低微的消费倾向又是失业和危机的根源。因此，他主张，应该减少收入不平等的程度。对此，他写道："我们生活于其中的经济社会的显著弊端是：第一，它不能提供充分就业；第二，它以无原则的和不公正的方式来对财富和收入加以分配。本书的理论对第一个弊端的作用是显而易见的。但是，它在两个重要的方面也与第二个弊端有关。

自 19 世纪末以来，通过直接税的手段——所得税、超额所得税和遗产税——特别是在英国，消除财富和收入方面的非常巨大的差异的工作已经取得相当大的进展。许多人愿意把这一过程推向远为更加前进之处，但是，两点考虑使他们踌躇不前。一方面，他们害怕，这会使逃避税收成为很值得干的事情，并且还会过分减少冒风险的动机。但我相信，他们的另一个方面的主要考虑之点是：他们相信，资本的增长取决于个人储蓄动机的强弱，而资本增长的一个很大比例的部分取决于富人来自他们剩余金钱的储蓄。我的理论并不影响第一种考虑；但在相当大的程度上，它可以修改我们对第二种考虑的态度。因为，我们已经看到，在到达充分就业状态以前，资本的增长完全不取决于消费倾向的数值低微的程度，而且，恰恰相反，后者会有碍于前者的实现。只有在充分就业的条件下，数值低微的消费倾向才有助于资本的增长。不仅如此，经验表明：在现有情况下，企业的储蓄以及偿债基金所代表的储蓄已经超过所需要的数量，从而，采用可能提高消费倾向的收入再分配的措施肯定会有助于资本的增长。"

因此，他继续写道："这样，我们的论述可以使我们得出结论，即：财富的增长远不取决于富人的节欲，像一般所假设的那样；它的增长反而会受到富人节欲的阻碍。因此，支持财富应具有很大差别的一个主要论据已经不能成立。我并不是在说，在其正确性不为我们理论所影响的各个论据中，任何一个都不能在一定情况下支持某种程度的财富分配的不平等。但我们的理论确实清除掉了其中一个最重要的理由；正是由于这个理由，我们才一直认为必须谨慎从事。这一点特别影响我们对遗产税的看法；因为，有些支持财富的不平等的论据不适用于遗产的不平等。"

然而，另一方面，他又认为，收入的不平等具有激励积极性的作用。他说："以我而论，我相信，存在着社会上的和心理上的理由来认为：相当大的财富和收入的不平等是合理的，但不平等的程度应该比目前存在的差距为小。有价值的人类活动的一部分需要赚钱的动机和私有财产的环境才能取得全部效果。不如此，通过赚钱和私有财产的存在，人类的危险的癖好可以被疏导到比较无害的渠道之中，而癖好如果不以此种方式得以满足，那么，它们会被用于残暴、肆无忌惮地对个人权力和权威的追求以及其他方式的自我高大化。人们对他们自己的银行存款实施暴政比他们对他们的同胞们实施暴政要好一些。虽然前者有时被谴责为不过是到达后者的手段，但至少在有的时候，前者提供了一个可供选择的渠道。即使如此，为了刺激这些可供选择的活动和满足这些癖好，并没有必要像现在那样，给参加游戏的赢家提供如此之多的胜利品。较少的胜利品也能达到同一目的，一旦参与者习惯于此的话。改变人类本性的任务决不能混同于管理人类本性的任务。虽然在理想的国家中，可以通过教育、感化和养育来使人们对胜利品漠不关心，但只要一般的人，甚至社会中相当多的一些人仍强烈地沉醉于赚钱的癖好，那么，稳健的政治家就应该让游戏在规则和限度的约束下继续进行下去。"

第二，食利者阶层的消亡。凯恩斯认为，食利者阶层的存在是由于资本的稀缺性。一旦资本的积累使稀缺性消失，那么，食利者阶层便会自动消亡而不需要革命斗争来做到这一点。他写道："然而，对于财富不平等的前景，从我们的论点中，还可以得到一个远为更加重要的第二个有关之点，即我们的利息论。到目前为止，认为利息率应该具有适当高的数值的理由在于利息率必须提供足够多的储蓄诱导。但我们已经说明，有效的储蓄数量必然要取决于投资的规模，而投资规模却为低数值的利息率所推动，如果我们不以此种办法把投资规模推进到相当于充分就业之点以外的话。由此可见，如果在既定的资本边际效率之下，把利息率减少到使充分就业得以实现之处，那么，那将是对我们最有利的。" "毋庸置疑，上述原则会使利息率远低于迄今在市场上存在的利息率。以我们所能推测到的资本数量的增加对资本边际效率的影响而论，如果要继续大致维持充分就业，那么，利息率很可能要持续下降——除非整个社会的消费倾向（包括国家在内）有着很大的改变。"

"我感到肯定的是，对资本的需求具有严格的限度；其意义为：把资本数量增加到使它的边际效率下降到很低的数值是不难做到的事情。这并不意味着使用资本设备几乎不用支付代价，而仅仅是说，资本设备的收益在补偿它的折旧和老化费用以后，再减去偿付风险以及技能和决策的运用的费用，剩下来的属于资本所有者的数量不会有多少。简言之，耐用品在它们生命期间的总收益会和非耐用品的情况一样，包含它们的生产的劳动成本再加上对风险以及对技能和监督代价的补偿。"

"虽然这种状况相当符合于某种程度的个人主义，但它意味着食利者阶级的消亡，从而也意味着资本家利用资本的稀缺性来扩大其压迫力量的消亡。在今天，利息不代表对真正做出牺牲的补偿的程度并不亚于土地的租金。资本所有者能得到利息的原因是资本的稀缺，正和土地所有者能得到地租的原因是土地的稀缺一样。但是，土地的稀缺可以来自与土地的固有特性有关的原因；然而，资本的稀缺却没有与资本的固有特性有关的原因。如果把造成资本稀缺的原因看做与资本特性有关的原因，即必须以利息率作为报酬才能使人们作出真正的牺牲来进行积累这一原因，那么，在长期中，这一原因将不复存在，除非在个人的消费倾向具有特殊性的场合。在这种场合中，消费倾向具有如此特殊的数值，以致在资本具有足够充沛的数量以前，充分就业条件下的净储蓄量已经为零。但即使在这种场合，国家机构仍然可以使社会的储蓄被维持在一定的水平，以致能使资本数量继续增长，直到它不再稀缺时为止。"

"因此，在我看来，当资本主义的食利者阶级完成了它的任务以后，它会作为一个过渡阶段而消失掉。一旦它的食利者阶级的方面消失掉，资本主义的其他方面会有重大的改变。此外，我的主张还有一个很大的有利之处，即食利者阶级和已经没有社会职能的投资者决不会突然消亡；就像我们近来在英国所看到的那样，它们的消失会是一个逐渐而漫长的过程，从而不需要进行革命斗争。"

不仅如此，在凯恩斯看来，还可以通过税收政策来使企业家能为社会服务。他又写道："在政策实践上，我们可以树立两个目标（都是可以在实际上达到的：一方面，增加资本数量，一直到它不再稀缺时为止，从而，已经没有社会职能的投资者不再能坐享利益。另一方面，建立一个直接税制度，使得理财家、企业家和类似的人物（他们如此喜爱他们的职业，以致可以用远为便宜的代价来取得他们的劳务）的智慧、决心和经营的才能可以通过合理的报酬被引导到为社会服务的渠道。"

第三，对传统西方经济学的评价。凯恩斯认为，正如他屡次指出的那样，传统西方经济学的缺点在于没有照顾到小于充分就业的情况。只要对这一点加以补足或改正，它还是正确的。他说："我们对已被接受的古典学派理论的批评，重点不在于找出它的分析中的逻辑错误，而在于指出，它所暗含的假设条件很少或者从来没有得到满足，其后果为，它不能解决现实世界中的经济问题。然而，如果我们的中央控制机构能够成功地把总产量推进到相当于在现实中可能达到的充分就业水平，那么，从这一点开始，古典学派的理论仍然是正确的。如果我们假设总产量为既定的，即取决于古典学派思想体系以外的力量或因素，那么，我们对古典学派的分析并没有反对意见。我们不反对它所分析的私人的利己动机如何决定生产何种品，以何种比例的生产要素来进行生产，以及如何把产品的价值在生产要素之间加以分配。还有，虽然我们在节俭问题上与古典学派的想法不同，但对现代古典学派理论关于在完全和不完全竞争的条件下的私人和社会利益的一致程度却没有意见。由此可见，除了由中央控制的必要性来实现消费倾向和投资诱导之间的协调以外，我们没有比过去提出更多的理由使经济生活社会化。"

"更具体地说，我看不出任何理由来认为，现有的经济制度对已经被使用的生产要素具有严重的使用不当之处。当然，存在着预期的失误问题；但是，这些问题并不会由于中央集中的决策而得以避免。当在 10 000 000 个愿意而且能够工作的人中，有 9 000 000 个人被雇用时，又没有证据表明，这批 9 000 000 人有被使用不当之处。对现有的经济制度，我们的不满意见并不是这批 9 000 000 人应该被使用于和过去不同的任务，而是应该为剩下来的 1 000 000 人提供使其就业的任务。现行经济制度的缺点，并不在于已就业的人如何加以使用的问题，而在于就业量的多寡问题。"

"因此，我同意格塞尔的意见，认为弥补古典学派理论的缺点不是把那个'曼彻斯特制度'清除掉，而是指出经济力量或经济因素的自由运行所需要的环境，以便实现生产的全部潜力。保证充分就业所必需的中央控制当然会大为扩充传统的政府职能。除此以外，现代古典学派理论本身也要求我们注意到各种不同的情况，而在这些不同情况下，对经济力量或因素的自由运行有必要加以制止，或加以引导。尽管如此，仍然会留下广阔的天地使私人在其中运用他们的动力和职能。在这个天地中，传统的个人主义的有利之处仍然会继续存在。"

按照凯恩斯的意见，传统的西方经济学对市场的有利作用的阐述是正确的，他接着写道："让我们在这里提醒我们自己，这些有利之处是什么。有利之处的一部分是效率——分散化和利己心能够运行的有利之处。决策分散化和个人负责制的有利之处甚至比 19 世纪所设想的也许还要大一些，而且，反对借助和利用利己心的意见似乎有点过火。但无论如何，如果能去掉个人主义的缺点和滥用，那么，它仍然是个人自由的最好保障，其意义为：和其他任何制度相比，它在很大程度上扩大了个人选择的范围。它也是生活多样化的最好保障，因为，生活多样化恰恰来自被扩大了的选择范围。在生活单调一致或集权国家的各种损失中，缺乏生活多样化是其中最大的损失。因为这种多样化保存了能体现已往各代人的最妥善和成功的选择的传统。它以它的多样化的方式来使现实具有光彩。此外，由于它是经验、传统和想象的结晶，它也是改善将来的最有力的工具。"

总的说来，无论对传统的西方经济学，还是对资本主义的批评而言，凯恩斯自己认为，《通论》的观点是相当保守的。他写道："在其他方面，本书以上的理论在含义上是相当保守的。因为，虽然本书指出，现在主要听任于私人主动性支配的某些事物应加以集中控制的重大意义，但是，仍然存在着广泛的领域，其中的活动不受影响。对于消费倾向，国家将要部分通过赋税制度，部分通过利息率的涨落，和部分通过其他手段来施加引导的作用。还有，单靠银行政策对利息率的影响似乎不大可能决定投资的最优数量。因此，我感觉到，某种程度的全面的投资社会化将要成为大致取得充分就业的唯一手段；当然，这并不排除一切形式的折中方案，而通过这种方案，国家当局可以和私人的主动性结合起来。但除此以外，似乎很难证实囊括绝大部分社会经济生活的国家社会主义的必要性。重要的并不是生产工具的国有化。如果国家能决定被用于增加生产工具的资源数量，并且能决定对生产工具所有者的报酬的基本额，那么，它就应被认为是完成了它应尽的职责。此外，必要的社会化的步骤可以逐渐采用，从而不会割断社会的一般传统。”

第四，国际经济交往。凯恩斯认为。国家之间的战争往往起因于经济上的矛盾。如果各国能按照他的理论来解决各自的充分就业问题，从而没有必要在国际交往中强求以邻为壑的顺差，那么，战争的经济原因便会因之而消除。对此，他写道：

“战争具有种种原因。对于独裁者和其他的类似人物而言，至少在他们的期望中，战争会给他们带来愉快的兴奋状态。他们感到，比较容易利用人们的好勇斗狠的心理。但在此以外，协助他们煽起群众的激情烈火的却是战争的经济原因，即人口压力和对市场的争夺。由于很可能是上述第二类原因而在 19 世纪中起着决定性的作用，并且还可能再度如此，所以，在此加以讨论是相宜的。”

“我在上一章已经指出，处于国内的自由放任和国际上的金本位这种 19 世纪下半期的典型体制中，除了向外争夺市场以外，一国的政府在国内没有其他办法来缓解本国的经济不振的问题。因为，在这种体制下，除了改善国际收支中的顺差的手段以外，一切有助于解决长期或间歇性的失业状态的办法都被排除在外。”

“这样，当经济学者们在一如既往地颂扬既存的国际经济体制，说它能提供国际分工的果实，同时又能调和各国的利益时，他们掩盖了一个不那么美好的作用。常识和对实际事务的正确理解使政治家们相信，如果一个在传统上为富裕的国家忽视市场的争夺，那么，它的繁荣会衰落并以失败告终。但如果各国都能学习到用国内政策来为它们自己维持充分就业（而且，我们还必须加上一句，如果它们也能使它们的人口趋向保持均衡），那么，就不会存在重要的经济原因来使一国的利益和它邻国的利益相对立。在如此的条件下，仍然存在着正当的国际分工和国际借贷活动的余地。然而，在这里，却不再有紧迫的动机来迫使一国把它的商品强加于另一国，或迫使一国排斥其他国家的商品销售，而这种强加和排斥并不是由于它是否有能力偿付它所愿意购买的商品的考虑，而是出于公开表示的破坏国际收支平衡的目标，以便为自己取得贸易顺差。国际贸易将不再像它现在那样，即作为一个维持国内充分就业的铤而走险的权宜之计，强行向外国市场推销并限制从那里购买的数量。即使是成功的话，这种方法也不过仅仅把失业问题转嫁给邻国，而邻国则因之会在斗争中受到损害。在我们的新的体制中，国际贸易会成为在互惠的条件下，合乎意愿和不受阻挠的物品和劳务的交换。”

第五，《通论》在思想上的作用。在这里，凯恩斯比较含蓄地宣称：如果《通论》的思想能被接受下来，那么，整个世界的情况将会因之而改善，从而，该书会具有重大的作用。他说：“实现这些思想仅仅是不着边际的希望吗？它们是否奠基于足够的人类动机之上，而这种动机又能控制政治社会的演变？被它们所伤害的利益的体现者是否比它们为之效劳的人要更为强大和明确？”

“我不想在这里提供答案。答案需要一本与此不同性质的著作，才能仅仅以提纲的形式表示出把这些思想逐渐付诸实施的各种实际办法。但如果思想是正确的——作者必须假设如此，然后再据此而进行写作——那么，我敢做出预言：要想否定它们在一段时期后所产生的力量会是错误的。在目前，一般人都渴望有一个更加基本的诊断；特别易于接受它；而且，甚至只要它在表面上合乎情理，就急于试行把它付诸实施。然而，撇开这种当代的情绪不谈，经济学家和政治哲学家们的思想，不论它们在对的时候还是在错的时候，都比一般所设想的要更有力量。的确，世界就是由它们统治着。讲求实际的人自认为他们不受任何学理的影响，可是他们经常是某个已故经济学家的俘虏。在空中听取灵感的当权的狂人，他们的狂乱想法不过是从若干年前学术界拙劣作家的作品中提炼出来的。我确信，和思想的逐渐侵蚀相比，既得利益的力量是被过分夸大了。诚然，这不是就立即产生的影响而言，而是指一段时期以后；因为，在经济学和政治哲学的领域中，在 20 岁或 30 岁以后还受新理论影响的人是不多的，因此，公职人员、政客甚至煽动者所应用的思想不大可能是最新的。但是，不论早晚，不论好坏，危险的东西不是既得利益，而是思想。”

在上面的引文中，从“经济学家和政治哲学家们的思想”开始一直到引文结束是《通论》全书的最后的段落，也是它在西方最被经常引用的段落。

附录 A　诺贝尔经济学奖

诺贝尔经济学奖的由来

诺贝尔经济学奖（The Prize in Economic Sciences），是由瑞典银行在 1968 年，为纪念诺贝尔而增设的并非诺贝尔遗嘱中提到的五大奖励领域之一，全称为“纪念阿尔弗雷德—诺贝尔瑞典银行经济学奖（The Bank of Sweden Prize in Economic Sciences in Memory of Alfred Nobel)”，通常称为诺贝尔经济学奖（Nobel Economics Prize），也称瑞典银行经济学奖。

1969 年（瑞典银行的 300 周年庆典）第一次颁奖，由挪威人弗里希和荷兰人扬—廷贝亨共同获得，美国经济学家萨缪尔森、弗里德曼等人均获得过此奖。

经济学奖并非根据阿尔弗雷德—诺贝尔的遗嘱所设立的，但在评选步骤、授奖仪式方面，与诺贝尔奖相似。奖项由瑞典皇家科学院每年颁发一次，遵循对人类利益做出最大贡献的原则给奖。

诺贝尔经济学奖可以颁发给单个人，也可以最多由三人分享，其主要目的是表彰获奖者在宏观经济学、微观经济学、新的经济分析方法等领域所作的贡献。每年的诺贝尔经济学奖奖金为 1000 万瑞典克朗（约合 140 万美元）。

“诺贝尔经济学奖”历届获奖者名单

从 1969 年至 2015 年诺贝尔经济学奖已经颁发了 47 次，获奖者人数达 76 人，其中包括美国著名的经济学家萨缪尔森、弗里德曼。

1969 年

拉格纳·弗里希（RAGNAR FRISCH）挪威人

简·丁伯根（JAN TINBERGEN）荷兰人

主要贡献：他们发展了动态模型来分析经济进程。前者是经济计量学的奠基人，后者是经济计量学模式建造者之父。

1970 年

保罗·安·萨默尔森（PAUL A SAMUELSON ）美国人

主要贡献：他发展了数理和动态经济理论，将经济科学提高到新的水平。他的研究涉及经济学的全部领域。

1971 年

西蒙·库兹列茨（SIMON KUZNETS ）美国人

主要贡献：在研究人口发展趋势及人口结构对经济增长和收入分配关系方面做出了巨大贡献。

1972年
约翰•希克斯（JOHN R. HICKS）英国人
肯尼斯•约瑟夫•阿罗（KENNETH J. ARROW）美国人
主要贡献：他们深入研究了经济均衡理论和福利理论。
1973年
华西里•列昂惕夫（WASSILY LEONTIEF）苏联人
主要贡献：发展了投入产出方法，该方法在许多重要的经济问题中得到运用。
1974年
弗•冯•哈耶克（FRIEDRICH AUGUST VON HAYEK）澳大利亚人
纲纳•缪达尔（GUNNAR MYRDAL）瑞典人
主要贡献：他们深入研究了货币理论和经济波动，并深入分析了经济、社会和制度现象的互相依赖。
1975年
列奥尼德•康托罗为奇（LEONID VITALIYEVICH KANTOROVICH）苏联人
佳林•库普曼斯（TJALLING C. KOOPMANS）美国人
主要贡献：前者在1939年创立了享誉全球的线形规划要点，后者将数理统计学成功运用于经济计量学。他们对资源最优分配理论做出了贡献。
1976年
米尔顿•弗里德曼（MILTON FRIEDMAN）美国人
主要贡献：创立了货币主义理论，提出了永久性收入假说。
1977年
戈特哈德•贝蒂•俄林（BERTIL OHLIN）瑞典人
詹姆斯•爱德华•米德（JAMES E MEADE）英国人
主要贡献：对国际贸易理论和国际资本流动作了开创性研究。
1978年
赫泊特•亚•西蒙（HERBERT A. SIMON）美国人
主要贡献：对于经济组织内的决策程序进行了研究，这一有关决策程序的基本理论被公认为关于公司企业实际决策的创见解。
1979年
威廉•阿瑟•刘易斯（ARTHUR LEWIS）美国人
西奥多•舒尔茨（THEODORE W. SCHULTZ ）美国人
主要贡献：在经济发展方面做出了开创性研究，深入研究了发展中国家在发展经济中应特别考虑的问题。
1980年
劳伦斯•罗•克莱因（LAWRENCE R. KLEIN）美国人
主要贡献：以经济学说为基础，根据现实经济中实有数据所作的经验性估计，建立起经济体制的数学模型。
1981年
詹姆士•托宾（JAMES TOBIN）美国人

主要贡献：阐述和发展了凯恩斯的系列理论及财政与货币政策的宏观模型。在金融市场及相关的支出决定、就业、产品和价格等方面的分析做出了重要贡献。

1982 年

乔治·斯蒂格勒（GEORGE J. STIGLER）美国人

主要贡献：在工业结构、市场的作用和公共经济法规的作用与影响方面，做出了创造性重大贡献。

1983 年

罗拉尔·德布鲁（GERARD DEBREU）美国人

主要贡献：概括了帕累拖最优理论，创立了相关商品的经济与社会均衡的存在定理。

1984 年

理查德·约翰·斯通（RICHARD STONE）英国人

主要贡献：国民经济统计之父，在国民账户体系的发展中做出了奠基性贡献，极大地改进了经济实践分析的基础。

1985 年

弗兰科·莫迪利安尼（FRANCO MODIGLIANI）意大利人

主要贡献：第一个提出储蓄的生命周期假设。这一假设在研究家庭和企业储蓄中得到了广泛应用。

1986 年

詹姆斯·布坎南（JAMES M. BUCHANAN， JR）美国人

主要贡献：将政治决策的分析同经济理论结合起来，使经济分析扩大和应用到社会—政治法规的选择。

1987 年

罗伯特·索洛（ROBERT M. SOLOW）美国人

主要贡献：对增长理论做出贡献。提出长期的经济增长主要依靠技术进步，而不是依靠资本和劳动力的投入。

1988 年

莫里斯·阿莱斯（MAURICE ALLAIS）法国人

主要贡献：他在市场理论及资源有效利用方面做出了开创性贡献。对一般均衡理论重新做了系统阐述。

1989 年

特里夫·哈维默（TRYGVE HAAVELMO）挪威人

主要贡献：建立了现代经济计量学的基础性指导原则。

1990 年

默顿·米勒（MERTON M. MILLER）美国人

哈里·马科维茨（HARRY M. MARKOWITZ）美国人

威廉·夏普（WILLIAM F. SHARPE）美国人

主要贡献：他们在金融经济学方面做出了开创性工作。

1991 年

罗纳德·科斯（RONALD H.COASE）英国人

主要贡献：揭示并澄清了经济制度结构和函数中交易费用和产权的重要性。

1992 年

加里·贝克（GARY S. BECKER）美国人

主要贡献：将微观经济理论扩展到对人类相互行为的分析，包括市场行为。

1993 年

道格拉斯·诺斯（DOUGLASS C. NORTH）美国人

罗伯特·福格尔（ROBERT W. FOGEL）美国人

主要贡献：前者建立了包括产权理论、国家理论和意识形态理论在内的“制度变迁理论”。后者用经济史的新理论及数理工具重新诠释了过去的经济发展过程。

1994 年

约翰·纳什（JOHN F.NASH）美国人

约翰·海萨尼（JOHN C. HARSANYI）美国人

莱因哈德·泽尔腾（REINHARD SELTEN）德国人

主要贡献：这三位数学家在非合作博弈的均衡分析理论方面做出了开创性的贡献，对博弈论和经济学产生了重大影响。

1995 年

罗伯特·卢卡斯（ROBERT LUCAS）美国人

主要贡献：倡导和发展了理性预期与宏观经济学研究的运用理论，深化了人们对经济政策的理解，并对经济周期理论提出了独到的见解。

1996 年

詹姆斯·莫里斯（JAMES A. MIRRLEES）英国人

威廉·维克瑞（WILLIAM VICKREY）美国人

主要贡献：前者在信息经济学理论领域作出了重大贡献，尤其是不对称信息条件下的经济激励理论。后者在信息经济学、激励理论、博弈论等方面都作出了重大贡献。

1997 年

罗伯特·默顿（ROBERT C. MERTON）美国人

迈伦·斯科尔斯（MYRON S. SCHOLES）美国人

主要贡献：前者对布莱克　斯科尔斯公式所依赖的假设条件做了进一步减弱，在许多方面对其做了推广。后者给出了著名的布莱克—斯科尔斯期权定价公式，该法则已成为金融机构涉及金融新产品的思想方法。

1998 年

阿马蒂亚·森（AMARTYA SEN ）印度人

主要贡献：对福利经济学几个重大问题作出了贡献，包括社会选择理论、对福利和贫穷标准的定义、对匮乏的研究等。

1999 年

罗伯特·蒙德尔（ROBERT A. MUNDELL）加拿大人

主要贡献：他对不同汇率体制下货币与财政政策以及最适宜的货币流通区域所做的分析使他获得这一殊荣。

2000 年

詹姆斯-J-赫克曼（James Heckman ） 美国人

丹尼尔-L-麦克法登（Daniel McFadden ） 美国人

主要贡献：他们发展了广泛应用在经济学以及其他社会科学中对个人和住户的行为进行统计分析的理论和方法。尤其是对赫克曼，奖励他对分析选择性样本的理论和方法的发展，对麦克法登则奖励他对分析离散抉择的理论和方法的发展。

2001 年

乔治·阿克尔洛夫（George A.Akerlof） 美国人

迈克尔·斯彭斯（A. Michael Spence） 美国人

约瑟夫·斯蒂格利茨（Joseph E.Stiglize） 美国人

主要贡献：他们由于在“对充满不对称信息市场进行分析”领域所作出的重要贡献，而分享了 2001 年诺贝尔经济学奖。

2002 年

丹尼尔·卡尼曼（Daniel Kahneman）美国人

弗农·史密斯（Vernon L. Smith）美国人

主要贡献：瑞典皇家科学院把 2002 年诺贝尔经济学奖授予美国学者丹尼尔·卡尼曼和弗农·史密斯，以表彰他们在心理和实验经济学研究方面所做的开创性工作。

2003 年

罗伯特·恩格尔（Robert Engle） 美国人

克莱夫·格兰杰（Clive Granger） 英国人

主要贡献：2003 年诺贝尔经济学奖授予美国经济学家罗伯特·恩格尔和英国经济学家克莱夫·格兰杰，以表彰他们在经济学时间数列分析方面所作出的贡献。

2004 年

芬恩·基德兰德（Finn E. Kydland） 挪威人

爱德华·普雷斯科特（Edward C. Prescott） 美国人

主要贡献：2004 年诺贝尔经济学奖授予挪威经济学家芬恩。基德兰德（Finn E. Kydland）和美国经济学家爱德华。普雷斯科特（Edward C.Prescott），以表彰他们在动态宏观经济学方面作出的杰出贡献。

2005 年

具有以色列和美国双重国籍的经济学家罗伯特·奥曼和美国经济学家托马斯·谢林因在博弈论分析方面的研究获得 2005 年诺贝尔经济学奖。

瑞典皇家科学院说，两位经济学家获得诺贝尔经济学奖是因为“他们通过对博弈论的分析加深了我们对冲突与合作的理解”。

2006 年

美国哥伦比亚大学经济学家埃德蒙-菲尔普斯（Edmunds. Phelps），以表彰他对宏观经济政策中跨时贸易所作的研究。

2007 年

三位美国经济学家分享 2007 年诺贝尔经济学奖，以表彰他们为机制设计理论奠定基础。他们分别是明尼苏达大学的赫维茨、芝加哥大学的马斯金，以及美国普林斯顿高等研究中心的罗杰・B・迈尔森。

2008年

保罗・克鲁格曼（美国）美国普林斯顿大学

主要贡献：对经济活动的贸易模式和区域的分析。

2009年

埃莉诺・奥斯特罗姆（美国）美国印第安纳大学，美国亚利桑那州立大学

奥利弗・威廉姆森（美国）美国加州大学

主要贡献：经济治理，尤其是对普通民众作出的贡献和经济治理分析，尤其是企业边际领域方面的贡献。

2010年

彼得・戴蒙德（美国）美国麻省理工学院（MIT）

戴尔・莫滕森（美国）丹麦奥胡斯大学，美国西北大学

克里斯托弗・皮萨里德斯（塞浦路斯）伦敦政治经济学院

主要贡献：在“市场搜寻理论”中具有卓越贡献。

2011年

托马斯・萨金特（美国）美国纽约大学

克里斯托弗・西姆斯（美国）美国普林斯顿大学

主要贡献：在宏观经济学中对成因及其影响的实证研究。

2012年

埃尔文・罗斯（美国）美国哈佛大学，美国哈佛商学院

罗伊德・沙普利（美国）美国加州大学

主要贡献：创建“稳定分配”的理论，并进行“市场设计”的实践。

2013年

尤金・法玛 芝加哥大学

拉尔斯・彼得・汉森芝加哥大学

罗波特・希勒 耶鲁大学

主要贡献：对资产价格的实证分析。

2014年

梯若尔（法国）法国图卢兹大学

主要贡献：对市场力量和管制的研究。

2015年

安格斯・迪顿（美国）普林斯顿大学

主要贡献：在“消费、贫穷和福利”领域作出的突出贡献。

2016年

奥利弗・哈特（美国）

本特・霍姆斯特罗姆（芬兰）

主要贡献：在“消费、贫穷和福利”领域作出的突出贡献。

附录B 理性看待经济学

卫兴华：正确对待马克思主义经济学与西方经济学的关系

我国是由共产党领导的社会主义国家。党的指导思想是马克思主义，既包括马克思主义创始人的科学理论，也包括后继者发展了的马克思主义。从经济理论与实践的方面说，无论经济学的教学与研究，还是社会主义经济建设与改革开放，都应以马克思主义的经济理论为指导，而不是也不应以西方经济学为指导。这样讲，并不意味着忽视甚至排斥对西方经济学的研究与掌握。从经济学的教学与研究以及经济实践来说，应首先学好用好马克思主义经济理论。高校经济学专业的师生，要较为系统和深入地学习和掌握马克思主义经济学，学习过程中应注意以下三点：

首先，无论对马克思列宁主义的原创理论，还是对毛泽东思想、邓小平理论等，都需要完整、准确地把握原意，尽可能消除加予其上的误解、错解甚至曲解。目前，这方面存在的问题有很多，既存在不读马列、不懂马列，却在那里使劲地否定和批判马列的现象；也存在不读马列、不懂马列，却自称是发展马列、创新马列的现象。需要正本清源，澄清理论是非。

其次，马克思经济学，是一个博大精深的宝库，需要很好研究与发掘，我们现在的政治经济学教科书，大都是在浅层次上转述马克思的经济学基本原理和思想，而且由于理解不准确，还存在着转述走样的情况。特别是马克思、恩格斯有许多重要经济思想，对社会主义经济发展和体制改革具有现实的理论指导意义，但过去注意和重视不够。比如，社会主义制度下人的全面自由发展问题，马克思曾在《资本论》和其他著作中作为重要原则提出来，但以往我们的经济学教学与研究中很少涉及。近年来，党中央的有关文献中提出了人的全面发展问题，理论界才开始重视研究与宣传。再比如，《资本论》第三卷第十章中，马克思论述的市场价值、市场价格、供求规律、竞争规律等理论思想，比《资本论》第一卷所阐述的价值与价格理论在内容上拓展和丰富了很多，对研究我国社会主义市场经济很有理论和现实意义，但这一章的内容比较难懂，不少经济理论和实际经济工作者没有读过，或者虽然读过而没有读懂，存在误解和错解，在政治经济学教学与教科书中也没有反映。在经济学的教学中，重视马克思的劳动价值论是必要的，但以往对马克思的财富论几乎没有反映，而财富论对社会主义实现人的全面发展和根本目的——共同富裕来说，具有重要的理论意义和实际意义。

第三，马克思主义经济学是开放的、发展的经济学，马克思和恩格斯一再反对把它们的理论当做教义和教条。要学习和把握的是马克思主义的立场、观点和方法。什么立场？工人阶级的立场，劳苦大众的立场，为人民群众解放而奋斗的立场，科学社会主义的立场，为穷苦群众讲话和谋利益的立场。马克思把自己的经济学称做劳动的经济学，把资产阶级经济学称做资本的经济学。究竟是替劳动者说话，为劳动者的利益献计献策，保护和发展劳动者的利益，还是替资本说话，为资本的利益出谋划策，损害劳动者的利益。这是两种经济学和两类经济学家的分野。什么观点？科学性和阶级性相统一的观点，理论与实践相结合的观点，揭示人类社会经济发展规律的观点，阐明资本主义经济关系的本质及其产生发展和终将为社会主义所取代的观点，有关社会主义经济关系本质、经济运行、经济发展的基本观点。什么方法？辩证唯物主义与历史唯物主义的方法，吸收前人的科学成果、去伪存真的方法，历史与逻辑既相一致又有区别的方法，进行科学抽象的方法。

马克思主义经济学与西方经济学，作为劳动的经济学和资本的经济学的分野来说，两者的理论体系和根本观点是相对立的。但是，两者在另外一方面，又有相通和相容的地方。马克思主义经济学与西方经济学都具有意识形态属性，二者的对立主要体现在这个方面。不过，无论马克思主义经济学或西方经济学又具有分析工具的属性。例如，西方经济学研究经济增长与发展，分析通货膨胀与紧缩，研究市场配置资源的机制与作用，研究制度创新、管理创新、科技创新的途径与方法，研究市场机制与计划机制相结合的原理，研究政府宏观调节的内容与方法，等等，对于我国社会主义经济建设与发展，对于社会主义市场经济的建立与完善，对于深化经济体制改革，具有程度不同的借鉴意义。但是，在借鉴与运用过程中，又不能照搬照套。即使作为分析工具，西方经济学的分析对象，主要是资本主义经济，对于社会主义经济来说，并不完全适用。例如，怎样发展和完善公有制为主体、多种所有制经济共同发展的社会主义初级阶段的基本经济制度，怎样发展和完善按劳分配为主体、多种分配方式并存的分配制度，怎样使社会主义公有制与市场经济相结合，怎样搞好搞活公有制经济，怎样通过社会主义经济体制的改革与发展，实现社会主义的本质，即解放生产力，发展生产力，消灭剥削，消除两极分化，最终达到共同富裕，等等，只能在发展着的马克思主义特别是邓小平理论和党中央的正确理论指导下来进行和实现。西方经济学是无能为力的。从总体上说，我国的改革开放和经济建设是在发展着的马克思主义指导下进行的，而不是以西方经济学为指导的。即使在某些方面借鉴西方经济学的理论与方法，也没有和不应以西方经济学为主导。但是，有的学者却认为我国的改革与发展应以西方经济学为指导；某些理论工作者和实际工作者有意无意地离开邓小平理论和中央的正确理论与政策的指导，落入新自由主义的窠臼，主张改掉公有制经济特别是国有经济，实现私有制化。这方面的问题，应引起应有的注意。

对于马克思主义经济学与西方经济学的关系，我很赞赏陈岱孙先生的十六字原则："弘扬马列，锐意创新，借鉴西学，体察国情。"这是给一部经济学著作的题词，从经济学的角度讲的。"弘扬马列"，表示要发扬光大马列主义经济学，以马列主义经济学为主导；"锐意创新"，表示不能教条主义、本本主义地对待马克思主义经济学，而是要重视理论创新与发展；"借鉴西学"，就是主张借鉴与汲取西方经济学中可为我所用的某些理论与方法，"借鉴"，就是表示不能成为主体和主导；"体察国情"，表示对西方经济学不能照搬照套，应根据我国社会主义国情和社会经济条件，有借鉴，有吸收，有摒弃，有批判。对高校的经济学专业学生来说，既应学好、学深马克思主义经济学，具有坚实的马克思主义经济学理论基础；也要学懂和系统掌握西方经济学。应在马克思主义经济学的指导下去研究和掌握西方经济学的理论体系和基本内容。迷信和崇尚西方经济学、将西方经济学真理化、将我国经济学的教学与研究引向西方化的人，往往并没有真正弄懂弄通西方经济学。只有既较系统和深入地学习与掌握了马克思主义经济学，又较系统地了解和掌握了西方经济学，才能正确辨别理论是非，有分析、有鉴别、有取舍。

即使批判西方经济学中的某些错误观点，也不能简单化，也要先弄清其原有涵义。目前理论界无论肯定或否定“经济人假说”的某些学者，都将其解释为人的本性都是自私自利的，一切行为都是出于自私的动机。并认为这是滥觞于亚当•斯密的理论。其实，斯密在《国富论》中说，在买卖关系中，是要讲利己的。每个人都从利己的打算出发，达到相互利益的统一。这是就资本主义私有制市场经济中的商品买卖关系而言的。在资本主义私有制市场经济中，企业追求利润最大化，个人追求私人利益最大化，这是客观事实。而且在私有制下，每个私有者都会保护和追求自己的私人利益。

斯密并没有讲，人的天性就是自私的，在一切社会活动中，包括政治生活、公务活动、人际交往中，人们的行为都出于自私自利的打算。即使在社会主义条件下，有些好人见义勇为，或慷慨解囊，救助他人，但当他们进入商品市场进行买卖活动时，都会维护和争取增大自己的利益，即利己而非利他。然而，这种利己行为不应扩大到一切非商品关系的社会生活中。如果把“经济人”解释为“人不为己，天诛地灭”“人为财死，鸟为食亡”的自私自利之辈，并将其作为正面的理论给我们的学生、干部和工农群众灌输，那会贻害无穷。

不少学者忧虑：近年来，在教学与研究中，马克思主义经济学存在被边缘化的趋势，这是事实。这有客观原因，也有主观原因。苏联东欧原社会主义国家解体与剧变；社会主义运动走向低潮；我国实行改革开放，发展个体、私营经济和外资企业，实行社会主义市场经济；加之有些人公开和批判马克思主义，宣扬西方经济学的科学性和合理性。所有这些，不可避免地从意识形态上给马克思主义经济学带来严重的消极影响。在这种情况下，马克思主义理论工作者的责任不是降低而是增大。理论一旦掌握群众就会变成物质的力量。需要从主观原因上进行反思：为什么在以马克思主义作为指导思想的共产党的领导下，在社会主义现阶段，马克思主义在一些部门弱化？为什么在解放前高校的经济学教学中，大学生们对普遍开设的西方经济学课程并不热衷，而对进步教授开设的马克思主义经济学却反映热烈，易于接受？为什么在社会主义的新中国，情况竟会倒了过来？这些现象为什么存在，有没有我们主观上的原因？如果从事马克思主义经济学教学与研究的学者，能够适应我国社会主义经济发展和改革开放的需要，与时俱进地发展马克思主义经济学，锐意进行理论创新、体系创新、方法创新，能够运用它来说明和解决现实经济问题，人们就容易接受它、重视它、应用它。它的生命力就会不断增强，就会重新和进一步掌握群众。在党中央实施马克思主义理论研究和建设工程的大好时机下，发挥主观因素的积极作用，减弱客观因素的消极作用，应是我们的责任所在。

许友伦：西方经济学批判

西方经济学是市场经济学，研究资本主义市场经济的资源配置（即财富的生产和分配），讲究效率公平，具有一定的科学性，值得我们学习研究，从中吸取科学成分。改革开放以来，我国高等经济院校引进西方经济学，作为必修课，也是必要的。但是，西方经济学学派林立，众说纷纭，真假是非，争论不休，其中有些假设、定律、定理并非科学真理，不能盲目相信。有些经济学家否定马克思主义经济学，照搬西方经济学，鼓吹“私有化、自由化、市场化”，误导中国改革，造成思想混乱，引起学术争论。学术争论的目的，是明辨是非、坚持真理、纠正错误，促进经济学的发展繁荣。本文以马克思主义为指导，坚持实事求是的思想路线，对西方经济学的几个理论问题进行分析研究，提出批判意见，供读者参考。

一、理性经济人

经济人是关于人类经济行为的一个假设，是西方经济学的理论核心，来源于亚当•斯密的《国富论》。斯密说：“我们每天所需要的食物和饮料，不是出自屠户、酿酒家和面包师的恩惠，而是出于他们自利的打算。我们不是向他们乞求仁慈，而是诉诸他们的利己心，我们从来不向他们谈论自己的需要，而只是谈论对他们的好处。”这段话的含义是：交换倾向受到自利心的鼓励，并导致劳动分工。斯密之后，英国经济学家西尼耳定量地确定了个人利益最大化理论。约翰•穆勒在此基础上总结出“经济人假设”。意大利经济学家帕累托将“经济人”这个名词引入经济学。西方经济学家对经济人有各种不同的解释，基本含义是：经济人是自私的；理性经济人是充满理性的，追求的目标是自己的利益最大化：社会利益是个人利益的总和，追求个人利益最大化就会有效地增进社会利益。

但是，理性经济人只是一个假设，不是真理。马克思说过，人的本质是社会关系的总和。与经济人相对的是社会人和道德人。斯密的《道德情操论》说：“一个人，无论被人们认为如何自私，在其天性中却总是很明显地存在着这样一些本性——关心别人的命运，把别人的幸福看做自己的快乐，虽然除此之外他一无所得。”斯密的经济人和道德人是人的两面性。人与人之间不仅要讲利益，而且要讲道德。有些经济学家只讲利益（利），不讲道德（义），见利忘义。他们说：经济人是自私的，私有制符合人性，公有制违背人性；经济体制改革的目标就是私有化。理性经济人是私有化的理论根据。批判私有化的错误思潮，坚持社会主义基本经济制度不动摇，必须认清理性经济人的真面目，作出新的合理的解释。

首先，什么是经济人？所谓经济人，应该是从事经济活动的人，即老百姓所说的生意人。生意人做买卖，讨价还价，追求个人利益最大化，彼此关系是商品、货币（金钱）交换关系。在商品市场上，认钱不认人，是正常现象，无可非议。但是，买卖也要讲公平，不能坑人。从事政治、军事、文化工作的人（如国家公务员、军人、教师）不是经济人，不能违背职业道德，追求个人利益最大化。常言道：“当官别想发财，发财不要当官。”官商勾结，权钱交易，就是腐败。改革开放以来，私营经济不断发展，贪官污吏以权谋私，腐败现象时有发生，思想根源是什么？就是自私自利的经济人思潮泛滥腐蚀的结果。

其次，什么是理性经济人？理性是一个抽象的概念，有广义狭义之分。西方经济学所讲的理性是狭义理性，即追求个人利益最大化。广义的理性是合理合法的理性。市场经济的基本原理是分工合作，平等互利。因此，理性经济人应该是平等互利、买卖公平的经济人，而不是自私自利、唯利是图的经济人。换句话说，在市场经济活动中，有两种不同的经济人：平等互利的经济人是理性经济人，自私自利的经济人是非理性经济人。这是社会道德标准。从法律上看，现代市场经济是法治经济，经济人行为有合法、非法之分。合法经营的经济人是理性经济人，受到国家法律保护；非法经营的经济人是非理性经济人，受到国家法律制裁。这是国家法律标准。由此可见，理性经济人有两个标准，就是国家法律和社会道德。

第三，有人认为，理性经济人是自私的，私有制符合人性，公有制违背人性。这是唯心主义的观点，缺乏科学性。唯物史观认为，生产力决定生产关系，经济基础决定上层建筑。从个体经济到私营经济，从集体经济到国有经济，是社会生产力发展和生产关系变化的规律。如果说私有制符合人性，公有制不符合人性，那么可以得出结论：只有个体经济符合人性，资本主义私营经济只符合资本家的人性，不符合雇佣工人的人性。因此，资本主义国家工人阶级经常罢工，反对资本家的剥削压迫。劳资矛盾是资本主义社会的主要矛盾。这是马克思主义经济学《资本论》的基本观点。

第四，有人认为，市场经济的基础就是私有制，与国有企业不相融。私营企业效率高，国有企业效率低，国有企业改革的目标就是私有化。这是脱离实际的主观偏见。实际情况是：资本主义市场经济建立在私有制基础上，但是也有国有企业。社会主义市场经济的基础是：公有制为主体（国有经济为主导）、多种所有制经济共同发展，与资本主义市场经济有区别。企业效率包括劳动生产率、经济效益、社会效益、环境效益等指标，经济效益包括劳动工资、企业利润、国家税收等指标，必须全面考察，具体分析；不能唯利是图，一概而论。在市场竞争中，个体私营企业优胜劣汰，两极分化，企业亏损破产、老板跑路逃债的现象屡见不鲜。改革开放以来，国有企业数量不断减少，资产总量和经济效益明显提高，为国民经济发展和人民生活水平提高作出了重大贡献。但是国有企业还存在不少矛盾和问题，因此需要改革。国有企业改革的目标，是发展壮大国有经济，做强做大国有企业，发挥国有经济的主导作用，带动多种经济成分发展，而不是“国退民进”私有化。私有化的结果是两极分化，经济危机。推进国有企业改革，必须坚持党的领导，全心全意依靠工人阶级，才有可能取得成功。

二、看不见的手

“看不见的手”来源于斯密《国富论》和《道德情操论》，被人夸大为“市场万能”。

斯密在《国富论》中说过：每个人都在不断努力为自己所能支配的资本找到最有利的用途，获得最大的价值。一般说来，他并不企图增进公共福利，也不知道他所增进的公共福利为多少，但在这样做时，有一只看不见的手引导他去促进社会利益，并且其效果要比他真正想促进社会利益时所得的效果更大。——斯密的这段话讲的是资本主义商品生产，概括起来就是：资本家生产商品，主观为自己（投资获得利润），客观为社会

（增进社会福利），社会利益是个人利益的总和。但是，他并没有证明：个人利益与社会利益没有矛盾。法国社会主义者傅立叶批判资本主义私有制，他说：资本主义制度是一种每个人都用欺骗公众的方法来寻求自己利益的制度。在这种制度下，充满着个人利益和集体利益的尖锐矛盾和对立，每个人都处在同集体不断战斗的状态之中，医生希望自己的同胞患寒热病；律师希望每个家庭都发生诉讼；建筑师希望发生大火使城市的四分之一化为灰烬；安装玻璃的工人希望下一场大冰雹打碎所有的玻璃；卖棺材的希望天天死人。傅立叶的观点与斯密截然不同，反映了资本主义制度的两面性（黑暗面与光明面）。马克思对斯密"看不见的手"评论是："关键并不在于，当每个人都追求自己私人利益的时候，也就达到了私人利益的总体即普遍利益。从这种抽象的说法反而可以得出结论：每个人都可以互相妨碍别人利益的实现，这种一切人反对一切人的战争所造成的结果，不是普遍的肯定，而是普遍的否定。"

斯密在《道德情操论》中说："在任何时候，土地产品供养的人数都接近于它所能供养的居民人数。富人只是从这大量的产品中选用了最贵重和最中意的东西。他们的消费量比穷人少；尽管他们的天性是自私的和贪婪的，虽然他们只图自己方便，虽然他们雇用千百人来为自己劳动的唯一目的是满足自己无聊而又贪得无厌的欲望，但是他们还是同穷人一样分享他们所作一切改良的成果。一只看不见的手引导他们对生活必需品作出几乎同土地在平均分配给全体居民的情况下所能作出的一样的分配，从而不知不觉地增进了社会利益。"——斯密的这段话讲的是资本主义分配制度，看不见的手引导他们对生活必需品作出平均分配。但是，他没有认识到，生活必需品不等于收入和财产，资本积累规律导致社会两极分化。

美国经济学家萨缪尔森在《经济学》教科书中说："亚当·斯密发现了竞争性市场经济的一个重要特征。在完全竞争和不存在市场失灵的情况下，市场会用其资源尽可能多地生产出有用的物品与劳务。但在存在着垄断、污染或其他市场失灵的情况下，看不见的手的效率特征就可能会遭到破坏。"他还说："市场并不必然能够带来公平的收入分配。市场经济可能会产生令人难以接受的收入水平和消费水平的巨大差异。即使是最有效率的市场体系，也可能产生极大的不公平。"这种观点具有科学性，值得我们学习研究。

所谓看不见的手，就是市场机制，包括价格、供求、竞争、风险机制。在亚当·斯密（1723—1790）生活的时代，生产力还不够发达，商品供不应求，看不见的手调节商品生产流通，促进国民经济发展，没有发生经济危机。斯密去世以后，英国发生第一次生产过剩的经济危机（1825 年），看不见的手已经失灵。从此以后，经济危机周期爆发，具有规律性。特别是 20 世纪 30 年代发生的经济危机，给资本主义世界带来巨大灾难，证明自由放任的市场经济已经破产。1933 年，美国总统罗斯福实行新政，干预经济活动，挽救经济危机。1936 年，凯恩斯发表《通论》，说明经济危机原因是有效需求不足，国家必须制定经济政策，扩大消费需求，保持社会总供求平衡。但是，财政货币政策反复使用，效用递减，结果出现经济"滞胀"的局面，受到新自由主义的挑战。新自由主义鼓吹私有化、自由化，反对政府干预经济活动，一度成为西方经济学的主流，形成"华盛顿共识"。本世纪初，以美国为首的西方国家发生了金融危机和经济危机，新自由主义声名狼藉。现代经济学教科书都承认，市场有效也有失灵，必须发挥政府作用，弥补市场失灵。政府作用是否有效，要看政府执政能力。社会主义市场经济是社会主义制度与市场经济体制相结合，基本特征是：公有制为主体，国家计划为指导，共同富裕为目标。“看不见的手”和“看得见的手”都是手段，目的是促进国民经济持续协调发展，实现共同富裕目标。深化经济体制改革，必须坚持社会主义市场经济的改革方向，发挥社会主义制度的优越性，坚定不移地走共同富裕道路，决不能照搬资本主义市场经济模式，以免发生经济危机和金融危机。

三、萨伊定律

法国经济学家萨伊（1767—1832）在《政治经济学概论》第十五章《产品的出卖或需求》中提出：“生产给产品创造需求。”他认为，单单一种产品的生产，就给其他产品开辟了销路。货币只不过是媒介而已。由于某些货物生产过少，别的货物才形成过剩。如果对生产不加干涉，一种产品的生产很少会超过其他生产。因此他得出结论：生产者和产品越多越好，销路越多越快越好，激励生产是贤明的政策，鼓励消费是拙劣的政策。萨伊把自己的理论称为“真理”，西方经济学称之为“萨伊定律”。马克思指出，萨伊是资产阶级庸俗经济学家，庸俗经济学家自己是不生产什么的。危机之规则的反复，已经在事实上把萨伊之流的饶舌，指为空谈。那只在繁荣时期被使用，在危机时期，是要被放弃的。凯恩斯认为，萨伊定律只适用于自然经济，不适用于市场经济。市场经济的自由发展，必然导致生产过剩，有效需求不足，发生经济危机。政府制定政策，扩大消费需求，保持社会总供求平衡，可以挽救经济危机。在我国学术界，自由主义经济学家大都信奉萨伊定律，主张私营企业自由发展，反对凯恩斯主义的经济政策，他们说：推动经济增长的是生产，是供给，而不是需求；是供给创造需求，而不是需求创造供给。这种观点是片面的，不符合辩证法。

马克思主义经济学认为，物质资料生产是人类社会存在和发展的基础，生产目的是满足消费需要。生产与消费的关系是辩证统一关系，它决定商品与货币、供给与需求、总供给和总需求的关系，显示经济发展规律，逻辑关系是：生产是起点，消费是终点，从这种意义上说是生产决定消费；生产是手段，消费是目的，从这种意义上说是消费决定生产；没有生产就没有消费，没有消费就没有生产，从这种意义上说是互相决定、互为因果，即：生产决定消费，消费决定再生产。分配与交换是生产与消费的中介环节。生产、分配、交换、消费四个环节互相联系，依次转化，国民经济才能持续发展。供给与需求的关系也是互相决定、互为因果的关系：一方面是供给创造需求（以产促销），另一方面是需求决定供给（以销定产）。马克思的社会再生产理论明确指出，生产资料和消费资料供求平衡，国民经济才能持续协调发展。学习研究马克思主义政治经济学，把握经济发展规律，具有重要现实意义。

改革开放以来，我国经济发展速度很快，国民生产总值跃居世界第二位，人民生活水平不断提高，这是举世公认的伟大成就，同时也带来了不少问题。当前，我国经济存在的主要问题是：生产相对过剩，消费需求不足，经济增长速度下降。直接原因是：企业盲目投资，扩大生产，追求利润最大化，导致产能过剩。背后的原因是：分配不够公平，贫富差距过大，基尼系数超过国际警戒线。一方面是亿万富翁钱太多，铺张浪费也花不了；另一方面是贫困人口钱太少，省吃俭用也不够花。贫富差距过大，不仅影响经济发展，而且影响社会稳定。事实告诉我们，供给是否创造需求，要看实际效果：有效供给才能创造需求，无效供给不能创造需求。所谓有效供给，就是产品质量合格；数量能够满足消费者需要，但是不能超过消费者需要，过犹不及。所谓有效需求，就是消费者生活需要，而且有钱购买，二者缺一不可。无效供给不能创造需求，大概有几种情况：一是产品质量不合格，假冒伪劣，欺骗消费者。二是商品数量太多，超过消费需求，积压卖不掉。三是商品价格过高，消费者嫌贵，不愿意购买。四是企业盲目投资，追求利润最大化，导致产能过剩，造成资源浪费。在生产相对过剩、消费需求不足的形势下，经济增长速度下降，是市场决定的正常现象，关键在于要调整经济结构，转变发展方式（从外延扩大再生产向内涵扩大再生产转变），提高经济效益。

从供给创造需求到有效供给创造需求，就是要在提高经济效益上下功夫：减少无效供给，增加有效供给，扩大有效需求，提高发展水平。一是开发新产品，创造新需求。创新是经济发展的动力，产品更新换代是经济发展规律。二是开拓新市场，创造新需求。坚持开放发展，就是开拓新市场，创造新需求。发展互联网贸易，建设城乡一体化物流体系，就是开拓新市场。三是提高产品质量，创造新需求。中国是世界制造业大国，很多产品产量居世界第一位，但是质量、档次不够高，不能满足消费者需要。中国人出国旅游购买产品，每年花费上万亿元人民币，就是一个例证。四是降低商品价格，创造新需求。有些商品积压卖不掉，不是质量不好，而是价格过高，消费者买不起。降价促销去库存，可以创造新需求。五是缩小贫富差距，创造新需求。目前全国农村还有几千万贫困人口，生活水平很低。坚持共享发展，加大扶贫开发力度，千方百计提高低收入者收入，可以创造新需求。六是加强基础设施建设，增加公共产品供给，可以创造新需求，同时发挥长期的经济社会效益。七是发展消费信贷，创造新需求。消费信贷是提供给消费者的信贷，不是给投机者的信贷。

四、科斯定理

科斯（1910—2013）是世界著名经济学家，诺贝尔经济学奖获得者。他在1960年发表的《社会成本问题》一文中说：“若市场交易无需成本，法院有关损害责任的判定对资源的配置无影响。”但是，“市场交易无需成本”只是一个脱离实际的假设，令人难以相信。因此，科斯在《社会成本问题的解释》一文中又说：“在正交易费用的情况下，法律在决定资源如何配置方面起着极为重要的作用。”美国经济学家乔治·斯蒂格勒在《价格论》中将科斯的交易成本思想概括为“在完全竞争条件下，私人成本等于社会成本”，并命名为“科斯定理”。《新帕尔格雷夫经济学词典》对科斯定理的解释是：“从强调交易成本解释的角度说，科斯定理可以描述如下：只要交易成本等于零，法定权利（即产权）的初始配置并不影响效率。”科斯的追随者，积极推销科斯定理和产权经济学，公开反对马克思主义政治经济学，鼓吹资本主义私有化、自由化。在我国学术界，“科斯定理”人人皆知，经济学家褒贬不一。自由主义经济学家认为，科斯定理很重要，核心思想就是产权，产权私有是市场经济的基础，产权清晰可以节约交易成本，提高资源配置效率。有人说，国有企业产权不清楚，名义上是“全民所有”，实际上是“全民皆无”，只有实行私有化改制，才能明晰企业产权；有人说，国有企业是“党国大公司”，与市场经济不相融，改革就是要打破“党国大公司”；有人说，国有企业改革折腾多年，绕不过产权问题，只有实行民营化、私有化，才能提高企业效率。科斯定理被人炒作，误导国有企业改革，必须予以澄清。

首先，国有企业产权不清，证据何在？我国宪法规定："国有经济，即社会主义全民所有制经济，是国民经济中的主导力量。国家保障国有经济的巩固和发展。"社会主义国家的国有企业本来就是全民所有制企业，国家代表全国人民的利益，行使所有权，管理国有企业。改革开放以来，国有企业的产权结构发生了一些变化，有的变成股份制企业，有的变成混合所有制企业，自主经营，自负盈亏，与全民所有制企业有区别。但是，国家控股的企业仍然叫国有企业，不能说产权不清。资本主义国家也有国有企业，难道也是产权不清？

其次，私营企业产权清晰，是企业老板所有，看起来没有问题，实际上问题很多。因为，私营企业大多数是家族企业，不是个人企业。家族成员之间因为产权问题经常发生矛盾纠纷。企业老板去世以后，子女继承遗产，你多我少，争吵不休，甚至打官司。夫妻之间因为争夺产权，闹离婚，分财产，屡见不鲜。私营企业之间因为产权问题、股权问题、债权债务问题、集资诈骗问题、跑路逃债问题，等等，打官司的案件数以万计。有些私营企业老板明争暗斗，甚至被人暗杀。私营企业富不过三代，在市场竞争中优胜劣汰，平均寿命不到五年。

第三，企业交易费用高低，是产权决定的吗？"科斯定理"说明，在交易成本为零时，产权一点也不重要，因为它不影响效率。交易成本大于零，产权清晰有利于节约交易成本，提高经济效率。但是，产权清晰不等于私有化，不能证明国有企业交易成本比私营企业高。实际情况恰恰相反。以环境污染为例，国有企业的环境污染，治理起来比较容易，因为国企不仅重视经济效益，而且注重社会效益。政府可以直接下令国有企业停产整顿，消除污染，甚至关停并转。私营企业造成的环境污染很多，治理起来很困难。因为企业追求利润最大化，不惜以污染环境为代价。老百姓经常上访告状，要求政府解决企业污染问题。他们不找企业找政府，因为找政府，交易成本低；找企业，交易成本高。即使找到私营企业，保安不让进，老板不讲理，甚至吵架打架，也解决不了问题。事实已经证明，私有化、自由化的市场交易，解决不了环境污染等问题。必须发挥政府作用，严格执行国家环保法，严厉处罚污染企业，才能治理环境污染。由此可见，法律在决定资源配置方面起着极为重要的作用。

最后，应该指出，产权理论并非科斯首创。马克思的产权理论比科斯定理要深刻得多。

马克思的著作《资本论》研究资本主义生产关系和交换关系，揭示了资本主义的基本矛盾：生产社会化和资本私有制（产权制度）的矛盾，导致社会两极分化，发生周期性的经济危机。经济危机使生产力受到巨大的破坏。由此可见，资本主义产权制度是经济危机的根本原因，金融危机是经济危机的集中表现。中国如果照搬资本主义的产权制度，搞私有化、自由化，必然发生经济危机、金融危机。这是不以人们意志为转移的客观规律。只有坚持马克思主义为指导，坚持社会主义初级阶段基本经济制度不动摇，加强国家宏观调控和计划规划指导，才能防止经济危机和金融危机，实现全面小康和共同富裕的战略目标。

参考文献

［1］保罗·海恩，彼得·勃特克，大卫·普雷契特科著. 马昕，陈宇译. 经济学的思维方式［M］. 11 版. 北京：世界图书出版公司北京公司，2008.

［2］曼昆，梁小民等译.经济学原理（微观经济学分册）［M］. 5 版. 北京：北京大学出版社，2009.

［3］曼昆，梁小民等译. 经济学原理（宏观经济学分册）［M］. 5 版. 北京：北京大学出版社，2009.

［4］萨缪尔森 诺德豪斯，萧深主译.经济学［M］. 18 版. 北京：人民邮电出版社，2008.

［5］（英）亚当.斯密著；郭大力，王亚南译. 国民财富的性质和原因的研究［M］. 北京：商务印书馆，1974.

［6］高鸿业. 解读凯恩斯《就业、利息和货币通论》［M］.济南：山东人民出版社，2002.

［7］卫兴华. 正确对待马克思主义经济学与西方经济学的关系［J］. 理论视野，2006（3）.

［8］许友伦. 西方经济学批判［N］. 企业家日报，2017-07-14（W04）.

《经济学基础》读者意见反馈表

尊敬的读者：

感谢您购买本书。为了能为您提供更优秀的教材，请您抽出宝贵的时间，将您的意见以下表的方式（可从 http://edu.phei.com.cn 下载本调查表）及时告知我们，以改进我们的服务。对采用您的意见进行修订的教材，我们将在该书的前言中进行说明并赠送您样书。

姓名：____________________ 电话：______________________________________

职业：____________________ E-mail：______________________________________

邮编：____________________ 通信地址：____________________________________

1．您对本书的总体看法是：

☐很满意 ☐比较满意 ☐尚可 ☐不太满意 ☐不满意

2．您对本书的结构（章节）： ☐满意 ☐不满意 改进意见____________________

____

____

3．您对本书的例题： ☐满意 ☐不满意 改进意见____________________

____

____

4．您对本书的习题： ☐满意 ☐不满意 改进意见____________________

____

____

5．您对本书的实训： ☐满意 ☐不满意 改进意见____________________

____

____

6．您对本书其他的改进意见：

____

____

____

____

7．您感兴趣或希望增加的教材选题是：

____

____

____

请寄：100036 **北京万寿路** 173 **信箱 贺志洪**

电话：010-88254609 **或** hzh@phei.com.cn